銀行及銀行信貸在宏觀審慎政策中的作用研究

以中國銀行體系為例

陳師 編著

前　言

《銀行及銀行信貸在宏觀審慎政策中的作用研究》通過探討宏觀審慎政策工具對銀行信貸、績效和風險的影響機制，考察宏觀審慎政策在宏觀經濟衝擊傳導、政策的宏觀效應和社會福利方面的作用，探討了宏觀審慎政策框架在應對金融體系順週期波動、金融體系的整體穩定方面的作用機理；對宏觀審慎政策相關問題進行定量研究，評估了宏觀審慎政策在宏觀經濟穩定、防範系統性風險、維護貨幣和金融穩定以及增進社會福利方面的潛在意義；為加強金融宏觀審慎管理制度建設，加強統籌協調，改革並完善適應現代金融市場發展的金融監管框架提供理論依據和實證支撐。

1. 金融危機凸顯了銀行部門在信貸市場和宏觀審慎政策工具方面的重要作用

《中共中央關於制定國民經濟和社會發展第十三個五年規劃的建議》提出加強金融宏觀審慎管理制度建設，加強統籌協調，改革並完善適應現代金融市場發展的金融監管框架。全球金融危機爆發以來，完善和強化宏觀審慎政策框架已成為全球金融監管體制改革的基本方向與核心內容。中國人民銀行前行長周小川曾在接受媒體採訪時表示，中國新一輪金融監管體制改革的目標之一是強化宏觀審慎政策框架。中國人民銀行貨幣政策司前司長李波也撰文提出，下一步推動金融監管體制改革的核心是完善宏觀審慎政策框架，同時圍繞完善宏觀審慎政策框架構建起新的現代金融監管體制（李波，2016）。

2011年起，中國人民銀行開始實施差別準備金動態調整和合意貸款管理機制。2015年以來，中國人民銀行強化了針對跨境資本流動的宏觀審慎管理。2016年年初，中國人民銀行開展擴大本外幣一體化的全口徑跨境融資宏觀審慎政策試點。為適應資產多元化發展的趨勢，中國人民銀行從2016年起將原有的差別準備金動態調整和合意貸款管理機制升級為「宏觀審慎評估體系」。不斷完善宏觀審慎政策框架，為結構性改革營造適宜的貨幣金融環境，防範系統性金融風險，是中國人民銀行的下一個工作重點。但是，中國的宏觀審慎政

策框架仍面臨諸多挑戰。在實踐層面，中央銀行缺乏有效的宏觀審慎政策工具，宏觀審慎政策工具的創新和發展也相對滯後（李波，2016）。同時，學術界對宏觀審慎政策在政策工具、傳導機制、宏觀經濟效應、社會福利方面的觀點還存在著爭論（Galati & Moessner, 2013）。

從學術研究角度來看，中國目前使用的宏觀審慎政策工具主要包括6類：貸款價值比上限、負債收入比上限、信貸增長上限、準備金要求、逆週期資本要求與動態撥備（Lim, et al., 2011; Claessens, Ghosh & Mihet, 2013）。具體實踐中，這類工具包括住房貸款價值比要求、差別準備金動態調整機制、動態撥備要求、逆週期資本監管、槓桿率要求、特定資產組合資本要求調整、跨週期的風險加權資產計量方法等12種（廖岷，林學冠，寇宏，2014）。目前，國內學者對這些工具的研究主要集中在貸款價值比上限、逆週期資本要求、準備金要求方面（梁璐璐，2014；王愛儉、王璟怡，2014；王志強、李青川，2014；梁琪、李政、卜林，2015），研究充分顯示了宏觀審慎政策工具與銀行信貸之間的緊密聯繫。銀行信貸、銀行及其借款人的行為在宏觀審慎政策的傳導機制、政策效應和政策評估方面扮演著重要角色。

宏觀審慎政策旨在減緩由金融體系順週期波動和跨市場的風險傳播對宏觀經濟和金融穩定造成的衝擊，其目的是防範系統性風險，維護貨幣和金融體系的整體穩定。銀行業金融機構是中國金融體系的一大主體。截至2015年12月底，銀行業金融機構總資產194.17萬億元，比上年增長15.5%；總負債179.05萬億元，比上年增長14.8%。其中，商業銀行總資產占銀行業金融機構總資產的比例為77.7%，總負債占比為77.9%。隨著後金融危機時代的到來和中國經濟進入新常態發展階段，銀行業保持穩健運行對於國民經濟的健康發展至關重要。

2007—2009年的全球金融危機快速推進了學界將銀行部門擴展植入理論模型的嘗試。一條重要的研究線索是考察銀行權益資本及財務結構在宏觀經濟衝擊傳導中的作用，以及銀行體系信貸和利差對經濟波動的影響。Van den Heuvel（2008）、Meh和Moran（2010）建立了包含金融仲介的動態隨機一般均衡（DSGE）模型，研究了銀行權益資本在宏觀經濟衝擊中的作用。Gertler和Kiyotaki（2009）、Gertler和Karadi（2011）引入激勵相容約束模型來處理銀行和投資者之間的信息不對稱問題，這一模型使得外部融資溢價和銀行資本之間產生了聯繫。

金融危機也凸顯了銀行間市場在危機深化和貨幣政策傳導過程中發揮的重要作用，近期文獻開始對銀行的異質性及銀行間市場進行詳細建模。De Walque、Pierrard和Rouabah（2010）在DSGE模型中引入異質性的銀行部

門，以考察在銀行間市場中進行的銀行監管和流動性注入。Gerali等（2010）基於一個使用歐元區數據估計的抵押品約束模型，使用「批發-零售銀行」框架刻畫銀行權益資本累積和存貸款利率設定行為，描述政策利率向存貸利率的不完全傳遞，結合銀行資本的影響研究銀行部門在貨幣政策傳導中的作用。Dib（2010a）在金融加速器模型中引入「儲蓄-借貸銀行」設定，假定銀行在銀行間市場上提供銀行服務和交易服務，在存貸市場上設定存貸利率，同時選擇其槓桿率和資產組合。Dib（2010b）在類似的模型中考慮銀行間市場和銀行資本市場中的金融摩擦，考察這些摩擦在經濟波動中的重要性，判斷監管的資本要求對宏觀衝擊傳導的影響。這些研究驗證了銀行資本要求等監管工具將通過銀行間市場影響銀行行為，進而在貨幣政策宏觀效應方面發揮重要作用，這對於不太關注銀行間市場的大部分文獻而言是一個重要補充。

國內學者對金融摩擦如何影響宏觀經濟波動的研究較為豐富（許志偉，薛鶴翔，羅大慶，2011；張偉進，方振瑞，2013；康立，龔六堂，陳永偉，2013；王國靜，田國強，2014），但明確考察銀行部門作用的文獻並不多。許偉、陳斌開（2009）在DSGE模型中加入銀行信貸決策，發現引入銀行信貸渠道的經濟波動模型對中國經濟波動有很好的解釋作用。劉鵬、鄔莉莉（2012）將銀行部門吸收存款、發放貸款的過程引入模型，發現銀行信貸體系效率越高，技術衝擊對宏觀經濟的影響越小。徐雪飛（2013）從信貸供給角度分析銀行資本約束下的金融加速器效應，發現《巴塞爾協議》的升級、銀行資本約束的加強增大了各項衝擊對經濟波動的影響。康立、龔六堂（2014）考察了國際經濟危機如何影響一個國家的貿易部門的出口需求，進而造成該國銀行淨資產的損失，並最終加速傳導給該國非貿易部門。

由梳理的文獻可以看出，金融危機凸顯了銀行部門在信貸市場供給側方面的重要作用，而且大部分宏觀審慎政策工具都與銀行直接相關。但是，現有的關於宏觀審慎政策工具的研究中，絕大多數文獻忽視了對銀行部門和銀行信貸進行建模。鑒於此，有必要結合金融危機催生的有關研究成果，構建納入銀行部門和銀行信貸的宏觀審慎政策研究理論模型，探討宏觀審慎政策工具對銀行信貸、績效和風險的影響，這有助於在一定程度上彌補宏觀審慎政策工具及其有效性領域研究的不足。

2. 銀行部門在宏觀審慎政策的傳導機制、宏觀效應及福利績效方面發揮重要作用

一些研究分析了金融監管對貨幣政策效應和福利績效的影響。Hilberg和Hollmayr（2011）研究中央銀行流動性注入對銀行間市場的影響，探討貨幣當局在銀行間市場中實施非常規貨幣政策的可行性。Hafstead和Smith（2012）

研究發現，當受金融衝擊的銀行所占市場份額較大時，金融衝擊對於經濟波動的形成將至關重要，而試圖控制利差的貨幣政策可能會改善社會福利。Carrera 和 Vega (2012) 在金融加速器模型上使用「盈餘-赤字銀行」設定，將其引入銀行間市場，發現銀行間市場會抑制金融加速器機制發揮作用。Boissay、Collard 和 Smets (2013) 對類似的模型進一步擴展，使其可以考察諸如銀行系統性風險、銀行間市場凍結、信貸緊縮等金融危機特徵。Angelini、Neri 和 Panetta (2014) 研究發現將資本要求作為政策工具會顯著增強宏觀經濟穩定性。

對有關宏觀審慎政策的宏觀效應、傳導機制、政策評價與設計的研究，目前總體上仍處於起步階段，而且爭論頗多。Cúrdia 和 Woodford (2010) 探討了在泰勒規則中引入對信貸利差和中央銀行資產負債表中的變量做出反應的可能性。Suh (2012) 認為最優貨幣政策應以穩定通貨膨脹為目標，最優宏觀審慎政策則是針對穩定信貸的目標，後者將在經濟受到金融衝擊時顯著增進考察了福利。De Fiore 和 Tristani (2013) 考察了政策規則對存款利率和存貸利差的反應。Unsal (2013) 發現在開放經濟條件下存在引起資本流入的衝擊時，宏觀審慎監管舉措會明顯改善社會福利，因此能作為貨幣政策的有效補充。Medina 和 Roldós (2014) 擴展考察金融部門提供信用和流動性服務的職能，證實了反週期宏觀審慎工具的引入對貨幣政策的福利績效具有重要影響。Rubio、Carrasco 和 Gallego (2014) 針對貸款價值比對信貸增長進行反應的宏觀審慎規則進行了研究。Angelini、Neri 和 Panetta (2014) 考察了銀行資本要求對貨幣政策績效的潛在影響。這些研究預示了在貨幣政策規則中考慮宏觀審慎政策工具，對於增進金融穩定、宏觀經濟穩定和社會福利具有的潛在意義。

在宏觀審慎政策研究方面，國內文獻早期從多種角度出發考察是否應該在傳統的貨幣政策規則中納入對資產價格的反應。唐齊鳴、熊潔敏 (2009) 認為資產價格應該被納入貨幣政策規則之中。趙進文、高輝 (2009) 發現房價是中國貨幣政策利率反應函數的重要內生影響變量。張亦春、胡曉 (2010) 認為中國應該對實現價格和金融穩定雙重目標的貨幣政策規則保持謹慎態度。李成、王彬和馬文濤 (2010) 的研究認為中央銀行需要將資產價格納入貨幣政策框架予以關注。

近期研究開始考察其他宏觀審慎政策工具，並分析它們在政策績效方面的作用。康立、龔六堂和陳永偉 (2013) 假定政府除貨幣政策之外，還可以通過向企業直接提供額外信貸的方式來調節經濟。結果顯示，當存在金融摩擦時，來自房地產部門的經濟衝擊會對製造業產生更加顯著的影響，而政府宏觀信貸政策對這一過程有緩解作用。康立、龔六堂 (2014) 進一步在開放經濟

環境下驗證了當政府採取一個對風險溢價進行反應的信貸政策時，發生在貿易部門的出口需求衝擊對於非貿易部門的衝擊會得到減輕，結論同樣說明了合理的政府信貸政策能起到平抑波動傳導和補償消費者福利損失的作用。

除考察額外的宏觀審慎政策外，另一條研究線索是將宏觀審慎政策工具直接引入貨幣政策規則。馬勇（2013）將資產價格、槓桿率水準和市場融資溢價等變量直接納入貨幣政策反應函數，結論是基於宏觀審慎的貨幣政策規則並不需要直接納入資產價格、融資溢價和銀行槓桿等變量，緊盯產出和通貨膨脹的規則依然可以作為穩健貨幣政策的基石。梁璐璐等（2014）為模型引入動態化的貸款價值比工具，並對家庭和企業進行區別調控，對各種擴展型的貨幣政策規則及其穩定效應、福利效果進行評估，結論是宏觀審慎政策對於貨幣政策的效力並無副作用，宏觀審慎政策工具在防範和化解系統性風險的同時並不會對經濟穩定產生劇烈影響。

總體來說，在宏觀審慎政策的傳導機制、宏觀效應及福利績效方面，學術界尚缺乏深入和系統的定量研究，現有研究還遠未得出一致的結論，考慮銀行部門在其中所發生作用的文獻更是匱乏。現有文獻因其研究目的和研究對象各異，未系統地針對一個特定的經濟體建立系統性的定量框架，這就使得政策研究的結論存在較大分歧。國外現有文獻多以美國、歐元區或一些小型新興市場經濟體為研究對象，國內研究則通常借鑑國外研究的參數賦值進行校準研究，對模型數據擬合程度和定量表現的評價尚顯不足。為此，有必要以中國為研究對象，利用 DSGE 框架下的宏觀結構計量方法和貨幣政策評價與設計方法，對宏觀審慎政策的傳導機制、宏觀效應、福利績效以及銀行部門在其中的影響進行定量研究。

3. 研究內容與主要結論

《銀行及銀行信貸在宏觀審慎政策中的作用研究》的總體目標是：探討宏觀審慎政策工具對銀行信貸、績效和風險的影響機制，考察宏觀審慎政策在宏觀經濟衝擊傳導、政策的宏觀效應和社會福利方面的作用，以探討宏觀審慎政策框架在應對金融體系順週期波動、金融體系的整體穩定方面的作用機理；對宏觀審慎政策相關問題進行定量研究，以評估宏觀審慎政策在宏觀經濟穩定、防範系統性風險、維護貨幣和金融穩定以及增進社會福利方面的潛在意義；為加強金融宏觀審慎管理制度建設，加強統籌協調，改革並完善適應現代金融市場發展的金融監管框架提供理論依據和實證支撐。具體可歸納為以下 5 個目標：

第一，整理、歸納和展示後金融危機時代和中國經濟進入新常態發展階段後有關銀行業、銀行信貸和中國宏觀審慎政策框架的經驗數據和重要事實。概

括在國內外形勢背景下完善新一輪金融監管體制改革和宏觀審慎政策框架存在哪些挑戰。

第二，從微觀角度探討宏觀審慎政策工具對銀行信貸、績效和風險的影響機制。釐清銀行業及銀行信貸影響中國宏觀審慎政策工具有效性的渠道，分析其存在的問題，得出有關結論。

第三，從宏觀角度考察宏觀審慎政策在衝擊傳導、宏觀效應和社會福利方面的作用，探討宏觀審慎政策框架在應對金融體系順週期波動、金融體系的整體穩定方面的相關作用，評估中國現有宏觀審慎政策框架，得出有關結論。

第四，通過定量研究，得到有關審慎政策工具在其有效性和作用機制方面以及宏觀審慎政策在衝擊傳導、宏觀效應和社會福利方面的實證結論。結合實際情況，提出政策建議。

第五，匯總背景研究、宏微觀理論研究、定量的實證研究結論，結合中國經濟發展態勢和中國新一輪金融監管體制改革的目標，提出進一步推動金融監管體制改革的合理策略、具體路徑及步驟安排，提出政策建議。

通過模型的構建與分析，我們得出了一些理論性的研究結論。第一，銀行部門在宏觀經濟的衝擊傳導中起到了重要作用，銀行的信貸行為在經濟中扮演了重要的角色，也起到了傳導機制的作用。第二，由抵押品約束反應的金融摩擦對經濟波動以及貨幣政策的傳導有重要影響，抵押品約束變化對信貸和投資的影響相當顯著。第三，在非傳統的貨幣政策工具和宏觀審慎政策工具方面，窗口指導比法定存款準備金更具有潛在價值，可作為傳統貨幣政策工具的有益補充。第四，如果將金融穩定作為政策當局政策目標的一部分，那麼將信貸總量等金融總量的變化作為政策工具的反應變量是有重要意義的。第五，將宏觀審慎政策作為貨幣政策的補充，有利於平穩經濟波動，增進社會福利。

結合理論和實證分析，本書在最後提出了一些政策建議。第一，銀行應提高風險管理意識，通過不斷完善風險組織架構以及培養專業風險管理人才，提高銀行自身的風險應對能力與經營管理水準；第二，靈活搭配使用貨幣政策與宏觀審慎政策，通過引入宏觀審慎政策彌補貨幣政策的不足，實現兼顧經濟增長與風險管控的目標；第三，進一步完善抵押品法律制度，積極推進抵押品風險評價體系的構建，同時引入逆週期調控機制；第四，建立健全貸款管理體系，提高對貸款企業的跟蹤管理以及對違約事件的處理能力，保障銀行資產安全與可持續經營；第五，繼續完善逆週期信貸調控機制，實現對順週期性的有效預警和監控，熨平經濟波動；第六，加大對銀行信貸結構的調整力度，從而在防範系統性風險的基礎上，貫徹落實國家經濟政策，服務實體經濟。

本書的研究意義在於對現有理論進行補充，並在此基礎上完成理論創新。

現有文獻或研究內容不夠充分，或實證方法存在局限，或對政策的研究、考察不充分。在現有研究的啟發下，我們嘗試結合中國國情建立具備銀行行為和銀行間市場擴展的開放經濟中型 DSGE 模型，以銀行部門和銀行信貸為出發點，探討銀行部門及其行為與宏觀審慎政策之間的聯繫，判斷宏觀審慎政策工具對銀行回報績效、盈利能力和風險的影響，採用政策效應分析、最優政策研究等方法，從政策效應、社會福利角度對貨幣政策規則和宏觀審慎政策工具進行評價。我們的研究不僅為相關研究提供了一個有關模型設定的具體選項，也給政策制定者提供了一套有參考價值的研究工具。

目　錄

1 引入銀行信貸和宏觀審慎政策的 DSGE 模型 / 1
　　1.1　相關文獻述評 / 2
　　1.2　基本模型 / 8
　　1.3　模型校準與分析 / 15
　　1.4　本章小結 / 27

2 新興市場經濟體特徵與中國貨幣政策傳導 / 29
　　2.1　相關理論與文獻綜述 / 30
　　2.2　模型設定 / 38
　　2.3　基本模型的擴展 / 45
　　2.4　模型估計 / 49
　　2.5　模型分析 / 57
　　2.6　本章小結 / 63

3 影子銀行與中國貨幣政策傳導 / 66
　　3.1　理論基礎 / 68
　　3.2　基本模型 / 78
　　3.3　本章小結 / 88

4 影子銀行背景下中國雙支柱調控框架有效性研究 / 93

4.1 概念界定與文獻綜述 / 95
4.2 雙支柱調控框架的協調及有效性研究 / 107
4.3 包含影子銀行和雙支柱調控框架的 DSGE 模型 / 120
4.4 最優貨幣政策與宏觀審慎政策的有效性分析 / 139
4.5 本章小結 / 141

5 結論與政策建議 / 143

5.1 研究結論 / 143
5.2 政策建議 / 149

參考文獻 / 169

附錄 A 完整模型及條件 / 182

1 引入銀行信貸和宏觀審慎政策的 DSGE 模型

經濟全球化是 21 世紀經濟發展的必然趨勢，促進了資源在世界範圍內的重新分配。金融全球化則是經濟全球化的必然結果，它代表著機遇，但同時也意味著更大的風險。自 1999 年美國放鬆金融管制以後，美國金融市場過度繁榮，金融衍生工具帶來的槓桿作用越來越大，金融風險不斷疊加。2008 年，由美國房地產市場泡沫引發的次貸危機爆發，銀行等大量的金融機構陷入金融困境，損失及破產現象嚴重。家庭儲蓄損失引發的社會恐慌更是使得民眾對銀行失去信任，金融市場信貸資金規模大幅度縮減，實體經濟增速大幅度下滑。在經濟全球化的背景下，危機快速擴散至各個國家，全球主要金融市場與全球股市的狀況急遽惡化，經濟危機最終演變為來勢迅猛的全球金融風暴。

危機的快速深入與蔓延，也使得傳統貨幣政策與金融監管的缺陷逐漸暴露。傳統貨幣政策的最終目標之一是穩定物價，而傳統金融監管也主要是聚焦於個體機構的穩健發展。但是，在金融全球化的視角下，金融體系涵蓋諸多金融要素，不同國家之間的經濟社會聯繫和交往日益密切，世界經濟更是形成一個有機整體，價格穩定並不等於這個金融體系的穩定，個體的穩健也不代表整體的穩定，個體金融風險的傳染性會引發國內金融體系甚至是全球金融體系的危機。歷史的教訓告訴我們宏觀貨幣政策與微觀金融監管之間存在空白，而隨後提出的宏觀審慎政策恰好彌補了這一缺失。國內外學者指出，完善和強化宏觀審慎政策框架應作為全球金融監管的基本方向與核心內容，同時，這也是中國新一輪金融監管體制改革的一項核心任務。

銀行體系在中國經濟體系中起著主導作用，其不僅通過為私人部門及國家提供資金融通發揮重要的槓桿作用，而且也是國家實施宏觀調控與貨幣流通的重要媒介。銀行部門擁有作為金融仲介的特殊社會地位，對現代國民經濟具有滲透作用，能防範系統性風險，所以保證銀行部門的穩健發展對中國經濟發展以及金融安全具有重要意義。俗話說「存款立行，貸款興行」，但是在互聯網

金融的衝擊下，銀行信貸規模下降，信貸業務收縮，同時被迫不斷創新產品與服務。然而銀行部門在中國金融市場中的地位依舊不可動搖，銀行信貸作為資金融通的主要渠道，連通宏觀經濟與微觀經濟，仍然是中國銀行部門的主營業務以及主要利潤來源，其增減變動更是關係到實體經濟的擴張與收縮。

本章結合中國當前所提出的宏觀審慎政策框架，從宏觀審慎政策的視角結合貨幣政策來探討宏觀審慎政策的傳導機制、宏觀經濟效應以及銀行部門在其中的影響。

1.1 相關文獻述評

2007—2009 年的全球金融危機爆發，使人們重新思考整個金融體系的宏觀調控、監管問題，銀行部門是金融系統中最重要的組成部分，眾多學者也開始進行將銀行部門擴展植入理論模型的嘗試。一條重要的研究線索是考察銀行權益資本及財務結構在宏觀經濟衝擊傳導中的作用，以及銀行體系信貸和利差對經濟波動的影響。早期研究注重考察銀行資本及其財務結構在經濟波動和宏觀經濟衝擊傳導中的作用（Hirakata、Sudo & Ueda, 2009；Meh & Moran, 2010）。近期研究認識到銀行間市場對於貨幣政策制定的重要性，對銀行在銀行間市場中所扮演角色進行詳細建模（De Walque、Pierrard & Rouabah, 2010；Gerali、Neri、Sessa & Signoretti, 2010）。

Van den Heuvel（2008），Meh、Moran（2010）通過建立包含金融仲介的 DSGE 模型，對銀行權益資本在宏觀經濟衝擊中的作用進行了詳細的研究。Gertler、Kiyotaki（2009），Gertler、Karadi（2011）引入激勵相容約束來處理銀行和投資者之間的信息不對稱問題，通過激勵相容約束考察外部融資溢價和銀行資本之間的聯繫。De Walque、Pierrard、Rouabah（2010）為 DSGE 模型引入異質性的銀行部門，詳細刻畫銀行在銀行間市場中的不同角色，考察銀行間市場中的銀行監管和流動性注入。Gerali、Neri、Sessa、Signoretti（2010）基於一個使用歐元區數據估計的抵押品約束模型，使用「批發銀行-零售銀行」設定刻畫銀行的資本要求和存貸款利率設定行為，描述政策利率對存貸利率的不完全傳遞，結合銀行資本的影響研究銀行部門在貨幣政策傳導中的作用。Dib（2010）在金融加速器模型中使用「儲蓄銀行-借貸銀行」設定，假定銀行在銀行間市場上提供銀行服務和交易服務，在存貸市場上設定存貸利率，同時選擇其槓桿率和資產組合。Dib（2010）在類似的模型中納入銀行間市場和銀行

资本市场的金融摩擦，考察这些摩擦在经济周期波动中的重要性，判断监管的资本要求对宏观冲击传导的影响。上述研究验证了银行资本要求将通过影响银行行为进而在货币政策宏观效应方面发挥重要作用。Hilberg、Hollmayr（2013）研究中央银行流动性注入对银行间市场的影响，探讨货币当局在银行间市场中实施非常规货币政策的可行性。Carrera、Vega（2012）使用「盈余银行-赤字银行」设定在金融加速器模型上引入银行间市场，发现银行间市场会抑制金融加速器机制。Boissay、Collard和Smets（2013）对类似的模型加以进一步扩展，使其可以考察诸如银行系统性风险、银行间市场冻结、信贷紧缩等金融危机特征。Hafstead、Smith（2012）研究发现，试图控制利差的货币政策可能会改善社会福利。Angelini、Neri、Panetta（2014）进一步考察银行资本要求对政策效应和福利绩效的影响，发现将资本要求作为政策工具会显著提升宏观经济稳定性。

　　金融危机也在很大程度上突出揭示出银行间市场在危机深化和货币政策传导过程中所发挥的重要作用，于是近期文献开始对银行的异质性及银行间市场进行详细建模。Gerali、Neri、Sessa、Signoretti（2010）[1] 基于使用欧元区数据估计的抵押品约束模型，使用「批发-零售银行」框架刻画银行权益资本累积和存贷款利率设定行为，描述政策利率对存贷利率的不完全传递，结合银行资本研究银行部门在货币政策传导中的作用。Dib（2010）在金融加速器模型中引入「储蓄-借贷银行」设定，假定银行在银行间市场上提供银行服务和交易服务，在存贷市场上设定存贷利率，同时选择其杠杆率和资产组合。Dib（2010）在类似的模型中考虑银行间市场和银行资本市场中的金融摩擦，考察这些摩擦在经济波动中的重要性，判断监管的资本要求对宏观冲击传导的影响。这些研究验证了银行资本要求等监管工具将通过银行间市场影响银行行为，进而在货币政策宏观效应方面发挥重要作用，这对于不太关注银行间市场的大部分文献而言是一个重要补充。

　　另外，一些研究分析了金融监管对货币政策效应和福利绩效的影响。Hilberg、Hollmayr（2011）[2] 研究中央银行流动性注入对银行间市场的影响，探

---

[1] Gerali A, Neri S, Sessa L. Credit and banking in a DSGE model of the Euro area [J]. Journal of Money, Credit and Banking, 2010, 42（6）: 107-141.

[2] Hilberg B, Hollmayr J. Asset prices, collateral, and unconventional monetary policy in a DSGE model [J]. Deutsche Bundesbank, 2013.

討貨幣當局在銀行間市場中實施非常規貨幣政策的可行性。Hafstead、Smith（2012）① 研究發現，當受金融衝擊的銀行所占市場份額較大時，金融衝擊對於經濟波動的形成將至關重要，而試圖控制利差的貨幣政策可能會改善社會福利。Carrera、Vega（2012）② 使用「盈餘銀行-赤字銀行」設定在金融加速器模型上引入銀行間市場，研究發現銀行間市場會對金融加速器機制產生抑製作用。Boissay、Collard、Smets（2013）③ 對類似的模型進行了進一步的擴展，使模型可以對諸如銀行系統性風險、銀行間市場凍結、信貸緊縮等金融危機特徵進行考察分析。Angelini、Neri、Panetta（2014）④ 的研究則發現將資本要求作為政策工具時，會顯著增進宏觀經濟穩定性。

金融危機也引發了對金融監管機構的宏觀審慎政策工具在金融穩定性、貨幣政策效應和社會福利方面影響的探討（Unsal，2013；Medina & Roldós，2014；Rubio & Carrasco，2014；Angelini, Neri & Panetta，2014）。這些研究預示了在貨幣政策規則中考慮宏觀審慎政策工具，對於金融穩定、宏觀經濟穩定和社會福利具有正面影響。全球金融危機展示了金融市場和金融機構層面跨國聯繫的重要性。此前，大多數有關金融因素和銀行部門的研究局限在封閉經濟設定範圍內（例如 Bernanke, Gertler & Gilchrist，1999；Iacoviello，2005）。金融危機的國際傳播，迫切要求人們考察開放經濟條件下銀行部門在國際經濟週期和衝擊傳導中的作用。近期，一些論文開始在小型開放經濟（SOE）框架下考察銀行部門的作用（Beaton, Lalonde & Snudden，2014；Ozkan & Unsal，2014；Quint & Rabanal，2014）。

總的來說，有關宏觀審慎政策的宏觀效應、傳導機制、政策評價與設計的研究，目前總體上仍處於起步階段，而且眾多學者對此頗有爭議。Cúrdia、Woodford（2010）在研究中探討了在泰勒規則中引入對信貸利差和中央銀行資產負債表中的變量作出反應的一種可能性。該研究也探討了規則的福利績效，最終發現，面對信貸利差增大的現象，當中央銀行採取從緊措施時，規則對於

---

① HAFSTEAD M, SMITH J. Financial shocks, bank intermediation, and monetary policy in a DSGE model [J]. Unpublished Manuscript, 2012.

② CARRERA C, VEGA H. Interbank market and macroprudential tools in a DSGE model [J]. Central Reserve Bank of Peru, 2012.

③ BOISSAY F, COLLARD F, Smets F. Booms and systemic banking crises. Working Paper Series [J]. European Central Bank, 2013.

④ ANGELINI P, NERI S, Panetta F. The interaction between capital requirements and monetary policy [J]. Credit and Banking, 2014.

減少產出和抑制通貨膨脹的波動具有較好的效果。Suh（2012）[1] 認為最優貨幣政策應該是將穩定通貨膨脹作為目標，而最優宏觀審慎政策則是針對穩定信貸的目標，後者在經濟受到金融衝擊時會顯著增進福利。De Fiore、Tristani（2013）[2] 在政策規則中考慮存款利率和存貸利差。Unsal（2013）[3] 發現，當開放經濟條件下存在引起資本流入的衝擊時，宏觀審慎監管舉措會提高貸款利率，融資的高成本增加了貸款難度，平滑了後期的蕭條，明顯改善了福利，因此宏觀審慎政策能作為貨幣政策的有效補充。Medina、Roldós（2014）[4] 擴展考察金融部門提供信用和流動性服務的職能，證實了反週期宏觀審慎工具的引入對貨幣政策的福利績效有重要影響。Rubio、Carrasco（2014）[5] 針對貸款價值比對信貸增長進行反應的宏觀審慎規則進行研究。Angelini、Neri、Panetta（2014）考察銀行資本要求對貨幣政策績效的潛在影響。這些研究預示了在貨幣政策規則中擴展考慮宏觀審慎政策工具，對於增進金融穩定、宏觀經濟穩定和社會福利具有潛在意義。

國內學者對金融摩擦如何影響宏觀經濟波動的研究較為豐富（許志偉，薛鶴翔，羅大慶，2010[6]；張偉進，方振瑞，2013[7]；康立，龔六堂，陳永偉，2013[8]；王國靜，田國強，2014[9]），但是明確考察銀行部門作用的文獻並不多，僅有的研究仍集中在經濟波動方面。許志偉、薛鶴翔、羅大慶（2010）探討投資的融資約束對中國經濟波動的影響以及貨幣政策規則應對該衝擊的能力，認為盯住通貨膨脹和產出缺口的貨幣政策能夠較好地應對投資、融資約束衝擊帶來的負面影響。袁申國、陳平、劉蘭鳳（2011）使用極大似然估計驗

---

[1] SUH H. Macroprudential policy: its effects and relationship to monetary policy [J]. Federal Reserve Bank of Philadelphia, 2012.

[2] DE FIORE F, TRISTANI O. Optimal monetary policy in a model of the credit channel [J]. Economic Journal, 2013.

[3] UNSAL D F. Capital flows and financial stability: monetary policy and macroprudential responses [J]. International Journal of Central Banking, 2013.

[4] MEDINA J P, Roldós J. Monetary and macroprudential policies to manage capital flows [J]. International Monetary Fund, 2014.

[5] RUBIO M, CARRASCO GALLEGO J A. Macroprudential and monetary policies [J]. Journal of Banking and Finance, 2014.

[6] 許志偉, 薛鶴翔, 羅大慶. 融資約束與中國經濟波動——新凱恩斯主義框架內的動態分析 [J]. 經濟學（季刊），2010, 10（1）: 83-110.

[7] 張偉進, 方振瑞. 金融衝擊與中國經濟波動 [J]. 南開經濟研究, 2013, 5: 3-20.

[8] 康立, 龔六堂, 陳永偉. 金融摩擦、銀行淨資產與經濟波動的行業間傳導 [J]. 金融研究, 2013, 5: 32-46.

[9] 王國靜, 田國強. 金融衝擊和中國經濟波動 [J]. 經濟研究, 2014, 3: 20-34.

證中國開放經濟中金融加速器的存在，考察其對不同匯率制度下經濟波動程度的影響。金成曉、盧穎超（2013）建立了一個包含兩國經濟的新凱恩斯模型，使用貝葉斯方法對參數進行估計，繼而在不同金融開放度條件下，對比中國貨幣政策等衝擊對經濟變量造成的影響差異。

許偉、陳斌開（2009）① 在 DSGE 模型中加入了銀行信貸決策這一因素，研究發現引入銀行信貸渠道的經濟波動模型對中國經濟波動有很好的解釋作用。巴曙松、王璟怡、杜婧（2010）從多個方面探討了宏觀審慎政策實施的細節，指出中國的宏觀審慎監管應當更多地關注銀行不良貸款、房地產泡沫等問題。劉鵬、鄢莉莉（2012）② 通過將銀行部門吸收存款、發放貸款的過程引入模型，證實了銀行信貸體系效率越高，技術衝擊對宏觀經濟的影響就越小。餘雪飛（2013）③ 從信貸供給角度分析銀行資本約束下的金融加速器效應，發現隨著巴塞爾協議的升級，銀行資本約束的上升增大了各項衝擊對經濟波動的影響。康立、龔六堂（2014）④ 建立了一個包含貿易品和非貿易品生產的兩部門開放經濟模型，在模型中引入了帶有金融摩擦的銀行部門，考察國際經濟危機是如何通過影響一個國家的貿易部門的出口需求，進而造成該國銀行淨資產的損失，並最終加速傳導給該國非貿易部門的。

在宏觀審慎政策研究方面，早期國內文獻從多種角度出發考察是否應該在傳統的貨幣政策規則中納入對資產價格的反應。唐齊鳴、熊潔敏（2009）構建了政策反應函數，研究發現資產價格應該被納入貨幣政策規則之中。趙進文、高輝（2009）發現房價是中國貨幣政策利率反應函數的重要內生影響變量，同樣應當關注資產價格。張亦春、胡曉（2010）探討宏觀審慎視角下的最優貨幣政策，認為中國應該對實現價格和金融穩定雙重目標的貨幣政策規則保持謹慎態度，以此減少後期經濟失衡帶來的負面衝擊。李成、王彬、馬文濤（2010）的研究認為中央銀行需要將資產價格納入貨幣政策框架。

近期研究開始考察其他宏觀審慎政策工具，並分析它們在政策績效方面的作用。康立、龔六堂、陳永偉（2013）假定政府除貨幣政策之外還可以通過

---

① 許偉，陳斌開. 銀行信貸與中國經濟波動：1993—2005 [J]. 經濟學（季刊），2009，8（3）：969-994.

② 劉鵬，鄢麗麗. 銀行體系、技術衝擊與中國宏觀經濟波動 [J]. 國際金融研究，2012，3：69-76.

③ 餘雪飛. 銀行資本約束與中國宏觀經濟波動——順週期性下的金融加速器效應研究 [J]. 宏觀經濟研究，2013，2：41-48.

④ 康立，龔六堂. 金融摩擦、銀行淨資產與國際經濟危機傳導——基於多部門模型分析 [J]. 經濟研究，2014，5：147-159.

向企業直接提供額外信貸的方式來調節經濟，結果顯示當存在金融摩擦時，來自房地產部門的經濟衝擊會對製造業產生更加顯著的影響，而政府從量信貸政策對這一過程有緩解作用。康立、龔六堂（2014）進一步在開放經濟環境下驗證了當政府採取一個對風險溢價進行反應的信貸政策，發生在貿易部門的出口需求衝擊對於非貿易部門的衝擊會得到減輕，結論同樣說明了合理的政府信貸政策能起到平抑波動傳導和補償消費者福利損失的作用。

除考察額外的宏觀審慎政策外，另一條研究線索是將宏觀審慎政策工具直接引入貨幣政策規則。馬勇（2013）[①] 將資產價格、槓桿率水準和市場融資溢價等變量直接納入貨幣政策反應函數，結論是基於宏觀審慎的貨幣政策規則並不需要直接納入資產價格、融資溢價和銀行槓桿等變量，緊釘產出和通貨膨脹的規則依然可以作為穩健貨幣政策的基石。梁璐璐、趙勝民、田昕明、羅金峰（2014）為模型引入動態化的貸款價值比工具，並對家庭和企業進行區別調控，對各種擴展型的貨幣政策規則及其穩定效應和福利效果進行評估，結論是宏觀審慎政策對於貨幣政策的效力並無副作用，宏觀審慎政策工具在防範和化解系統性風險的同時並不會對經濟穩定產生劇烈影響。

通過對國內外現有關於銀行信貸與宏觀審慎管理的研究成果所進行的分析，我們可以發現文獻在以下幾個方面略有不足：

第一，在國外研究中，儘管金融危機推進了現有銀行部門的金融摩擦模型的建模，但多數文獻因其研究目的和研究對象各異，未系統地針對一個單一的經濟體的銀行部門、經濟波動、宏觀審慎政策問題進行研究，也並不重視發展一個研究上述問題的系統性定量框架。由於政策研究高度依賴於模型環境設定和參數取值，定量研究方面的欠缺使人們在判斷銀行部門對於貨幣政策評價和設計的影響時存在較大分歧。同時，相當一部分的政策含義和結論未經定量研究驗證，可根據獨特的經濟環境或模型設定而得到的。

第二，國外現有相關文獻是以美國和歐元區這類工業化經濟體為對象，或是以韓國、秘魯等小型新興市場經濟體為研究對象，而針對中國或具有類似發展程度及規模的經濟體的研究十分罕見。比如，有關中國等新興市場經濟體的金融一體化、金融開放及其與發達國家的金融聯繫的問題，乃至它們是否在國外金融衝擊傳導方面具有重要影響，現有研究未予以關注和解答。只關注工業化經濟體或小型新興市場經濟體，忽略對包括中國在內的其他新興市場經濟體

---

① 馬勇. 植入金融因素的 DSGE 模型與宏觀審慎貨幣政策規則 [J]. 世界經濟, 2013, 7: 68-92.

的關注，無疑會削弱理論研究的現實意義和政策意義，同時也可能會遺漏一些潛在的、可能的理論創新之處。

第三，國內外研究中有關宏觀審慎政策的研究通常基於封閉經濟小型DSGE校準模型。相對而言，在貨幣政策評價與設計領域中使用的模型，通常是引入大量名義和實際摩擦的、使用貝葉斯極大似然方法估計的開放經濟中型DSGE模型。即便有關經濟波動研究的定性結論對於不同模型環境和校準選擇有一定穩健性，但模型的政策含義無疑是高度依賴模型設定和參數估計值的。由於現有相關研究使用的模型環境和定量研究方法較為簡單，這限制了其政策研究能力，削弱了研究結論的說服力和適用性。

第四，從國內的研究情況看，與貨幣政策效應福利績效、宏觀審慎政策相關的理論文獻和實證研究都還比較少。在實證研究方面，現有研究主要表現為在小型DSGE模型的基礎上進行校準研究，對模型定量結果和數據擬合程度的評價尚顯不足，缺乏引入銀行部門、分析銀行行為和國際金融聯繫的結構宏觀計量研究。在政策研究方面，缺乏考察銀行部門在貨幣政策和宏觀審慎政策的政策效應和福利績效方面影響的研究，特別是缺乏採用最優貨幣政策的研究方法，評估貨幣政策規則及潛在的宏觀審慎政策對宏觀經濟穩定、金融穩定和社會福利影響的研究。

1.2 基本模型

本章建立的模型包括如下性質：第一，模型將Gerali、Neri、Sessa、Signoretti（2010）的批發分行-零售分行設定為DSGE模型引入銀行部門，使模型可以反應銀行信貸行為及其與貨幣政策之間的相互影響。第二，模型借鑑Iacoviello（2015）的設定，在Christiano、Eichenbaumand Evans（2005）和Smets、Wouters（2003）的中型DSGE模型的基礎上引入更豐富的實際和名義摩擦。模型經濟中的行為人包括異質性的家庭、企業家、壟斷競爭性的廠商以及壟斷競爭性的銀行。

1.2.1 家庭

家庭包括耐心家庭與不耐心家庭。耐心家庭指的是經濟中貼現因子高於其他行為人的家庭，充當經濟中的儲蓄者，不耐心家庭充當經濟中的一部分借入者。

耐心家庭（標記為 P）i 選擇消費 c^P、住房 h^P、個體勞動 l^P 和存款 d^P，最大化其一生期望效用，如式（1-1）所示：

$$E_0 \sum_{t=0}^{\infty} \beta_P^t \{(1-a^P)\ln[c_t^P(i) - a^P c_{t-1}^P] + \varepsilon^h \ln h_t^P(i) - \frac{l_t^P(i)^{1+\varphi}}{1+\varphi}\} \quad (1-1)$$

其中，β_P 是其貼現率，a^P 表示習慣形成程度，ε^h 表示住房在效用中的相對權重，φ 是勞動供中的 Frisch 彈性的倒數。耐心家庭 i 面對的預算約束如式（1-2）所示：

$$c_t^P(i) + q_t^h[h_t^P(i) - h_{t-1}^P(i)] + d_t(i) = w_t^P l_t^P(i) + d_{t-1}(i)\frac{1+r_{t-1}^d}{\pi_t} + t_t^P(i) \quad (1-2)$$

其中，q_t^h 表示時期 t 的住房價格，r_{t-1}^d 是上一期帶入的存款 d_{t-1} 的名義利率，w_t^P 是工資率，$\pi_t = P_t/P_{t-1}$ 表示通貨膨脹率，P_t 是價格水準，t_t^P 指一次淨轉移支付。

不耐心家庭（標記為 I）的最大化問題如式（1-3）所示：

$$E_0 \sum_{t=0}^{\infty} \beta_I^t \{(1-a^I)\ln[c_t^I(i) - a^I c_{t-1}^I] + \varepsilon^h \ln h_t^I(i) - \frac{l_t^I(i)^{1+\phi}}{1+\phi}\} \quad (1-3)$$

不耐心家庭 i 面對的預算約束如式（1-4）所示：

$$c_t^I(i) + q_t^h[h_t^I(i) - h_{t-1}^I(i)] + b_{t-1}^I(i)\frac{1+r_{t-1}^{bH}}{\pi_t} = w_t^I l_t^I(i) + b_t^I(i) + t_t^I(i) \quad (1-4)$$

其中，b_{t-1}^I 與 r_{t-1}^{bH} 是不耐心家庭從上一期帶入的貸款和貸款名義利率，其他變量的定義與耐心家庭相同。不耐心家庭面對如式（1-5）所示的借入約束：

$$(1+r_t^{bH})b_t^I(i) \leq m^I A_t^I E_t[q_{t+1}^h h_t^I(i)\pi_{t+1}] \quad (1-5)$$

其中，m^I 是貸款價值比（Loan-To-Value，LTV），其右邊的項表示住房（抵押品）的預期價值，A_t^I 表示對不耐心家庭借入能力的外生衝擊（Iacoviello，2015）。

模型以 Erceg、Henderson、Levin（2000）的方式引入工資黏性。假定每個家庭（包括耐心家庭與不耐心家庭）提供差異性勞動 $l_t^m(i)$ 給廠商，廠商使用不變替代彈性形式的生產函數將勞動轉換為同質的勞動投入 l_t^m，如式（1-6）所示：

$$l_t^m = \{\int_0^1 [l_t^m(i)]^{1/\lambda_w} di\}^{\lambda_w} \quad (1-6)$$

其中，λ^w 是工資加成，上標 $m \in \{P, I\}$ 表示耐心家庭或不耐心家庭。每

個家庭面對的勞動需求函數如式（1-7）所示：

$$l_t^m(i) = [\frac{W_t^m(i)}{W_t^m}]^{\lambda_w/(1-\lambda_w)} l_t^m \qquad (1-7)$$

無法重設工資的家庭的工資滿足式（1-8）：

$$W_{t+1}^m(i) = W_t^m(i) \pi^{\iota_w} \pi_t^{1-\iota_w} \qquad (1-8)$$

其中，ι_w 是工資指數化的程度。總工資指數的運動規則如式（1-9）所示：

$$(W_t^m)^{1/(1-\lambda_w)} = (1-\xi_w)(W_t^{m*})^{1/(1-\lambda_w)} + \xi_w(\pi_{t-1}^{\iota_w}\pi_t^{1-\iota_w}W_{t-1}^m)^{1/(1-\lambda_w)} \qquad (1-9)$$

1.2.2 企業家

模型中，另一類行為人是企業家，選擇消費 c_t^E、借款 b_t^E、資本存量資本利用率 $u_t(i)$ 最大化一生效用現值，如式（1-10）所示：

$$E_0 \sum_{t=0}^{\infty} \beta_E^t \ln[c_t^E(i) - a^E c_{t-1}^E] \qquad (1-10)$$

受約束於式（1-11）：

$$c_t^E(i) + q_t^k k_t(i) + \psi[u_t(i)]k_{t-1}(i) = r_t^k u_t(i)k_{t-1}(i) + b_t^E(i) - b_{t-1}^E(i)\frac{1+r_{t-1}^{bE}}{\pi_t} + q_t^k(1-\delta)k_{t-1}(i) \qquad (1-11)$$

其中，δ 是資本的折舊率，q_t^k 是資本的相對價格，r_{t-1}^{bE} 是企業家貸款 $b_{t-1}^E(i)$ 的利率。企業家面對如式（1-12）所示的借入約束：

$$(1+r_t^{bE})b_t^E(i) \leq m^E A_t^E E_t[q_{t+1}^k k_t(i)\pi_{t+1}(1-\delta)] \qquad (12)$$

其中，m^E 是 LTV，其右邊的項表示未折舊資本（抵押品）的預期價值，A_t^E 表示對企業家借入能力的外生衝擊。

1.2.3 廠商

假定經濟中存在競爭性的最終產品企業，對於代表性最終產品，企業使用迪克西特·斯蒂格利茨（Dixit-Stiglitz）技術，將中間產品 $Y_{i,t}$ 轉換為最終產品 Y_t，如式（1-13）所示：

$$Y_t = (\int_0^1 Y_{i,t}^{1/\lambda_f} di)^{\lambda_f} \qquad (1-13)$$

其中，$\lambda_f \geq 1$ 表示中間產品廠商的加成。由利潤最大化問題可得到 $Y_{i,t}$ 的需求函數，如式（1-14）所示：

$$Y_{i,t} = (\frac{P_{i,t}}{P_t})^{\lambda_f/(1-\lambda_f)} Y_t \qquad (1-14)$$

其中，
$$P_t = \left[\int_0^1 P_{i,t}^{1/(1-\lambda_f)} di\right]^{1-\lambda_f}$$

中間產品由企業家投入物質資本和勞動生產，並提供給最終產品生產廠商。企業家的技術服從如式（1-15）所示的規模報酬不變形式的生產函數：

$$y_t(j) = z_t [k_{t-1}(j)]^\alpha [l_t^P(i)^\mu l_t^I(i)^{1-\mu}]^{1-\alpha} \tag{1-15}$$

其中，z_t 是隨機的全要素生產率，α 表示資本份額，μ 與 $(1-\mu)$ 是耐心家庭和不耐心家庭的勞動收入份額。企業家 i 的問題如式（1-16）所示：

$$\max_{l_t^P(j), l_t^I(j), u_t(j)k_{t-1}(j)} w_t^P l_t^P(j) + w_t^I l_t^I(j) + r_t^k k_{t-1}(j) u_t(j) \tag{1-16}$$

式（1-16）受約束於生產函數式（1-15）。

假定經濟中存在壟斷競爭性的最終產品市場，最終產品廠商以 Calvo（1983）交錯定價的方式設定價格。每個時期，僅有少數的廠商能夠重新定價，無法重新設定價格的廠商以如式（1-17）所示的方式進行指數化：

$$P_{i,t} = P_{i,t-1} \pi^\iota \pi_{t-1}^{1-\iota} \tag{1-17}$$

其中，ι 表示價格隨穩態通貨膨脹指數化調整的程度。能重設價格的中間產品廠商的問題是在需求函數的約束下，選擇最優價格 $P_{i,t}^*$ 最大化預期利潤。由於所有廠商選擇相同的最優定價 $P_{i,t}^*$，總價格水準滿足式（1-18）：

$$P_t^{1/(1-\lambda_f)} = (1-\xi_p)(P_t^*)^{1/(1-\lambda_f)} + \xi_p (P_{i,t-1} \pi^\iota \pi_{t-1}^{1-\iota})^{1/(1-\lambda_f)} \tag{1-18}$$

物質資本由資本生產廠商生產，資本存量的運動規則服從 Christiano、Eichenbaumand Evans（2005）的形式，如式（1-19）所示：

$$k_t = (1-\delta)k_{t-1} + \varepsilon_t^i \left[1 - S\left(\frac{i_t}{i_{t-1}}\right)\right] i_t \tag{1-19}$$

式（1-19）中，假定在將投資品轉換成新資本時存在二次型的調整成本 $S(\cdot)$，滿足 $S''(1) > 0$，$S(1) = S'(1) = 0$，ε_t^i 是平穩的投資專有技術衝擊。資本生產廠商是完全競爭性的，從企業家手中以價格 q_t^k 購買上期未折舊資本 $(1-\delta)k_{t-1}$，從最終產品廠商手中購買 i_t 單位最終產品用於投資。資本生產廠商問題的一階條件如式（1-20）所示：

$$1 = q_t^k \varepsilon_t^i \left[1 - S\left(\frac{i_t}{i_{t-1}}\right) - S'\left(\frac{i_t}{i_{t-1}}\right)\frac{i_t}{i_{t-1}}\right] + E_t \frac{\beta_E \lambda_{t+1}^E}{\lambda_t^E} q_{t+1}^k \varepsilon_{t+1}^i S'\left(\frac{i_{t+1}}{i_t}\right) \left(\frac{i_{t+1}}{i_t}\right)^2$$

$$\tag{1-20}$$

1.2.4 銀行

刻畫銀行部門及銀行信貸行為是本章的一個重點。本章在 Gerali、Neri、

Sessa、Signoretti（2005）的批發分行-零售分行的設定基礎上進行擴展。[①] 假定銀行部門由分佈在單位區間上的銀行連續系統構成。每一家銀行由批發分行和零售分行組成，零售分行包括存款零售分行和貸款零售分行。

不耐心家庭和企業家面對差異性的零售貸款和零售存款，由銀行 z 的存、貸款分行提供。存款零售分行 z 以無風險利率 r_t^D 從家庭處獲得存款 $d_{z,t}$，以不變替代彈性方式組合為總存款 d_t，向批發分行提供這些存款，從中獲得的利息為 R_t^D。零售貸款分行 z 以利率 R_t^L 從批發分行處獲得批發貸款 $L_{z,t}^L$，將其差異化後放貸給低風險企業。由成本最小化問題可得到差異性存貸款的需求函數，如式（1-21）所示：

$$b_t^I(z) = \left[\frac{r_t^{bH}(z)}{r_t^{bH}}\right]^{-\varepsilon^{bH}} b_t^I, \quad b_t^E(z) = \left[\frac{r_t^{bE}(z)}{r_t^{bE}}\right]^{-\varepsilon^{bE}} b_t^E, \quad d_t^P(z) = \left[\frac{r_t^d(z)}{r_t^d}\right]^{-\varepsilon^d} d_t \quad (1-21)$$

其中，ε^b 和 ε^d 表示差異性存貸款間的替代彈性，平均存貸款利率滿足式（1-22）：

$$r_t^{bH} = \left\{\int_0^1 \left[r_t^{bH}(z)\right]^{1-\varepsilon^{bH}} dz\right\}^{1/(1-\varepsilon^{bH})}, \quad r_t^{bE} = \left\{\int_0^1 \left[r_t^{bE}(z)\right]^{1-\varepsilon^{bE}} dz\right\}^{1/(1-\varepsilon^{bE})},$$

$$r_t^d = \left[\int_0^1 (r_t^d(z))^{1-\varepsilon^d} dz\right]^{1/(1-\varepsilon^d)} \quad (1-22)$$

零售存款分行在設定存款利率時面對二次型的利率調整成本，後者與貸款總回報成正比，其目標函數如式（1-23）所示：

$$E_0 \sum_{t=0}^{\infty} (\beta_P)^t \lambda_t^P \left\{ R_t^d D_t(z) - r_t^d(z) d_t^P(z) - \frac{\kappa_d}{2}\left[\frac{r_t^d(z)}{r_{t-1}^d(z)} - 1\right]^2 r_t^d d_t \right\} \quad (1-23)$$

受約束於式（1-21）以及 $D_t(z) = d_t^P(z)$，$D_t(z)$ 表示批發分行 z 得到的存款。零售貸款分行 z 的問題是選擇 $r_{z,t}^L$ 最大化目標函數，如式（1-24）所示：

$$E_0 \sum_{t=0}^{\infty} (\beta_P)^t \lambda_t^P \left[r_t^{bH}(z) b_t^I(z) + r_t^{bE}(z) b_t^E(z) - R_t^b B_t(z) - \frac{\kappa_{bH}}{2}\left(\frac{r_t^{bH}(z)}{r_{t-1}^{bH}(z)} - 1\right) 2 r_t^{bH} b_t^I \right.$$

$$\left. - \frac{\kappa_{bE}}{2}\left(\frac{r_t^{bE}(z)}{r_{t-1}^{bE}(z)} - 1\right) 2 r_t^{bE} b_t^E \right] \quad (1-24)$$

受約束於式（1-22）以及 $B_t(z) = b_t(z) = b_t^I(z) + b_t^E(z)$，$L_{z,t}$ 表示批發分行 z 的批發貸款。存款分行的一階條件如式（1-25）所示：

[①] Gerali、Neri、Sessa、Signoretti（2010）使用批發分行-零售分行框架刻畫銀行的利率設定行為，在一個抵押品約束形式 Iacoviello（2005）的中型 DSGE 模型中刻畫政策利率的不完全傳遞特徵。

$$-1+\varepsilon^d-\varepsilon^d\frac{R_t^d}{r_t^d}-\kappa_d(\frac{r_t^d}{r_{t-1}^d}-1)\frac{r_t^d}{r_{t-1}^d}+E_t\beta_P\kappa_d\frac{\lambda_{t+1}^P}{\lambda_t^P}(\frac{r_{t+1}^d}{r_t^d}-1)(\frac{r_{t+1}^d}{r_t^d})^2\frac{d_{t+1}}{d_t}=0$$
(1-25)

貸款分行的一階條件如式（1-26）、式（1-27）所示：

$$1-\varepsilon^{bl}+\varepsilon^{bl}\frac{R_t^b}{r_t^{bl}}-\kappa_{bl}(\frac{r_t^{bl}}{r_{t-1}^{bl}}-1)\frac{r_t^{bl}}{r_{t-1}^{bl}}+E_t\beta_P\kappa_{bl}\frac{\lambda_{t+1}^P}{\lambda_t^P}(\frac{r_{t+1}^{bl}}{r_t^{bl}}-1)(\frac{r_{t+1}^{bl}}{r_t^{bl}})^2\frac{b_{t+1}^l}{b_t^l}=0$$
(1-26)

$$1-\varepsilon^{bE}+\varepsilon^{bE}\frac{R_t^b}{r_t^{bE}}-\kappa_{bE}(\frac{r_t^{bE}}{r_{t-1}^{bE}}-1)\frac{r_t^{bE}}{r_{t-1}^{bE}}+E_t\beta_P\kappa_{bE}\frac{\lambda_{t+1}^P}{\lambda_t^P}(\frac{r_{t+1}^{bE}}{r_t^{bE}}-1)(\frac{r_{t+1}^{bE}}{r_t^{bE}})^2\frac{b_{t+1}^E}{b_t^E}=0$$
(1-27)

在上述模型中，商業銀行批發分行作為資金融通媒介，吸收存款，發放貸款，調整超額備付金並進行同業往來業務，面對貸款、存款和準備金的管理成本，在其貸款偏離中央銀行的目標時也存在成本（Chen, Funke & Paetz, 2012）。商業銀行也在存款貨幣創造中發揮作用（Funke & Paetz, 2012）：批發分行獲得總存款 D_t 後，按照貨幣乘數 $1/\nu_t$ 創造新的存款。商業銀行批發分行的資產負債表如表 1-1 所示。

表 1-1　　　　　　商業銀行批發分行的資產負債表

資產		負債	
法定準備金	$\eta_t D_t$	創造的存款貨幣	D_t/ν_t
超額準備金	E_t		
貸款	B_t	銀行間市場淨借入	IB_t

註：模型中未包含銀行資本，因此銀行權益資本沒有包含資產負債表用的負債方。

假定批發分行在完全競爭環境下營運，將各種利率作為給定的基本要素，選擇存貸款數量、超額準備金以最大化其實際收益流的現值，如式（1-28）所示：

$$E_0\sum_{t=0}^{\infty}(\beta_P)^t\lambda_t^P[(1+R_t^b)B_t+(1+R_t^e)E_t+(1+R_t^r)\eta_t D_t-(1+R_t^{ib})IB_t-(1+R_t^d)\frac{D_t}{\nu_t}-(B_{t+1}+E_{t+1}+\eta_{t+1}D_{t+1}-IB_{t+1}-\frac{D_{t+1}}{\nu_{t+1}})\pi_{t+1}-CE_t-CL_t]$$
(1-28)

其中，R_t^e、R_t^r 和 R_t^{ib} 是超額準備金、法定準備金利率和銀行間市場拆入利率，CE_t 表示貸款、存款和準備金的管理成本，CL_t 表示貸款偏離中央銀行目標值產生的成本，滿足式（1-29）、式（1-30）：

$$CE_t = \frac{1}{2y}\left\{c_d\left[\left(\frac{D_t}{\nu_t}\right)^2 - \left(\frac{D}{\nu}\right)^2\right] + c_b\left[(B_t)^2 - B^2\right] + c_e(E_t^2 - E^2)\right\} \quad (1\text{-}29)$$

$$CL_t = \frac{\kappa}{2}(B_t - B_t^{cb})^2 \quad (1\text{-}30)$$

一階條件如式（1-31）、式（1-32）所示：

$$R_t^b = R_t^{ib} + \frac{c_b}{y}B_t + \kappa(B_t - B_t^{CB}) \quad (1\text{-}31)$$

$$R_t^d = \eta_t\nu_t R_t^r + (1 - \eta_t\nu_t)R_t^{ib} - \frac{c_d}{y}\frac{D_t}{\nu_t} \quad (1\text{-}32)$$

$$R_t^e = R_t^{ib} + \frac{c_e}{y}E_t \quad (1\text{-}33)$$

貸款和超額準備金的機會成本由銀行間利率、管理成本、偏離中央銀行貸款目標的成本給出，存款的機會成本是準備金收益、銀行間利率和存款管理成本的加權平均。在均衡中，批發分行的資產負債表約束如式（1-34）所示：

$$\eta_t D_t + E_t + B_t = \frac{D_t}{\nu_t} \quad (1\text{-}34)$$

注意在均衡中有 $D_t = d_t$。本章假定銀行可以無限制地從中央銀行處借入，因此有 $R_t^{ib} = R_t$。此外，假定法定準備金利率是中央銀行決定的常數，即 $R_t^r = \bar{R}^r$。

1.2.5 貨幣政策

為了將宏觀表現與政策變量聯繫到一起，反應前面提到的中央銀行的特殊性，我們加強對傳統貨幣政策工具的刻畫。首先，假定中央銀行以泰勒規則的形式設定短期名義利率，如式（1-35）所示：

$$R_t = \rho_R R_{t-1} + (1 - \rho_R)[R + \varphi_\pi(\pi_t - \pi) + \varphi_y(y_t - y_{t-1})] + \varepsilon_t^R \quad (1\text{-}35)$$

其中，ρ_R 是利率平滑係數，α_π 和 α_y 是通貨膨脹缺口和產出缺口反應係數，$\varepsilon_{R,t}$ 是貨幣政策衝擊。

參照 Funke、Mihaylovski、Zhu（2015）的設定，假定窗口指導以如式（1-36）所示的規則演進：

$$B_t^{cb} = \rho_b^{cb} B_{t-1}^{cb} - (1 - \rho_b^{cb})[B + \varphi_b^b(B_t - B) + \varphi_b^\pi(\pi_t - \pi) + \varphi_b^y(y_t - y_{t-1})] + \varepsilon_t^{wg}$$

$$(1\text{-}36)$$

假定法定準備金率作為宏觀審慎政策工具，假定它作為通貨膨脹、產出、銀行貸款偏離目標值和上期值的反應，如式（1-37）所示：

$$\eta_{t+1} = \rho_\eta \eta_t + (1-\rho_\eta)\varphi_\eta^\pi(\pi_t - \pi) + \varepsilon_t^\eta \tag{1-37}$$

假定貨幣乘數 $1/\nu_t$ 服從如式（1-38）所示的運動規則：

$$\nu_t = \rho_\nu \nu_{t-1} + (1-\rho_\nu)\varphi_\nu^\eta \eta_t^r \tag{1-38}$$

1.2.6 資源約束

經濟的總資源約束如式（1-39）所示：

$$y_t = c_t^P + c_t^I + c_t^E + i_t + g_t + a(u_t)k_{t-1} \tag{1-39}$$

其中，等式左端表示銀行監管高風險企業家的成本所用的最終產出，等式右端最後兩項是資本利用率調整成本，政府支出 G_t 由家庭的一次總付稅籌資。住房市場滿足式（1-40）：

$$h_t^P + h_t^I = \bar{h} \tag{1-40}$$

此處，$\bar{h}$ 為常數的住房存量。信貸市場出清要求如式（1-41）所示：

$$B_t = b_t^I + b_t^E \tag{1-41}$$

最後，在模型中引入 8 個外生衝擊，分別是生產率衝擊 z_t、投資專有技術衝擊 ε_t^i、貨幣政策衝擊 ε_t^R、窗口指導衝擊 ε_t^{wg}、法定準備金率衝擊 ε_t^η、政府支出衝擊 g_t、家庭借入衝擊 A_t^I 與企業家借入衝擊 A_t^E。這些衝擊被假設為服從一階自迴歸過程。

1.3 模型校準與分析

1.3.1 模型校準

樣本區間為 1996 年 Q1 的數據至 2017 年 Q2 的數據，將年化季度通貨膨脹率設定為 1.020,3%，用以匹配樣本期消費價格指數（CPI）的季度增長率，名義利率取中國的銀行間 7 天內的拆借加權利率的樣本均值，投資和政府支出產出、占比來自樣本均值。存款產出比取 50% 的季度值，準備金利率和超額準備金利率取 0.72% 和 1.62% 的季度值，該數據來自中國人民銀行公報。耐心家庭的相對份額取值為 0.8，不耐心家庭及企業家接待約束中的 LTV 穩態值取為 0.7、0.35，這是同類研究中的通常取值（Gerali, Neri, Sessa & Signoretti, 2010; Angelini, Neri & Panetta, 2012）。耐心家庭、不耐心家庭和企業家主觀貼現率 Iacoviello（2015）的校準結果。資本回報率取 3.5%，存款利率和貸款利率替代彈性取 -222 和 389，貸款產出比取 126%，資本收入份額取 0.5 份，

來自 Funke、Mihaylovski、Zhu（2015）的校準結果。其餘的參數介紹、校準結果和來源如表 1-2 所示。

表 1-2　　　　　　　　　　模型參數校準

變量		取值	來源
穩態通貨膨脹率	π	1.020,3%	由 1996 年 Q1 季度至 2017 年 Q2 季度數據的樣本均值推算
穩態名義利率	R	0.915,0%	
穩態準備金利率	R^r	0.402,6%	
穩態超額準備金利率	R^e	0.179,5%	
政府支出-產出比	g/y	0.177,2	
存款 GDP 占比	d/y	0.5	
貸款 GDP 占比	B/y	1.26	
未受約束的家庭比率	μ	0.8	Gerali Neri & Sessaand Signoretti（2010）
住房在家庭效用中的比重	ε^h	0.2	
家庭 LTV	m^I	0.7	
企業 LTV	m^E	0.35	
資本折舊率	δ	0.025	
穩態資本、住房價格	q^k, q^h	1	
耐心家庭主觀貼現率	β_P	0.992,5	Iacoviello（2015）
不耐心家庭主觀貼現率	β_I	0.94	
企業家主觀貼現率	β_E	0.94	

表1-2(續)

變量		取值	來源
穩態資本淨租金率	r^k	0.035	
勞動負效用的曲率	φ	1	
工資加成	λ_w	1.05	
工資 Calvo 參數	ξ_w	0.75	
工資部分指數化參數	ι_w	0.29	
資本收入份額	α	0.5	
企業 Calvo 參數	ξ_p	0.75	
價格部分指數化參數	ι	0.16	
價格加成	λ_f	1.2	Funke，Mihaylovski & Zhu（2015）
差異性貸款替代彈性	$\varepsilon^{bE}, \varepsilon^{bH}$	389	
差異性存款替代彈性	ε^d	−222	
銀行存款成本參數	c_d	0.01%	
銀行貸款成本參數	c_b	0.015,8%	
窗口指導持續反應	ρ_b^{cb}	0.80	
窗口指導貸款反應	φ_b^b	0.30	
窗口指導通脹反應	φ_b^π	1.80	
窗口指導產出反應	φ_b^y	0.1	
窗口指導敏感參數	κ	0.40	

表1-2(續)

變量		取值	來源
投資調整成本	S''	7.304	陳師，鄭歡，郭麗麗
資本利用率調整成本	σ_a	0.026	
貨幣政策規則持續參數	ρ_R	0.729	
貨幣政策規則通脹反應	φ_π	1.781	
貨幣政策規則產出反應	φ_y	0.093	
利率衝擊	σ_R	0.031	
生產率衝擊持續	ρ_z	0.636	
投資專有技術衝擊持續	ρ_{ε^i}	0.828	
生產率衝擊標準差	σ_z	0.062	
投資專有技術衝擊標準差	σ_{ε^i}	0.076	
家庭消費習慣係數	a^P, a^I, a^E	0.891,8	陳師，鄧宇洋(2018)
借入約束衝擊持續參數	ρ_{A^I}, ρ_{A^E}	0.864,3	
存款黏性參數	κ_d	3.753,2	
貸款黏性參數	κ_{bE}, κ_{bH}	9.801,6	
穩態法定存款準備金率	η	0.266,6	
準備金率持續參數	ρ_η	0.566,8	
準備金率通脹反應參數	ρ_η^π	9.887,0	
穩態貨幣乘數	ν	0.163,9	
貨幣乘數持續參數	ρ_ν	0.531,1	
貨幣乘數準備金反應	φ_ν^η	0.896,0	
政府支出衝擊持續	ρ_g	0.791,7	
政府支出衝擊標準差	σ_g	0.055,6	
借入約束衝擊標準差	$\sigma_{A^I}, \sigma_{A^E}$	0.078,0	
窗口指導衝擊標準差	σ_{wg}	0.117,3	
準備金率衝擊標準差	σ_η	0.120,4	

在本節的剩餘部分，研究主要宏觀經濟變量面對生產率衝擊、貨幣衝擊、LTV衝擊、窗口指導衝擊和存款準備金率衝擊的脈衝回應，同時展示銀行部門

及銀行信貸在衝擊傳導中起到的作用。

1.3.2 脈衝回應分析

為判斷模型引入的銀行部門及其信貸行為是否為模型提供重要的衝擊傳導機制，本章將利用校準得到的基準模型進行反事實實驗，即將基準模型與模型變體的脈衝回應函數進行對比分析。要考察的模型變體相對於基準模型的不同之處在於，前者「關閉」後者中的一些重要特性。首先，令成本參數 c_b、κ、c_d 和 c_e 為零，同時令 R_t^b、R_t^d、R_t^{ib}、R_t^r 與 R_t^e 相等，此時模型被簡化為利率設定黏性模型（Gerali, Neri & Sessa, 2010）。其次，令 κ_d、κ_{bE} 和 κ_{bH} 為零，此時模型被簡化為抵押品約束金融摩擦模型（Iacoviello, 2005）。下文中簡稱模型變體為金融摩擦模型。

圖1-1、圖1-2 報告了基準模型和金融模型中主要宏觀經濟變量對單位標準差的正向全要素生產率的脈衝回應，這些變量依次是名義利率、貸款利率、通貨膨脹率、貸款-產出比、貸款、產出、消費、投資和法定存款準備金率。

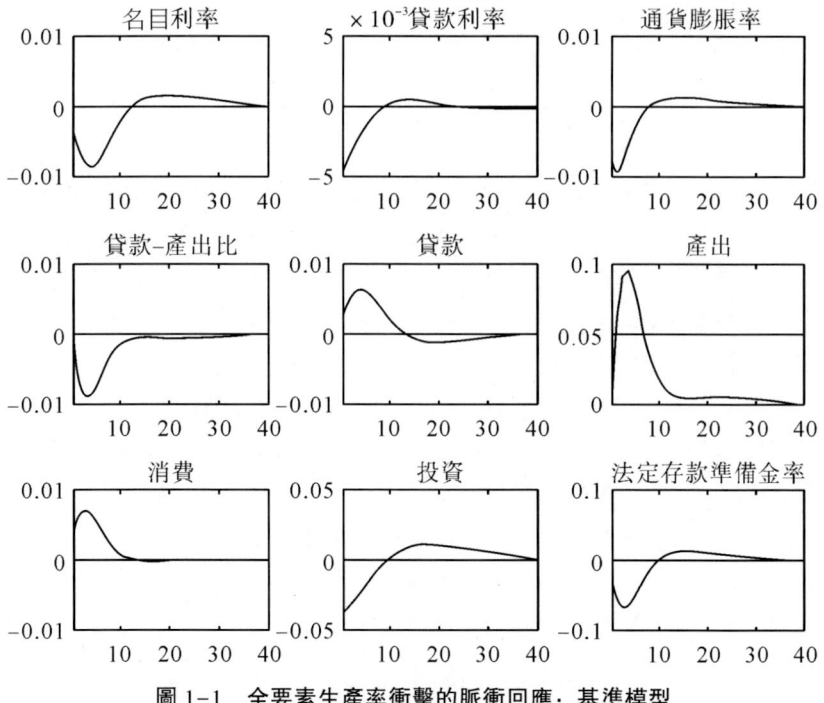

圖1-1 全要素生產率衝擊的脈衝回應：基準模型

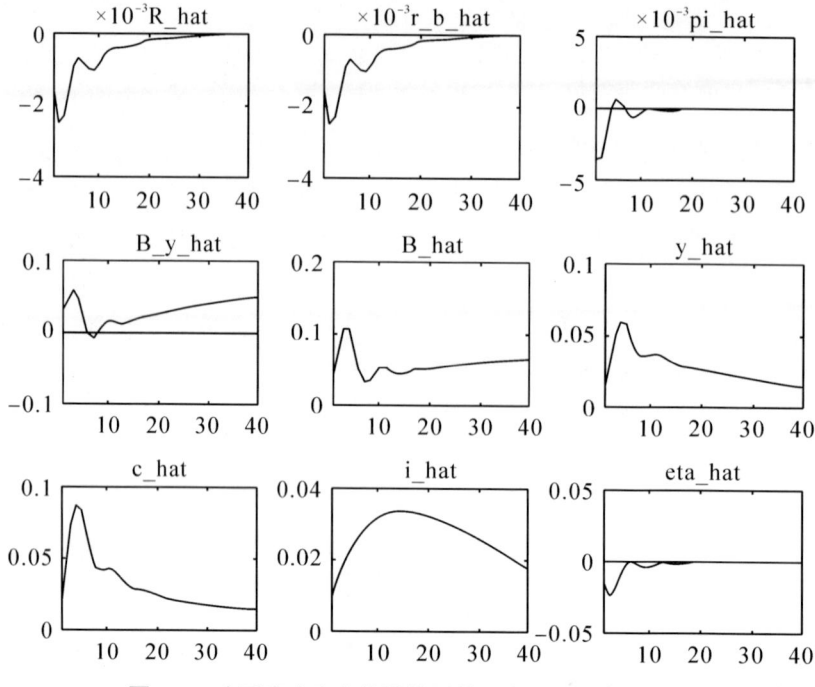

图 1-2　全要素生产率冲击的脉冲回应：金融摩擦模型

通过对比发现，在基准模型中，生产率冲击对消费和产出的反应较之金融摩擦模型更大，而投资的反应更小。而且，基准模型中所有变量的持续性相对更强，绝大多数变量对冲击的反应也相对更大，这表明银行部门增强了内生传导动力。理解银行部门垄断加成是如何和金融摩擦一起改变模型的传导渠道，有助于解释上述结果。

首先，正向生产率冲击会降低名义利率，由于模型中包括不完全竞争的银行部门，政策利率的下降会引起贷款利率下降，因此投资在受正向生产率冲击影响而增加的同时，又因为贷款利率下降而被再次扩张。与此同时，企业家的资本需求增加，加之家庭住房需求增加，推动了资产价格的上升，由于抵押品约束渠道的存在，借入者的抵押品价值的上升使其能够借入更多。同时，应该注意到基准模型中的法定存款准备金率的反向变动更大，这进一步降低资金成本。这些扩张机制共同使得消费和产出得到明显的增加。

其次，基准模型中更高的产出波动使得货币政策作出更强的反应，这将与正向生产率冲击一同造成通货紧缩。债务通货紧缩渠道将使得借入者有更高的实际债务负担，这将和贷款利率加成一同造成借款者资源支出中用于债务的份额增多。总而言之，债务通货紧缩效应、贷款利率加成、法定存款准备金率对

投資的抑制作用大於上文所述的擴張影響，總體上使得基準模型中的信貸量、信貸產出比及投資相對於銀行部門的模型的反應更小。同時，這些渠道的共同作用增強了模型中實際變量的持續性。

圖1-3報告了基準模型中主要宏觀經濟變量對緊縮性貨幣政策衝擊的脈衝回應。基準模型的回應在性質上非常標準。產出和通貨膨脹率下降，均衡實際利率上升，但貸款利率因貸款利率黏性的存在，在10個時期後才緩慢上升。儘管貸款利率並未立即下降，但貸款量即刻下降了，原因在於抵押品價值（資本價格和住房價格）下降。信貸成本增加伴隨著資產價值下降，使得固定資本投資和住房資本投資下降，再加上實際利率上升對支出的負向影響，產出出現持續性的負向反應。綜上所述，由於銀行壟斷競爭性和利率設定行為的存在，貨幣政策對貸款利率的傳遞較為緩慢；相對於貨幣政策的價格效應，抵押品價值變化導致的數量效應更為明顯地作用在貸款數量上。這表明，如果政策利率存在不完全傳導，那麼抵押品渠道在將貨幣政策傳導至消費者和投資者行為的過程中會發揮重要作用。

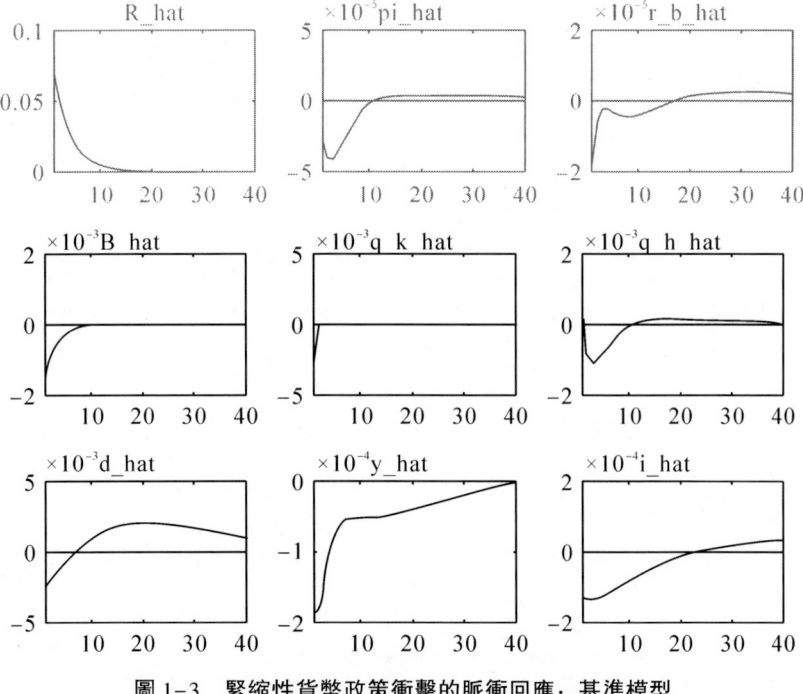

圖1-3 緊縮性貨幣政策衝擊的脈衝回應：基準模型

圖1-4報告了金融摩擦模型中主要宏觀經濟變量對緊縮性貨幣政策衝擊的脈衝回應。在關閉銀行部門及銀行信貸的模型設定後，政策利率的持續性降低，這歸因於通貨膨脹和產出較低的持續性。通貨膨脹和產出的低持續性再次

表明銀行部門在經濟中發揮了重要的衝擊傳播作用。應注意到，金融摩擦模型展現出完美的利率傳遞機制，需要指出的是，如果忽略批發分行特徵，而保留零售分行的黏性利率定價機制，模型也會表現出近乎完美的利率傳遞機制，這說明，對政策利率傳遞起作用的並非是銀行部門的不完全競爭和交錯利率設定，而是銀行在改變包括存款、準備金、超額準備金在內的資產負債表項目時面對的成本。這說明對銀行監管的加強會對政策利率的傳遞起到負面影響。

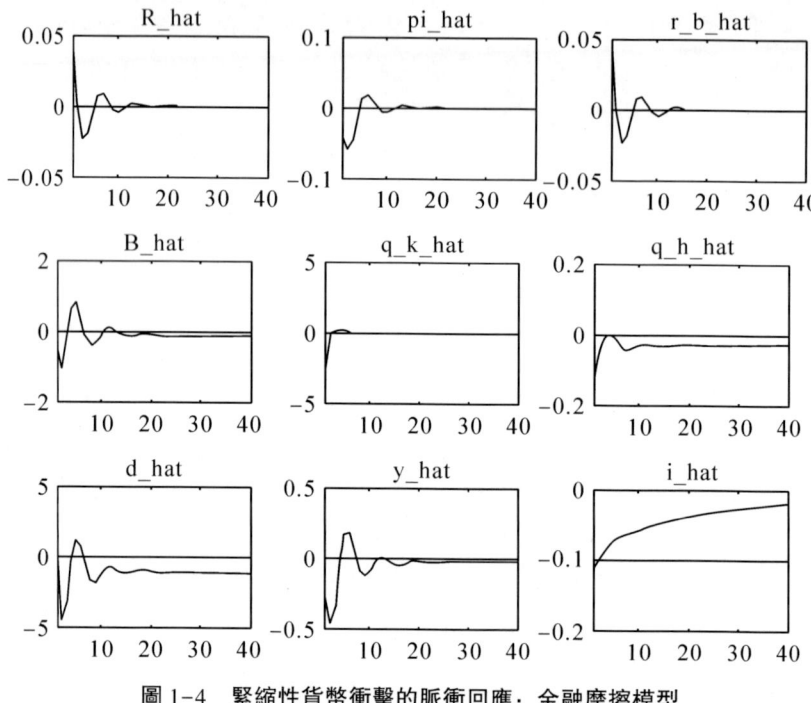

圖 1-4　緊縮性貨幣衝擊的脈衝回應：金融摩擦模型

圖 1-5、圖 1-6 展示了主要宏觀經濟變量對家庭面對的 LTV 衝擊的脈衝回應。在圖 1-5 中，LTV 的正向衝擊放鬆了對抵押品的約束，其作用類似於抵押品價值上升，使家庭貸款利率下降，家庭貸款量增加。此時，企業家面對的利率和貸款，主要受政策利率變化的影響，而累積住房相對於累積資本有更高的回報也使得企業貸款傾向於降低，這導致投資降低以及產出降低，但家庭貸款量上升仍然使總信貸量上升。圖 1-6 展示了類似結論，除全部變量的持續性更低之外，一個重要區別在於此處的投資和產出是增加的。這表明，當家庭面對更寬鬆的信貸約束（或者更高的住房價格）時，如果銀行部門缺少監管或者更接近完全性競爭，就會增加社會信貸，同時將信貸更多地配置到家庭。如果加強對銀行的監管，總體信貸規模的增加量會減少，但此時對投資和產出可能會有負面影響。

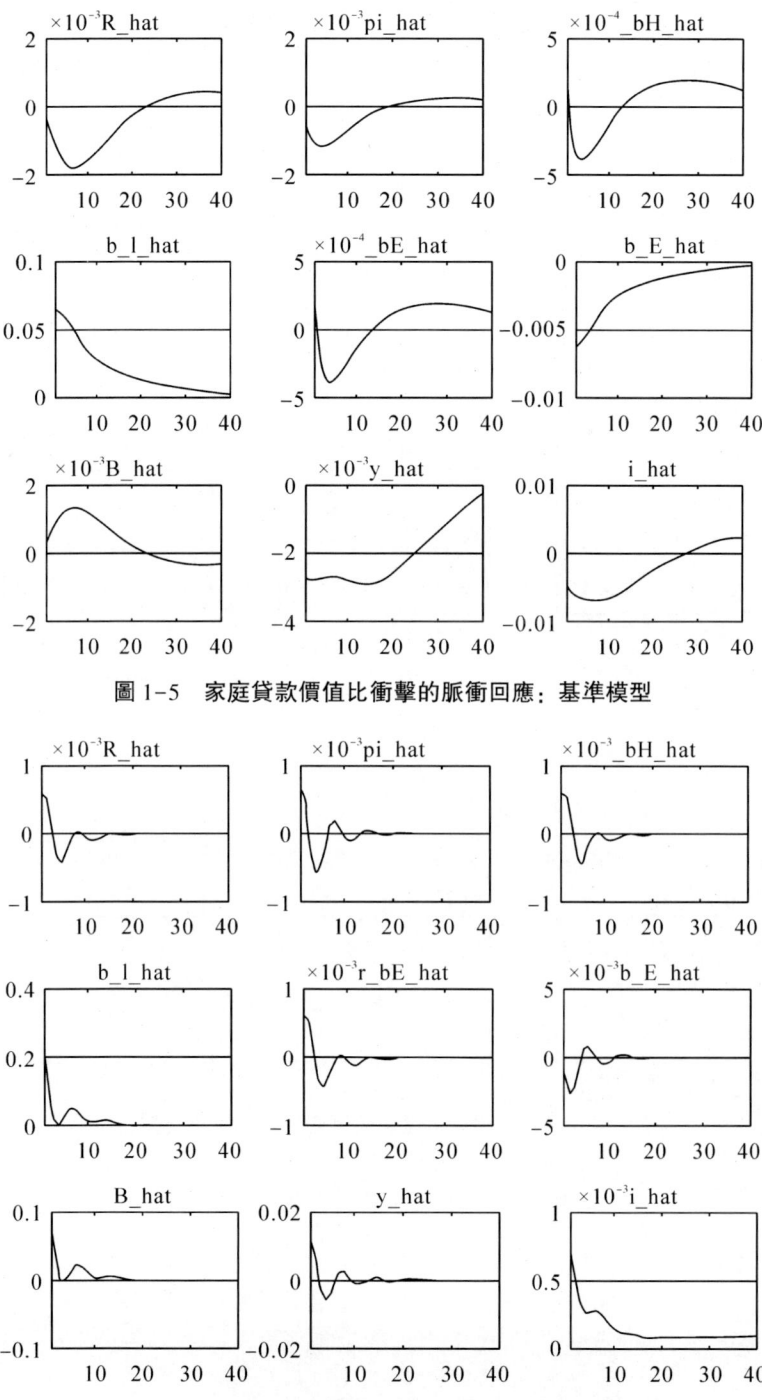

圖 1-5　家庭貸款價值比衝擊的脈衝回應：基準模型

圖 1-6　家庭貸款價值比衝擊的脈衝回應：金融摩擦模型

1　引入銀行信貸和宏觀審慎政策的 DSGE 模型

圖1-7展示了主要宏觀經濟變量對法定準備金率衝擊的脈衝回應，圖1-8展示了對窗口指導的脈衝回應。總體上而言，首先，準備金率衝擊對變量的影響較小，對窗口指導衝擊的影響較大。這首先表明法定準備金對經濟的影響並非是實質性的，而可能更多地要利用到本章模型設定之外的因素。其次，窗口指導衝擊對信貸量的影響遠較信貸利率的影響明顯。最後，雖然政策利率提高，但消費和投資因為家庭和企業家信貸約束的放鬆而得以增加，最終產出顯著增加。這表明如果考慮銀行部門的壟斷競爭和銀行監管的存在，在實施貨幣政策時，窗口指導這種數量性的非傳統貨幣政策工具有一定的潛在價值，可以作為傳統貨幣政策工具的有益補充。相對而言，法定準備金率工具的作用更為複雜，在本章模型設定下並不顯著。

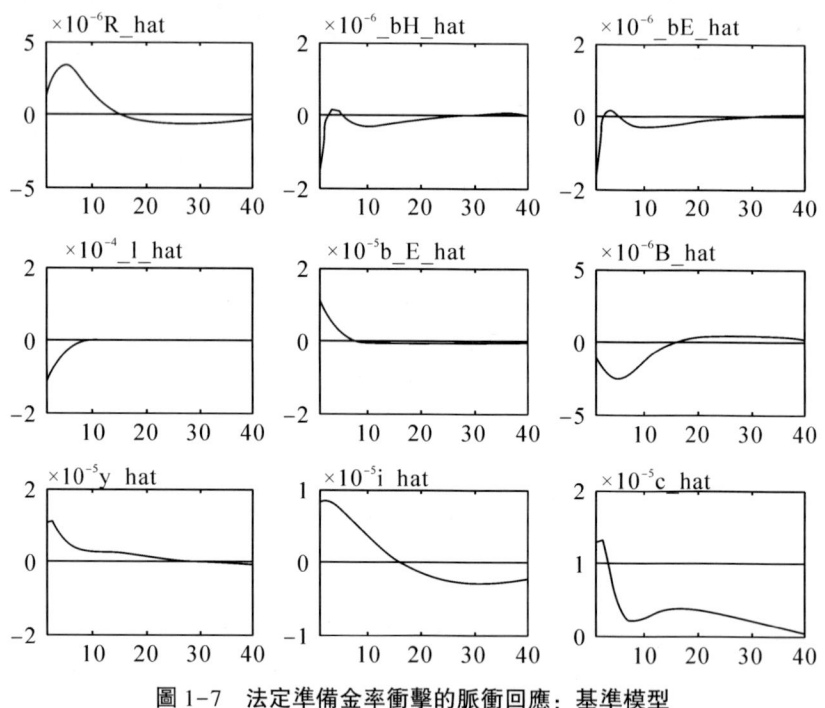

圖1-7　法定準備金率衝擊的脈衝回應：基準模型

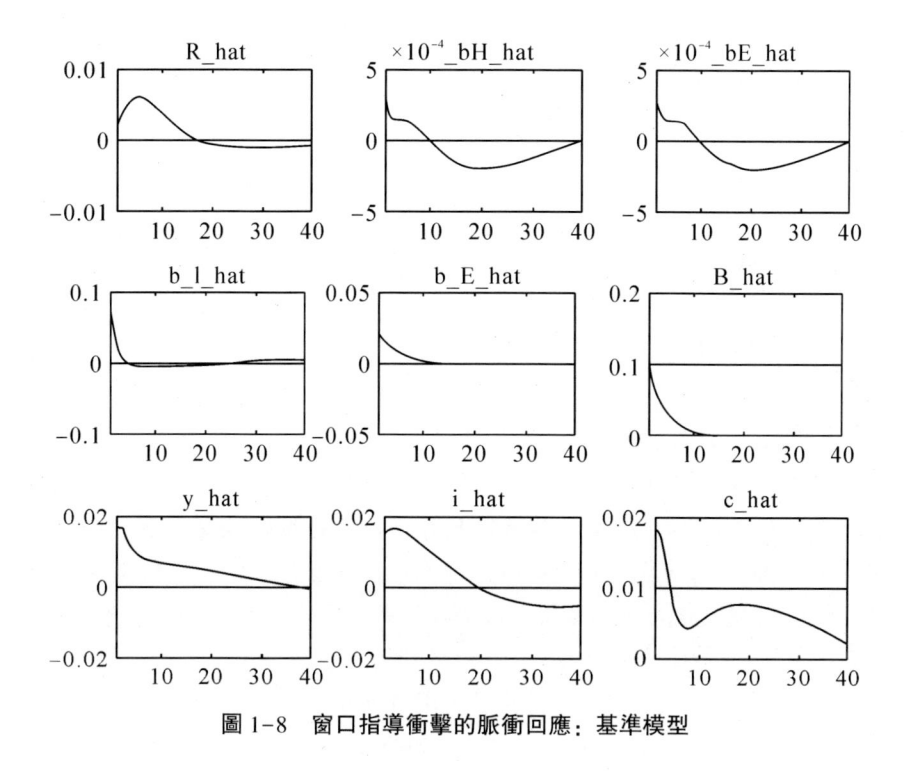

圖 1-8　窗口指導衝擊的脈衝回應：基準模型

1.3.3　最優貨幣政策與宏觀審慎政策

近年來，基於 DSGE 模型的貨幣政策評價與設計框架展示了它在研究宏觀審慎政策方面的優越性。Gertler、Karadi（2009）利用引入金融摩擦模型、行為人異質性模型、歐洲區和美國的 DSGE 模型，分析貨幣政策和宏觀審慎政策之間的相互作用。Kannan、Pau、Alasdair（2009）通過研究發現，宏觀審慎政策有助於利用貨幣政策穩定價格水準。Angelini、Neri、Panetta（2011）對銀行的 DSGE 模型進行研究，發現宏觀審慎政策能夠作為貨幣政策的有益補充。Glocker、Towbin（2012）構建一個小型開放經濟模型，考察將存款準備金作為價格穩定和金融穩定工具的情況。Quint、Rabanal（2013）建立了一個開放經濟 DSGE 模型用於分析歐洲區域，考察貨幣政策和宏觀審慎政策之間的相互影響，發現引入宏觀審慎政策可能會有助於減少宏觀經濟波動，提高福利，能夠作為傳統貨幣政策工具的補充。這些研究表明，將宏觀審慎政策工具與傳統的貨幣政策相結合，對於穩定經濟和提高社會福利有相當重要的潛在意義。鑒於此，除上文中基於估計的貨幣政策規則進行反事實實驗外，本節還將使用社會損失函數對不同政策規則的福利績效及其對應的最優單一規則進行評價和

對比。

對宏觀審慎政策目標建模是較為複雜的問題，因為系統性風險的表現形式各異，其衡量方式和產生環境也是多樣的，這就導致很難在模型中設置特定的代理變量來刻畫系統性風險。因此，本章根據 Angelini、Neri、Panetta（2012）的設定，假定宏觀審慎當局對信貸的不正常表現作出反應，即假定貸款-產出比的方差是宏觀審慎當局損失函數中的一個關鍵成分，這意味經濟的槓桿越高，社會福利損失越大。

為考察宏觀審慎政策在社會福利方面的潛在意義，本節對比三種不同的最優政策規則情形下的宏觀經濟變量波動和社會福利。假定中央銀行穩定通貨膨脹和產出的傳統目標作為參照，損失函數如式（1-42）所示：

$$L^{cb} = \sigma_\pi^2 + \kappa_{y,cb}\sigma_y^2 + \kappa_r\sigma_{\Delta R}^2 \qquad (1\text{-}42)$$

其中，σ^2 是通貨膨脹、產出增長率和政策利率的方差，κ 表示各自的相對權重，本章跟隨 Angelini、Neri、Panetta（2012）的設定，將 $\kappa_{cb,y}$ 和 κ_r 分別取為 0.5 和 0.1。考察宏觀審慎政策，假定政策當局關心政策工具的變化性，則宏觀審慎政策對應的損失函數如式（1-43）所示：

$$L^{mp} = \sigma_{B/Y}^2 + \kappa_{y,mp}\sigma_y^2 + \kappa_\eta\sigma_{\Delta\eta}^2 \qquad (1\text{-}43)$$

根據 Angelini、Neri、Panetta（2012）的設定，$\kappa_{y,mp}$ 和 $\kappa_{\Delta\eta}$ 取 0.5 和 0.1。在考慮宏觀審慎政策後，中央銀行的損失函數如式（1-44）所示：

$$L = L^{cb} + L^{mp} = \sigma_\pi^2 + \sigma_{B/Y}^2 + (\kappa_{y,cb} + \kappa_{y,mp})\sigma_Y^2 + \kappa_r\sigma_{\Delta R}^2 + \kappa_\eta\sigma_{\Delta\eta}^2 \qquad (1\text{-}44)$$

首先，假定在傳統的貨幣政策規則下，中央銀行實施泰勒規則，如式（1-35）所示，即中央銀行選擇式（1-35）中的反應係數以最小化損失函數（1-44），這種情形在下文中被簡稱為「最優貨幣政策規則」。其次，假定中央銀行實行如式（1-45）所示的擴展的泰勒規則以最小化損失函數（1-44）的損失：

$$R_t = \rho_R R_{t-1} + (1-\rho_R)[R + \varphi_\pi(\pi_t - \pi) + \varphi_y(Y_t - Y_{t-1})] + \varphi_b B_t + \varepsilon_t^R$$

$$(1\text{-}45)$$

最後，假定政策當局面對損失函數（1-44），在政策工具方面，根據 Glocker 和 Towbin（2012）的建議，設定貸款價值比和法定準備金率為兩個宏觀審慎政策工具。除實行形式如（1-45）的擴展的泰勒規則外，還假定貸款價值比對貸款目標和資產價格作出反應，如式（1-46）、式（1-47）所示：

$$A_t^I = \rho_a^I A_{t-1}^I + (1-\rho_a^I)(\varphi_{aI}^b B_t + \varphi_{aI}^q q_{k,t}) \qquad (1\text{-}46)$$

$$A_t^E = \rho_a^E A_{t-1}^E + (1-\rho_a^E)(\varphi_{aE}^b B_t + \varphi_{aE}^q q_{k,t}) \qquad (1\text{-}47)$$

法定準備金率的反應形式如式（1-37）。政策當局選擇式（1-45）至

(1-47)以及式（1-37）中的系數以最小化損失函數（1-44），這種情形被簡稱為「宏觀審慎政策」。計算結果整理於表1-3。

表1-3　　　　　　　　　　不同政策的福利損失

方差	最優貨幣政策規則	擴展的貨幣政策規則	宏觀審慎政策
通貨膨脹率	0.000,9	0.000,9	0.000,6
產出	0.033,3	0.033,4	0.029,6
利率變化	0.006,1	0.006,9	0.006,8
貸款產出比	0.046,2	0.045,9	0.042,3
準備金率變化	0.021,3	0.021,3	0.020,6
福利損失	0.083,14	0.083,02	0.075,24

表1-3中，福利損失的大小可作為判斷特定政策規則下經濟穩定性的準則，通過計算不同政策規則中能夠產生最高穩定性（最小損失）的反應系數值，瞭解到主要變量波動和福利損失的情況。從表1-3可發現，對比最優貨幣政策規則，對信貸總量進行反應的擴展的貨幣政策規則能對社會福利有一定改善，而同時使用貨幣政策和宏觀審慎政策工具，將使得福利損失最小。本章對損失函數的設定表明，如果政策當局將貸款產出比、準備金率變化等金融變量的穩定性納入政策設計和評價的視角，則只針對通貨膨脹和產出變動作出反應的傳統貨幣政策規則難以得到令人滿意的結果。從福利分析的角度來看，如果將金融穩定納入政策目標，將信貸總量作為政策的反應變量有一定價值，而將宏觀審慎政策工具作為經擴展的貨幣政策的補充，會更有利於平穩通貨膨脹、產出、利率和金融變量的波動，進而增進社會福利。

1.4　本章小結

參考國內外文獻研究，本章以包含銀行部門的中型DSGE模型為基礎，同時引入更豐富的實際和名義摩擦，基於DSGE框架下的建模技術，研究銀行信貸行為與貨幣政策之間的相互影響。在模型中，經濟中的行為人包括：耐心家庭、不耐心家庭、企業家、廠商、銀行。其中，銀行部門以及銀行信貸是本章研究的一個重點。此外，為了更好地將宏觀經濟效應與政策變量相聯繫，結合中國中央銀行的特殊性，本章又加強了對傳統貨幣政策工具的刻畫，並分析貨

幣政策和宏觀審慎政策的相互作用。

通過對模型的論證分析，本章認為在新常態下，尤其是在中國提出服務實體經濟、防控金融風險以及深化金融改革這三大任務的背景下，對銀行信貸行為在中國宏觀審慎政策中的影響機制進行研究是非常必要的。但是國內相關文獻研究不多，並且主要是在小型 DSGE 模型的基礎上進行的校準研究，同時缺乏考察銀行部門在貨幣政策和宏觀審慎政策效應、福利績效方面的研究，而國外文獻多以美國和歐元區的工業化經濟體為對象，或以韓國、秘魯等小型市場經濟體作為研究對象。但中國特殊的國情決定了政策的傳導渠道以及影響是不同於其他國家的，因此研究結論必然存在差異。本章所引用模型，根據中國實際情況進行了修改與校準，所得的實證結論將更符合中國當前經濟的發展情況，將會有更強的理論和實踐意義。

銀行部門與銀行信貸對於宏觀經濟政策效應和福利績效的影響至關重要。加強金融監管會減弱經濟衝擊和金融衝擊對宏觀經濟穩定性的影響。銀行部門及銀行信貸是宏觀審慎政策的重要作用對象，將其納入宏觀審慎政策框架的研究範疇，對於更好地發揮宏觀審慎政策工具的作用，補充和完善貨幣政策的不足，促進金融體系的穩定和宏觀經濟穩定具有重要意義。

2 新興市場經濟體特徵與中國貨幣政策傳導

　　進入21世紀的第二個十年，中國經濟發展速度逐漸從10%左右開始回落，根據國家統計局的數據，自2012年到2014年，中國經濟的增長速度分別為7.7%、7.7%、7.4%，不同於過去的高速增長，整體經濟狀況朝著一個更為穩健的方向發展。習近平於2014年5月提出了「新常態」，隨後於同年11月對「新常態」進行了首次系統的闡述，指出中國進入了經濟發展的「新常態」，也迎來了新的機遇。

　　「新常態」是綜合了社會經濟整體發展的一個狀態，就經濟這一層面來看，新常態之「新」主要在三方面體現。一是經濟增速的「新」，經濟的增速不再是10%那樣的高速，而是更為穩健的中高速，也更具持續性；二是經濟發展結構之「新」，對經濟結構進行調整，不斷優化升級，使經濟佈局更為合理；三是經濟發展動力之「新」，從過去的主要依靠投入生產因素驅動經濟發展轉變為在投入生產要素的同時加大技術投入，使經濟發展主要開始依靠技術。與中國經濟進入「新常態」相對應的是，全球經濟也進入了緩慢恢復元氣的階段，在這個國際大環境下，中國龐大的經濟總量以及經濟結構也對政策制定者提出了更高的要求，中國的宏觀調控也面臨著新的變數和挑戰。

　　貨幣政策是政府進行宏觀調控的重要手段之一，通過貨幣政策的傳導改變市場經濟主體的行為，進而影響經濟的發展。貨幣政策傳導一般是指，貨幣當局制定政策然後執行到最終實現設定目標的過程。貨幣政策傳導機制是指貨幣當局在執行政策的過程中採取一系列措施影響中間量，最終實現政策制定者預期設定的目標的傳導路徑和作用機制。貨幣政策的傳導路徑主要包括三個環節：貨幣當局、中間金融機構、市場經濟行為主體。一般的傳遞路徑為：貨幣當局作用於中間金融機構，中間金融機構作用於市場經濟行為主體，最終影響經濟的總體變量。可見，在這三個環節中，如果其中一個出現問題，或者在某個環節的傳導中出問題，那麼貨幣政策目標的實現必然受到一定的影響。

近 30 年來，隨著全球化進程的加快，不同國家之間的經濟社會聯繫和交往日益密切，多數發展中國家借鑑發達國家的發展經驗，其金融部門的發展也開始與發達國家趨同，逐漸開始呈現競爭性的特徵，同時也在向全球化的方向轉變和發展。發展中國家與發展成熟的工業化經濟體相比，通常受到「金融壓抑」問題的困擾，而這個問題在通常我們所說的新興市場經濟體中更加突出。所謂金融壓抑，就是指在發展中國家，市場機制的作用沒有得到充分發揮，具體是指這些發展中國家所存在的金融管制過多、受利率限制、信貸配額、金融資產單調等現象，簡而言之是因為金融市場不完善，而這也是新興市場經濟體的一個公認的特徵。金融因素在經濟波動中究竟起著什麼樣的作用，這個論題一直是當前宏觀經濟學研究中的重點。

肇始於美國的次貸危機在 2008 年通過國際貿易和全球化的世界金融體系等各種途徑迅速擴散，以中國、印度等為代表的新興市場經濟體也未能幸免，造成全球性的金融危機爆發。美國幾大金融機構破產清算，世界上一部分地區的經濟嚴重下滑，最終引發了全球性的經濟衰退。此後，引入金融因素的貨幣政策研究文獻迅速增加。

在 2007—2009 年的全球金融危機中，中國的外向型經濟受到了嚴重的衝擊，出口大幅縮水，失業增加，股市也受到較大的影響。面對經濟危機的衝擊，政府迅速出手治理，中國人民銀行配合政府投資的步調，進行一系列貨幣政策的調整，自 2008 年 9 月開始到 2008 年年末，連續 5 次下調存貸款基準利率，與此同時，各金融機構的存款準備金率也連續 4 次下調，在一系列寬鬆的貨幣政策下，中國經濟逐漸從低谷走出。

從 2010 年開始，2008 年以來的一系列刺激經濟發展的政策的負面效應逐漸開始顯現，物價上漲，政府逐漸面臨著通貨膨脹的壓力，中國人民銀行開始實行緊縮性貨幣政策，上調存貸款基準利率和存款準備金率，採取更為穩健的貨幣政策。從實際狀況來看，調控的效果卻依然不盡如人意，CPI 仍在高位，通貨膨脹的壓力仍然存在。面對中國政策制定的預期和執行的現狀的差異，研究貨幣政策和新興市場經濟體特徵下貨幣政策的傳導顯得十分重要和必要。

2.1 相關理論與文獻綜述

2.1.1 貨幣政策傳導

伴隨經濟社會的發展和經濟學者的不斷研究，學術界對貨幣的研究也取得

了更多的成果，特別是在新興市場經濟危機和 2008 年全球金融危機之後，關於貨幣政策傳導的研究更是數不勝數。縱觀歷史上對貨幣政策的研究，不同的學派都提出了自己的理論，但是，仔細歸納起來，經濟學者也大致認同，貨幣政策的傳導主要有四種路徑。

第一種是利率傳導路徑。這種理論的雛形最早可以追溯到 18 世紀，但是早期的經濟學家包括休謨、費雪等人提出的理論並沒有被當時的學者所廣泛注意。在美國經濟大蕭條之後，凱恩斯於 1936 年出版其著作《就業、利息、貨幣通論》，IS-LM 模型建立後，人們才逐漸開始對這方面進行研究。這一理論的核心是，貨幣在影響社會經濟總量上起著決定性的作用，但是這種作用並不是從貨幣到就業或者產出的直線式的簡單因果關係，而是間接通過中間手段來實現，而這個中間手段就是利率。利率傳導的具體過程可以總結如下：市場上的貨幣供應量超過市場對貨幣需求的時候，市場就會出現多餘貨幣，貨幣持有者持有的現金超過其靈活偏好所需求的量，就會用多餘的貨幣去購買投資性資產（比如債券），導致這些資產的價格上升，收益率下降，在自由市場上，利率也會下降，當利率下降到低於企業的資本邊際效率的時候，就會刺激企業投資，社會總投資增加，產出和需求也隨之增加；反之在市場貨幣供給少於需求的時候，則貨幣需求者需要給出更高的價格才能獲得資金，而貨幣的價格就是利率，即利率上升，造成投資下降，從這些分析中可以看出，利率在這中間起著橋樑作用。

第二種是信貸傳導路徑。在實際的經濟運行中，金融市場並不是像簡單的自由市場模型中設定的那樣完善，總是存在著各種問題，最明顯的就是信息不對稱和違約等現象。依據現有的研究，我們可以認為，在信貸傳導路徑中，基本包含著債券、貸款、貨幣三個要素，在這三個要素中，前兩個要素並不能夠像在完美金融市場中那樣可以實現完全替代，企業在進行外部融資的時候，並不是可以在發行債券和從銀行貸款中自由選擇。由於金融市場的不完善，企業在從外部融資的成本和在企業內部融資的機會成本之間產生了差異，而這個差異就是企業外部融資的額外成本，進而影響投資，最終影響社會經濟總量。從源頭來看，這個差異會受到貨幣政策的影響。

第三種是資產價格傳導路徑。這種理論強調貨幣政策可以改變其他不同資產的價格和人們的財富，從而影響貨幣持有者的行為，使其在不同的資產之間自行選擇，可以選擇購買債券，也可以購買生產資料進行生產，從而影響企業投資和家庭消費，最終影響社會經濟總量。

第四種是匯率傳導路徑。隨著經濟全球化的發展，各國政策制定者逐漸開

始選擇更為靈活的浮動匯率制度，資本市場逐漸開放，貨幣在國際市場流通。國內的貨幣供給增加，在自由市場上，利率下降；在國際市場上，相當於本國貨幣貶值，則本國商品在國際市場上更富競爭力，進而本國出口增加，社會總產出增加，社會經濟總量增加。

2.1.2 金融加速器

1995 到 2001 年，發展中國家阿根廷、墨西哥、俄羅斯、泰國、巴西、印度尼西亞、泰國等國家相繼或同時爆發了經濟危機，而這些國家都存在著一些共同的特徵，都是在 20 世紀 80 年代以後經濟快速發展，同時又處於發展中國家向發達國家過渡的階段，因此經濟學者習慣性地將這些國家統稱為新興市場經濟體，這一時期的經濟危機被稱作新興市場經濟危機。雖然爆發危機的各個國家的實際狀況有所差別，引起危機的直接原因不盡相同，危機爆發時候的表現和對整個國家經濟、社會的發展的影響程度也不同，但是在所有的不同中存在共同的因素。本章主要注重金融市場方面的因素。

從匯率的角度來看，所有爆發危機的國家的匯率基本都採用固定匯率制度，在這種匯率制度下，資本市場開放，國際資本流入，本幣升值，本國商品競爭力下降，本國出口減少，同時，國內物價上漲，一旦國際環境變化，國際資本撤離，若本國外匯儲備不足以維持，匯率必然失守，爆發危機。此外，從這些國家的金融體系來看，銀行系統建設尚不完善，隨著金融全球化，一些國家的金融監管逐漸放開，銀行的業務也逐漸呈現多元化的特徵，大量的貸款使得企業和銀行在業務上的交往和依賴程度也越來越深。在經濟下行的時候，大量依靠銀行貸款的企業繼續獲得貸款的能力下降，同時，原有的貸款無法及時歸還，銀行堆積大量的壞帳，無力償還貸款的企業紛紛破產倒閉。

在這場席捲大部分新興市場經濟體的危機過後，更多的經濟學者開始關注新興市場經濟體的發展，也把更多注意力集中到對這些國家的貨幣政策的研究上。

金融加速器理論是現在時興的金融週期理論的核心內容，是新凱恩斯經濟理論中週期理論的代表作。在發生金融危機之前，在經濟學者的早期文獻中，金融市場摩擦引入 DSGE 框架，往往採用處理借貸雙方間的信息不對稱和委託代理問題的方式。Bernanke、Gertler（1989）的相關研究指出，借款人通過不同的方式進入資本市場，從而在信貸市場獲得的信息也不同，不同借款人之間、借款人和貸款人雙方之間的信息不對稱，引發了經濟學研究中常見的代理

成本問題，該研究進而考察代理問題在傳播經濟衝擊方面的作用[1]。信息不對稱造成的代理問題的存在，使得借款人從外部（金融機構，主要是商業銀行）融資的成本和在企業內部融資的機會成本之間產生明顯的差異，而這個差異的大小在很大程度上取決於借款者的資產負債表狀況，借款者財務狀況惡化，則取得新的融資的難度自然就會加大，即外部融資成本較大。因為代理成本問題與經濟週期剛好相反，在經濟蕭條的時期，大部分借款人的財務狀況都受到一定的影響，存在一定的財務惡化現象，代理問題使更多的借款人從銀行等金融機構融資的成本大為上升，而在經濟繁榮時期，情況則剛好相反，這在DSGE框架中造成了後來經濟學者所說的「金融加速器」機制：若經濟衝擊使借款者的資產負債表狀況惡化，則會使其外部融資溢價提高，這使得經濟衝擊能通過影響企業的財務狀況進而影響投資的信貸成本，在宏觀層面抑制了實體經濟活動。

Bernanke、Gertler、Gilchrist（BGG，1999）提出金融加速器理論後，在隨後的研究中將金融加速器機制引入新凱恩斯動態模型，他們結合貨幣和價格黏性，研究信貸市場摩擦如何影響貨幣政策的傳導，這個模型後來被稱為BGG模型。模型的結論是，一方面，由於金融加速器的存在，貨幣政策對經濟的最終效應比不存在金融加速器時明顯增強[2]，當市場的名義利率上升時，在資本市場上，借款人由於借款成本上升而降低對資金的需求；另一方面，利率的上升也促使借款人所擁有的資本的貨幣價值下降，即借款人的資本淨值縮水，財務狀況惡化，由此導致的外部融資成本和內部融資的機會成本之間的差異增大，使得借款人對資金的需求進一步下降，社會總投資減少，這種結果使得名義利率升高，對經濟的影響大大增強。此外，金融加速器框架也為模型提供若干重要的衝擊來源。

2007—2009年，在美國次貸危機引發全球性經濟危機之後，金融摩擦迅速被更多經濟學者關注和研究，而這方面的研究也取得了更多的進展。從近幾年大部分的文獻來看，對金融摩擦的研究基本都是在BGG框架的基礎上進行的，因為考慮到金融摩擦，在設定的模型中不再去掉商業銀行一類的金融仲介機構，而是將這些因素作為新的變量引入模型。受新凱恩斯綜合（New Keynesian Synthesis）範式的影響，這些文獻通常以引入多種名義和實際摩擦的

---

[1] BERNANKE B, GERTLER M. Agency costs, net worth, and business fluctuations [J]. American economic review, 1989, 79 (1): 14-31.

[2] BERNANKE B, GERTLER M, GILCHRIST S. The financial accelerator in a quantitative business cycle framework [M]. Amsterdam: Elsevier Science, 1999: 1341-1393.

中型 DSGE 模型（Christiano, Eichenbaum & Evans, 2005）為基礎，建立一套完整的定量研究框架（Smets & Wouters, 2003）。在政策研究方面，則廣泛使用新凱恩斯綜合貨幣政策評價與設計框架。Christiano、Motto、Rostagno（2007）對中型 DSGE 模型進行擴展，首先是在原來模型的基礎上引入了 Bernanke-Gertler-Gilchrist 框架，進一步將金融仲介機構即銀行納入擴展模型；然後於 2008 年建立起類似的模型，將金融摩擦引入一個標準的 DSGE 模型，並使用歐元區和美國在 1985 年第一季度到 2007 年第二季度的宏觀數據進行估計，用以檢驗模型和實際宏觀數據在不同地區的契合程度，從而對比分析金融摩擦對貨幣政策的影響；其在 2010 年的研究也指出「金融因素」是造成經濟波動的主要原因之一，這些金融因素主要包括三方面的內容：一是 Bernanke 早期研究的代理問題，即企業外部融資存在著額外費用的問題，造成融資成本上升；二是流動性約束的存在，家庭和企業所需的貨幣無法從自身得到滿足，而從外部金融機構（主要是銀行）又難以彌補這個貨幣缺口，難以實現其預定的經濟目標；三是經濟衝擊的存在，這些衝擊會干擾市場行為主體對風險的察覺，造成其應對行為遲滯，同時也會干擾金融仲介機構的正常運轉。這些因素綜合在一起，可以說是造成 2008 年金融危機的主要原因之一，同時也加速了危機在全球範圍的傳播，而貨幣當局的貨幣政策在抑制危機蔓延和降低金融危機造成的社會經濟恐慌方面起到了積極的作用，堅定了市場的信心。

在 Christiano-Motto-Rostagno 模型中，銀行部門在家庭和廠商之間充當信貸仲介，廠商的營運資本貸款來自銀行，而銀行以活期存款負債從家庭和廠商獲得資金，並使用其資本、勞動服務和準備金來提供交易服務，這在金融加速器渠道的基礎上額外引入了「債務通貨緊縮渠道」，這會通過金融加速器加大對產出和價格變動的衝擊（例如貨幣政策衝擊）效應，進而削弱其他衝擊的影響。銀行部門為模型帶來的另一個傳播渠道是「銀行資金渠道」，它通過銀行的多個預算約束條件，在銀行帳戶和銀行資金市場之間建立了經濟聯繫，因此，在放大貨幣政策對經濟產生的衝擊以及延長衝擊持續的時間上，銀行起著重要的作用，而因為金融摩擦機制而產生的衝擊在經濟波動中起著推波助瀾的作用。從貨幣政策含義的層面看，金融摩擦的引入使貨幣當局可以通過對股票市場和廣義貨幣的變化進行反應的方式，來實現對通貨膨脹和產出變化之間的政策權衡。在定量分析方面，作為能夠顯示投入資產的回報率、金融市場中股票的波動、貨幣和宏觀經濟發展之間互相聯繫作用的 Christiano-Motto-Rostagno 模型，在匹配無條件矩以及樣本外的預測能力方面也有了很大的改進。

De Fiore、Tristani（2011）對基本的新凱恩斯主義框架進行延伸，放寬對

金融市場的假設，首先，在模型中引入了信用風險、信息不對稱等設定①，由此導致銀行收取到的貸款利率高於無風險利率，即代理問題，金融市場不再是完善的。然後，採用線性二次方法對建立的模型的福利準則進行推導，分析金融市場狀況對宏觀經濟動態和最優貨幣政策的影響。在該模型中，研究結果表明貨幣政策應該與金融市場狀況的變化相聯繫，而金融市場的狀況可以用一些變量來衡量，比如市場的信貸息差。信貸息差是一個很重要的可觀測變量，一方面，信貸息差會對企業的邊際成本造成影響，並因此對最終的實際產出和通貨膨脹產生影響，信貸息差增大，企業融資成本上升，邊際成本上升，在供求平衡點的產出就會減少，且均衡價格上升，造成通貨膨脹上升；另一方面，信貸息差會影響市場上企業的破產率和貸款的監管成本。因此，單一的政策並不能兼顧穩定社會總產出和控制通貨膨脹兩方面的目標。面對一個可以造成經濟低效率的金融衝擊，貨幣當局積極、寬鬆的政策是一個很好的選擇，然而，保持物價穩定依然是貨幣政策的首要目標，任何積極的寬鬆政策都不應該造成物價水準長時間的偏差。

  De Fiore、Teles、Tristani（2013）的研究指出，外部融資環境變差導致企業的資金減少，這相當於增加了企業的財務風險，而降低名義利率是貨幣當局的最佳選擇②，或者如果名義利率處於 0 的邊界水準，則應制定一個短期的控制通貨膨脹的策略，而一個簡單的泰勒規則產生的經濟效應與最優的政策效應卻有著顯著的不同。Curdia、Woodford（2008）利用類似模型，評估存在信貸息差時模型中的最優貨幣政策含義，研究發現，在定量分析方面，模型中信貸息差的存在並沒有使結果產生太大差異，而以權衡穩定社會總產出和控制通貨膨脹作為評價最優政策的準則在很大程度上仍然是適用的。相比較來說，在進行社會福利分析的層面上，上述目標準則要比簡單的泰勒規則表現得更好，因此，將簡單泰勒規則引入有關信貸息差的設定，對分析社會福利的表現是有一定的促進作用。

  新興市場經濟體與發達經濟體相比較，有其自身的特點，這些經濟體的金融仲介主要是處於壟斷地位的銀行和行政色彩濃厚的政府，缺乏一個健全的國家公共財政體系，而與之配套的其他制度就更加缺乏了，因此，貨幣當局根本無法根據市場狀況對金融市場和貨幣進行有效的管理，國內外資本的流入和流

---

① DE FIORE F, TELES P, TRISTANI O. Monetary Policy and the Financing of Firms [J]. American Economic Journal: Macroeconomics, 2011, 3 (4).
② DE FIORE F, TRISTANI O. Optimal Monetary Policy in a Model of the Credit Channel [J]. Economic Journal, 2013 (1).

出並不是市場化的自由行為，而是通過政府的行政措施進行監管。將金融摩擦加入隨機動態一般均衡（DSGE）模型，這給經濟學者的研究提供了一個有效的定量分析框架。

在一個包含了多種名義摩擦和實際摩擦的小型開放經濟（Small Open Economy, SOE）模型（Adolfson, Linde & Villani, 2007）中，Christiano、Walentin、Trabandt（2011）引入了金融摩擦因素，然後使用瑞典的宏觀經濟數據進行定量分析，評估在引發經濟波動的一系列因素中金融摩擦的作用。他們指出，對企業家淨值的金融衝擊是引起經濟波動的重要原因之一，這種衝擊在企業家投資和社會總產出的波動方面更是起著舉足輕重的作用。Merola（2010）使用同樣的模型框架進行研究，對通常的單一規則的福利績效進行定量分析，金融摩擦將導致比完美金融市場條件下更大的福利損失。當經濟運行受到金融衝擊的時候，從最優政策規則的角度出發，會需要利率在較長的時期保持一定的穩定性，原因在於，在相對穩定的利率水準下，名義債務的違約風險將會大大降低，從而可以保持經濟在一定程度上的穩定。

1995年到2001年，新興市場危機爆發期間以及之後的時間裡，大部分新興市場經濟體逐漸開始改變自己的匯率制度以保持經濟的穩健發展，固定匯率制逐漸從這些國家的政策選擇中退出，浮動匯率制以其更高的靈活性逐漸成為這些國家的匯率制度，越來越多的經濟學者開始研究引起匯率波動的因素是以什麼路徑影響總體經濟的波動，同時也探討不同匯率制度在緩解上述因素時的表現以及如何降低金融摩擦衝擊的績效。Gertler、Gilchrist、Natalucci（2007）在一個小型開放經濟中引入了金融摩擦的因素，在這個模型中，考察一個經濟體的匯率制度選擇和引入的金融摩擦之間的關係。研究結果指出，當一個國家面對較強的外部經濟衝擊的時候，由於金融摩擦的存在，將放大外部衝擊對本國經濟的影響，造成經濟下行。Merola（2010）的研究發現，在保持一國匯率較高的穩定性的條件下，如果要減弱金融摩擦對經濟產生的影響，貨幣當局必須使用更加靈活的利率政策，但是利率的頻繁變動會促使資本價格產生變化，從而影響企業的資產負債狀況，最終在金融加速器效應下影響經濟總量。

一些經濟學者指出，在一部分新興市場經濟體中，債務不是以本國貨幣計價，而是以外國貨幣如美元等計價，當本國經濟受到外生衝擊，本國貨幣出現貶值現象，這些以外幣計價的債務如果用本國貨幣衡量，其價值必然上升，這就加重了本國的債務負擔，同時也會造成本國廠商和銀行的財務狀況惡化。所以，匯率的變動在金融加速器的效應下造成經濟波動，從這個層面來看，在事實上，浮動匯率制的作用可能會不如固定匯率制度。Cespedes、Chang、

Velasco（2004）和 Gertler、Gilchrist、Natalucci（2007）針對上述論斷進行定量分析，分析結果顯示，在浮動匯率制度下，當國家面對經濟衝擊的時候，負債美元化使得本國的投資和總產出發生較大程度的減少，但是，在固定匯率制度下，投資和總產出的減少更加明顯。① 當經濟中同時存在負債美元化和金融加速器的時候，Batini、Levineand、Pearlman（2010）的研究指出，政策制定者如果要同時兼顧穩定通脹和促進產出這兩個目標，可能面臨更多的難題，此外，為穩定通貨膨脹而採用的浮動匯率制度的福利優於固定匯率制度。Merola（2010）證明，當存在負債美元化時，以通常形式的損失函數作為福利準則，對匯率變化進行反應的單一政策規則並非是最優的，因為負債美元化擴展了貨幣政策傳導的利率渠道。

2.1.3 國內研究現狀

在國內研究中，使用金融加速器理論來描述金融市場不完善的研究在近年來已經比較普遍。王彬（2010）構建了一個關於中國宏觀經濟的新凱恩斯主義壟斷競爭且包含金融加速器的 DSGE 模型。模型中包含了影響中國宏觀經濟波動的五種不同的外生衝擊，包括技術增長率、勞動力供給、政府支出、貨幣政策、國際貿易。利用脈衝回應函數和方差分解的技術手段，重點分析了其中的財政政策與貨幣政策衝擊對中國宏觀經濟總量——產出、消費、投資、對外貿易以及就業等的影響，模型在定量分析方面主要使用貝葉斯方法，結果表明，大部分的就業波動和通貨膨脹可以以貨幣政策衝擊做較好的詮釋。②

在國內基於新開放經濟宏觀經濟學（New Open Economy Macroeconomics，NOEM）框架的貨幣政策評價與設計的研究中，王勝、鄒恒甫（2006）在 Clarida-Gali-Gertler 模型的基礎上引入部分指數化定價機制，分析基於福利的最優利率規則。③ 王勝、彭鑫瑤（2010）研究了不對稱價格黏性環境下的最優貨幣政策問題④，假定本國實行當地貨幣定價，外國實行生產者貨幣定價。王勝、郭汝飛（2012）在不完全匯率傳遞環境下研究最優貨幣政策問題，探討兩國的政策協調

---

① Gertler M, Gilchrist S, Natalucci F. External Constraints on Monetary Policy and the Financial Accelerator [J]. Credit and Banking, 2007, 39: 2-3.

② 王彬. 財政政策、貨幣政策調控與宏觀經濟穩定——基於新凱恩斯主義壟斷競爭模型的分析 [J]. 數量經濟技術經濟研究, 2010 (11): 3-18.

③ 王勝, 鄒恒甫. 開放經濟中的貨幣政策 [J]. 管理世界, 2006 (2): 23-31.

④ 王勝, 彭鑫瑤. 不對稱價格粘性下的貨幣政策和福利效應 [J]. 世界經濟, 2010 (5): 101-117.

在增進福利方面的潛在意義。① 這些研究具有相當程度的原創性和創新性，但並未對模型實施標準的 DSGE 結構宏觀計量分析，未對最優貨幣政策的宏觀經濟表現和福利績效進行定量分析。黃炎龍、陳偉忠、龔六堂（2011）在一個針對中國開放經濟校準的 Gali-Moncelli 小型開放經濟模型的基礎上，對比 Ramsey 最優貨幣政策規則與固定匯率制下的匯率與其他主要變量的波動特徵②，發現以有管理的浮動匯率制形式表現的 Ramsey 最優貨幣政策能夠以更小的利率波動以維持匯率的穩定。在金融摩擦和匯率制度間的相互影響方面，袁申國、陳平、劉蘭鳳（2011）構建了一個小型開放經濟模型，對中國 1997 年到 2008 年的宏觀經濟數據使用極大似然估計，模型得出如下結論：包含了金融加速器的模型得出的模擬數據與中國在這些年間的宏觀經濟數據更為接近。③ 因此，模型的結論驗證了金融加速器在現實經濟運行中的存在，也指出金融加速器在浮動匯率制下對經濟的衝擊顯著弱於固定匯率制下的狀況。一方面，金融加速器的主要作用是提升投資效率，加大貨幣政策對經濟體經濟的影響；另一方面，金融加速器對貨幣需求和來自國外的衝擊也有一定程度的作用，但是這種作用對技術和偏好的衝擊並不是很明顯。

2.2　模型設定

為建立計劃的模型，我們背離兩國模型，通過取這些經濟中的一個接近零量的，而不是將世界經濟視為小型開放經濟的連續體。在基準模型中，家庭從消費與持有貨幣得到的流動性服務中獲得效用，而在為本國產品生產提供的勞動中得到負效用。家庭的消費偏好包含習慣形成，其消費品籃子由本國生產的產品和進口產品組成，它們分別由本國廠商和進口廠商供給。

模型中存在三種類型的廠商，分別是本國產品、零售廠商外國產品零售廠商、批發廠商、資本生產廠商。競爭性的批發廠商租用資本、雇用家庭勞動以生產批發品，並將其出售給零售廠商。零售部門具有壟斷競爭性，將其得到的差異性產品銷售給家庭。資本產品部門是競爭性的，將最終產品轉換為資本。

---

① 王勝，郭汝飛. 不完全匯率傳遞與最優貨幣政策 [J]. 經濟研究，2012（2）：131-143.
② 黃炎龍，陳偉忠，龔六堂. 匯率的穩定性與最優貨幣政策 [J]. 金融研究，2011（11）：1-17.
③ 袁申國，陳平，劉蘭鳳. 匯率制度、金融加速器和經濟波動 [J]. 經濟研究，2011（1）：57-70.

本國廠商生產差異性的中間產品，使用資本和勞動投入，然後將產品銷售給最終產品生產者，使用差異性中間產品生產社會最終產品。進口廠商將國外市場中的同質產品轉換為差異性的進口產品，並將其銷售給本國家庭。出口廠商購買本國生產的最終產品，通過貼牌使其差異化，在世界市場上是壟斷性供給者。

家庭能夠以本國債券、外國債券和持有貨幣餘額的形式進行儲蓄，其儲蓄決策隱含無拋補利率平價條件，該條件確定了利率變動。本國廠商從家庭租用資本，其資本利用率可變，並在面臨資本累積調整成本的情況下進行投資決策。我們為模型引入金融加速器機制，該機制將借入者的資產負債表情況與信用條件聯繫起來，進而影響資本需求。金融加速器通過資產負債表效應，加大了衝擊對經濟的影響。為進一步描述新興經濟所面對的金融市場摩擦，我們假定廠商使用國外貨幣為其生產籌資，這一機制與金融加速器機制共同作用，使得我們建立的模型具備所謂「金融美元化（Financial Dollarization）」的特徵。

為捕捉數據的動態，除依據引入習慣形成與資本調整成本外，還引入一系列名義剛性。我們以 Erceg、Henderson、Levin（2000）的方式將工資黏性引入建立的模型中，各個家庭在供給其差異性的勞動服務時，以 Calvo（1983）交錯定價方式設定其名義工資。在價格黏性方面，產品廠商將同質的中間產品加以差異化，以部分指數化 Calvo 交錯定價的方式設定價格。同時，進口與出口部門中存在名義剛性，意味著模型中的進口與出口價格在短期中進行匯率傳遞。

在政府政策方面，我們首先通過描述外生性的財政當局與中央銀行行為，分析模型所表現的均衡動態特徵。其次，就不同利率制度在傳遞經濟衝擊方面起到的作用加以考察，並討論其福利含義。同時，要討論最優貨幣政策得以實施時及經濟在面對沖擊時所表現的脈衝回應特徵。

本章使用的結構模型主要以隨機動態一般均衡模型為框架，突出新興市場經濟體的特徵——金融市場不完善對中國貨幣政策傳導的影響。模型的設定以 Christiano、Eichenbaum、Evans（CEE，2005），Smets、Wouters（SW，2007）與 ALLV（2007）的研究為基礎。我們設定，家庭從消費、閒暇和持有貨幣得到的流動性服務中獲得效用，在效用函數中，我們為模型引入貨幣替代。為保證經濟衝擊傳播的內部持續性，我們根據 CEE（2005）和 SW（2007）的研究，將一定數量的名義摩擦與實際摩擦引入模型，這些摩擦包括資本利用率、消費、資本渠道、工資黏性、價格、投資成本等。我們根據 ALLV（2007）的研究為模型擴展引入 SOE 環境、進出口部門的當地貨幣定價和改進的無拋補

利率平價（Uncovered Interest Parity，UIP）條件，由此可以利用開放經濟的數據，同時也可以此擬合匯率動態。本部分最後將在以上理論模型的基礎上就中央銀行行為和不同貨幣政策規則設定做出假定。

2.2.1 國內產品生產

一個經濟體生產的產品是多種多樣的，並不是兩國貿易模型中設定的一種或某幾種產品。同時，在龐大經濟總量下，不能一一獨立列出這些產品的生產函數。要生產產品，廠商需要投入一定的生產要素、勞動力、資本等，而不同產品在實現利潤最大化時，其投入的勞動力和資本並不相同，因此我們只能採用抽象的方法，用不變替代彈性（CES）的方式進行加總，得出國內產品的一個總量。

國內產品由 i 個廠商生產各種各樣的差異性產品，因此，國內生產的最終產品的總量如式（2-1）所示：

$$Y_t = \left[\int_0^1 Y_{i,t}^{1/\lambda_t^d} di\right]^{\lambda_t^d} \tag{2-1}$$

其中，λ_t^d 是隨時間變化的國內市場中的加成。而中間產品廠商 i 的生產技術如式（2-2）所示：

$$Y_{i,t} = z_t^{1-\alpha}\epsilon_t K_{i,t}^{\alpha} H_{i,t}^{1-\alpha} - z_t^+ \varphi \tag{2-2}$$

其中，z_t 為表明世界生產率的持久性的技術衝擊，$?_t$ 是保持平穩的國內技術衝擊，$H_{i,t}$ 與 $K_{i,t}$ 是國內的第 i 個廠商使用的勞動和資本，φ 是在穩定狀態下產出的成一定比例的固定成本。持久性技術水準如式（2-3）所示，可以由過程 $z_t = \mu_{z,t} z_{t-1}$ 外生給出，其中，$\mu_{z,t}$ 是均值為 μ_z 的一階自迴歸過程。

$$z_t^+ = \psi_t^{\alpha/(1-\alpha)} z_t \tag{2-3}$$

生產中間產品的廠商投入的勞動的代價就是工資，工資來源於廠商的自有資金和外部融資。假定生產中間產品的廠商支付給工人工資中比例為 v_t^f 的那一部分是在生產之前從銀行等金融機構以貸款方式取得的。令 W_t 表示市場平均工資率，R_t 是無風險的市場利率，廠商的勞動成本由 $W_t H_{i,t} R_t^f$ 給出，如式（2-4）所示：

$$R_t^f = v^f R_t + 1 - v^f \tag{2-4}$$

在各個時間段，廠商 i 以 Calvo 概率 $1-\theta_d$ 重新設定其產品價格，而剩下的不能夠重新設定產品價格的廠商的價格則由式（2-5）給出：

$$P_{i,t} = \pi_{t-1}^{\kappa_d} (\bar{\pi}_t^c)^{1-\kappa_d} P_{i,t-1} \tag{2-5}$$

其中，$\pi_t = P_t/P_{t-1}$ 是國內通貨膨脹，$\bar{\pi}_t^c$ 是通貨膨脹目標，κ_d 是衡量指數化

程度的參數。設定 $\tilde{P}_t$ 是廠商的最優定價,所有可以重新設定產品價格的廠商採用一致的方式為其產品定價,因此可以得到式(2-6):

$$P_t^{1/(1-\lambda_t^d)} = (1-\theta_d)\tilde{P}_t^{1/(1-\lambda_t^d)} + \theta_d\left[\pi_{t-1}^{\kappa_d}(\bar{\pi}_t^c)^{1-\kappa_d}P_{t-1}\right]^{1/(1-\lambda_t^d)} \quad (2-6)$$

2.2.2 最終消費品和投資品的生產

家庭購買的最終消費品由國內產品和進口產品組成,如式(2-7)所示:

$$C_t = \left[(1-w_c)^{1/\eta_c}(C_t^d)^{(\eta_c-1)/\eta_c} + w_c^{1/\eta_c}(C_t^m)^{(\eta_c-1)/\eta_c}\right]^{\eta_c/(\eta_c-1)} \quad (2-7)$$

其中,C_t^d 是家庭購買的國內生產的產品數量,C_t^m 是家庭購買的從國外進口的產品的數量,w_c 表示進口產品的相對份額,η_c 表示國內外產品之間的替代彈性。令 P_t^c 表示最終的家庭消費品的價格、P_t^m 表示從國外進口的產品的價格,國內產品和進口產品的需求函數如式(2-8)所示:

$$C_t^d = (1-w_c)(p_t^c)^{\eta_c}C_t, \quad C_t^m = w_c(p_t^c/p_t^m)^{\eta_c}C_t \quad (2-8)$$

其中,$p_t^c = P_t^c/P_t$,$p_t^m = P_t^m/P_t$。由最終消費品價格 P_t^c 的表達式可得式(2-9):

$$p_t^c = \left[(1-w_c) + w_c(p_t^m)^{1-\eta_c}\right]^{1/(1-\eta_c)} \quad (2-9)$$

家庭通過投資 I_t 來累積其物質資本存量 $\bar{K}_t$,在特定時期內可改變資本利用率 u_t 來得到合意的資本服務量($K_t = u_t\bar{K}_t$)。兩種行為都將產生成本。資本累積方程如式(2-10)所示:

$$\bar{K}_{t+1} = (1-\delta)\bar{K}_t + \xi_t^I[1-S(I_t/I_{t-1})]I_t \quad (2-10)$$

其中,ξ_t^I 是平穩投資的技術衝擊,$S_t(\cdot)$ 是在穩態條件下滿足 $S = S' = 0$ 的投資調整成本函數,$S'' > 0$ 是投資調整成本參數。投資品由競爭性國內最終產品廠商使用以下技術生產,如式(2-11)所示:

$$I_t = \left[(1-w_I)^{1/\eta_I}(I_t^d)^{(\eta_I-1)/\eta_I} + w_I^{1/\eta_I}(I_t^m)^{(\eta_I-1)/\eta_I}\right]^{\eta_I/(\eta_I-1)} \quad (2-11)$$

此處,η_I、w_I、P_t^I 與消費籃子情形中的定義相對應。

2.2.3 進口和出口

假定進口部門中存在進口廠商連續統一的行為模式函數,它們在世界市場上購買同質產品,將其轉換為差異性的進口產品 $Y_{i,t}^m$。假定出口部門中存在類似進口部門的廠商,從國內購買最終產品,然後轉換為具有差異性的出口產品 $Y_{i,t}^x$。差異性進口和出口產品經不變替代彈性(CES)方式加總為最終的進口與出口產品,如式(2-12)所示:

$$Y_t^m = \left[\int_0^1 (Y_{i,t}^m)^{1/\lambda_t^m}di\right]^{\lambda_t^m}, \quad Y_t^x = \left[\int_0^1 (Y_{i,t}^x)^{1/\lambda_t^x}di\right]^{\lambda_t^x} \quad (2-12)$$

其中，λ_t^m 和 λ_t^x 是時變的進口產品和出口產品的加成。假定外國居民有著與國內家庭類似的總消費和投資，它們對國內產品的總需求如式（2-13）所示：

$$Y_t^x = (p_t^x)^{-\eta_f} Y_t^* \qquad (2-13)$$

其中，$p_t^x = P_t^x / P_t^*$，Y_t^* 是外國總產出，P_t^* 是國外產品的價格，η_f 是籃子中的替代彈性。

令 S_t 表示名義匯率，將實際匯率 rer_t 定義為 $rer_t = S_t P_t^* / P_t^c$。假定在出口廠商的投入中比例為 v_t^x 的部分需要以貸款融資。假定進口廠商為其投入外國貨幣，其中比例為 R_t^{*v} 的部分需要以貸款方式從金融仲介融資，因此融資也以外國貨幣的形式進行。

進出口廠商面對與國內廠商相類似的 Calvo 交錯定價問題，對其中不能改變的商品的價格進行部分指數化。令 θ_m 與 θ_x 分別作為進口廠商和出口廠商的 Calvo 參數，對不能改變的商品的價格進行部分指數化，如式（2-14）所示：

$$P_{i,t}^m = (\pi_{t-1}^m)^{\kappa_m} (\bar{\pi}_t^c)^{1-\kappa_m} P_{i,t-1}^m, \quad P_{i,t}^x = (\pi_{t-1}^x)^{\kappa_x} (\bar{\pi}_t^c)^{1-\kappa_x} P_{i,t-1}^x \qquad (2-14)$$

其中，$\pi_t^m = P_t^m / P_{t-1}^m$，$\pi_t^x = P_t^x / P_{t-1}^x$，$\kappa_m$ 和 κ_x 是各自的指數化參數。令 $z \in \{m, x\}$，$\tilde{P}_t^z$ 是其最優定價，滿足式（2-15）：

$$(P_t^z)^{1/(1-\lambda_t^z)} = (1-\theta_z)(\tilde{P}_t^z)^{1/(1-\lambda_t^z)} + \theta_z \left[(\pi_{t-1}^z)^{\kappa_z} (\bar{\pi}_t^c)^{1-\kappa_z} P_{t-1}^z \right]^{1/(1-\lambda_t^z)} \qquad (2-15)$$

2.2.4　家庭

假定經濟中存在這樣的家庭，他們在消費和閒暇之間進行選擇，無論閒暇還是消費都可以為家庭帶來效用，而家庭的行為模式以取得效用最大化為目標。假定這些家庭的行為模式是一致的，家庭 j 的偏好可以表達為式（2-16）：

$$E_0 \sum_{t=0}^{\infty} \beta^t [u(C_{j,t}, C_{j,t-1}, \xi_t^c) - v(h_{j,t}, \xi_t^h)] \qquad (2-16)$$

其中，β 是家庭的貼現因子，$C_{j,t}$ 與 $h_{j,t}$ 是家庭 j 在時期 t 的總消費和勞動供給，ξ^c 與 ξ^h 是對這兩者的偏好衝擊。假定效用函數採用如式（2-17）所示的形式：

$$u_t(\cdot) = \xi_t^c \ln(C_{j,t} - hC_{j,t-1}), \quad v_t(\cdot) = \xi_t^h A_L \frac{h_{j,t}^{1+\mu}}{1+\mu} \qquad (2-17)$$

其中，$h \in [0,1]$ 表示習慣存量的重要性，$\mu > 0$ 是勞動供給對實際工資彈性的倒數。

為將工資黏性引入模型，我們假定各個家庭將其勞動 $h_{j,t}$ 出售給廠商，廠商將差異性的勞動轉化為同質投入品 H_t，如式（2-18）所示：

$$H_t = \left[\int_0^1 h_{j,t}^{1/\lambda^w} dj\right]^{\lambda^w} \quad (2-18)$$

其中，λ^w 是工資加成。我們假定不能夠重新設定工資的家庭服從式 (2-19)：

$$W_{j,t+1}z_t = (\pi_t^c)^{\kappa_w}(\bar{\pi}_{t+1}^c)^{1-\kappa_w}W_{j,t}z_{t+1} \quad (2-19)$$

其中，κ_w 是工資指數化的程度。

設定 $\widetilde{W}_t$ 是最優工資，總工資指數的運動規則如式 (2-20) 所示：

$$W_t^{1/(1-\lambda_w)} = (1-\theta_w)\widetilde{W}_t^{1/(1-\lambda_w)} + \theta_w\left[(\pi_{t-1}^c)^{\kappa_w}(\bar{\pi}_t^c)^{1-\kappa_w}W_{t-1}\mu_{z,t}\right]^{1/(1-\lambda_w)} \quad (2-20)$$

為允許在短期內對 UIP 背離，擬合實際匯率的持續性和駝峰型反應，我們為 UIP 條件引入內生的風險調整項，如式 (2-21) 所示：

$$\Phi(nfa_t, R_t^* - R_t, \varphi_t) = \exp\left[-\varphi_a(nfa_t - nfa) - \varphi_s(R_t^* - R_t - (R^* - R)) + \varphi_t\right] \quad (2-21)$$

其中，$nfa_t = S_tA_{t+1}^*/(P_tz_t)$ 表示淨國外資產頭寸，φ_a 與 φ_s 是正參數，φ_t 是國家風險溢價衝擊。

t 投資單位物質資本的回報率如式 (2-22) 所示：

$$R_{t+1}^k P_t P_{k,t} = (1-\tau^k)\left[u_{t+1}r_{k,t+1} - p_{t+1}^i a(u_{t+1})\right]P_{t+1} + (1-\delta)P_{t+1}P_{k,t+1} + \tau^k\delta P_t P_{k,t} \quad (2-22)$$

其中，$P_{k,t}$ 是新建資本的相對價格。

2.2.5 外國經濟與衝擊過程

此處，我們描述驅動外國變量的隨機過程。我們的表達式考慮了對外產出 Y_t^* 的假定，即它會被非對稱生產率衝擊的擾動所影響。模型中的 Y_t^* 滿足式 (2-23)：

$$\ln Y_t^* = \ln y_t^* + \ln z_t^* = \ln y_t^* + \ln z_t + \frac{\alpha}{1-\alpha}\ln\psi_t + \ln\bar{z}_t^* \quad (2-23)$$

在模型中，外國經濟變量假定為服從外生過程。我們將外國經濟結構假定為由 IS 方程、新凱恩斯菲利普斯 (Phillips) 曲線與泰勒規則組成的，關於外國通貨膨脹 π_t^*、外國產出 Y_t^* 和外國利率 R_t^* 的結構方程系統，具體如下所示：

$$\begin{bmatrix} \hat{y}_t^* \\ \hat{\pi}_t^* \\ \hat{R}_t^* \\ \hat{\mu}_{z,t} \\ \hat{\mu}_{\psi,t} \\ \hat{z}_t^* \end{bmatrix} = \begin{bmatrix} a_{11} & a_{12} & a_{13} & 0 & 0 & 0 \\ a_{21} & a_{22} & a_{23} & a_{24} & \dfrac{a_{24}\alpha}{1-\alpha} & a_{24} \\ a_{31} & a_{32} & a_{33} & a_{34} & \dfrac{a_{34}\alpha}{1-\alpha} & a_{34} \\ 0 & 0 & 0 & \rho_{\mu_z} & 0 & 0 \\ 0 & 0 & 0 & 0 & \rho_{\mu_\psi} & 0 \\ 0 & 0 & 0 & 0 & 0 & \rho_{z^*} \end{bmatrix} \begin{bmatrix} \hat{y}_{t-1}^* \\ \hat{\pi}_{t-1}^* \\ \hat{R}_{t-1}^* \\ \hat{\mu}_{z,t-1} \\ \hat{\mu}_{\psi,t-1} \\ \hat{z}_{t-1}^* \end{bmatrix}$$

$$+ \begin{bmatrix} \sigma_{y^*} & 0 & 0 & 0 & 0 & 0 \\ c_{21} & \sigma_{\pi^*} & 0 & c_{24} & \dfrac{\alpha c_{24}}{1-\alpha} & c_{24} \\ c_{31} & c_{32} & \sigma_{R^*} & c_{34} & \dfrac{\alpha c_{34}}{1-\alpha} & c_{34} \\ 0 & 0 & 0 & \sigma_{\mu_z} & 0 & 0 \\ 0 & 0 & 0 & 0 & \sigma_{\mu_\psi} & 0 \\ 0 & 0 & 0 & 0 & 0 & \sigma_{z^*} \end{bmatrix} \begin{bmatrix} \varepsilon_{y^*,t} \\ \varepsilon_{\pi^*,t} \\ \varepsilon_{R^*,t} \\ \varepsilon_{\mu_z,t} \\ \varepsilon_{\mu_\psi,t} \\ \varepsilon_{z^*,t} \end{bmatrix}$$

模型中的其他衝擊過程以對數化的方式給出，如式（2-24）所示：

$$\ln\xi_t = \rho_\xi \ln\xi_{t-1} + \varepsilon_{\xi,t} \qquad (2\text{-}24)$$

其中，信息各自獨立，且 $\xi_t = \{\mu_{z,t}, \epsilon_t, \lambda_t^d, \lambda_t^{mc}, \lambda_t^{ml}, \lambda_t^x, \xi_t^c, \xi_t^h, \xi_t^d, \xi_t^l, \bar{\pi}_t^c, \bar{z}_t^*, g_t, \varphi_t\}$，此處 $\bar{z}_t^* = z_t^*/z_t$，g_t 與 φ_t 將在下文中給出定義。

2.2.6 市場出清

為使最終產品市場和國外債券市場出清，以下約束必須在均衡中得到滿足。經濟的總資源約束如式（2-25）所示：

$$C_t^d + I_t^d + a(u_t)\bar{K}_t + G_t + Y_t^x + \mu\int_0^{\omega_t}\omega dF(\omega;\sigma_{t-1})R_t^k P_{t-1}\bar{K}_t = Y_t \qquad (2\text{-}25)$$

國外淨資產的運動服從式（2-26）：

$$S_t A_{t+1}^* + S_t P_t^* R_t^{*v} Y_t^m = R_{t-1}^* \Phi_{t-1} S_t A_t^* + S_t P_t^x Y_t^x \qquad (2\text{-}26)$$

跟隨 ALLV（2007），模型為外國經濟引入穩態增長率為 μ_z 的非對稱技術水準 z_t^*，以使得國內與國外長期技術進步僅存在暫時性差異。對所有非平穩變量，我們使用 z_t 進行標準化以使其平穩，對出口產品需求使用 z_t^* 進行標準化。

2.2.7 中央銀行與財政當局

我們假定貨幣政策以如式（2-27）所示的「目標區間」利率規則（ALLV，2008）的形式實行：

$$\ln(\frac{R_t}{R}) = \rho_R \ln(\frac{R_{t-1}}{R}) + (1-\rho_R)[\ln(\frac{\overline{\pi_t^c}}{\pi^c}) + r_\pi \ln(\frac{\pi_t^c}{\pi_t^c}) + r_y \ln(\frac{y_t^{gdp}}{y^{gdp}}) + r_s \ln(\frac{S_t}{S})] + \varepsilon_{R,t} \qquad (2-27)$$

其中，$\varepsilon_{R,t}$ 是暫時性的名義利率衝擊，ρ_R 是利率平滑系數，r_π、r_y、r_s 分別是通貨膨脹、產出和名義匯率變化率的反應系數。式（2-27）預示著政策工具對名義匯率變動進行直接反應，為體現「目標區間」性質，其他反應系數的值需要事先給出，r_s 的先驗分佈均值要事先進行適合的設定，這樣可以讓名義匯率的波動幅度和宏觀經濟數據的名義匯率可變性有很好的契合性。

假定財政當局的稅收主要包含三種稅：第一種是資本收入稅，依據資本所得課稅；第二種是勞動收入稅，依據出售勞動所得課稅；第三種是消費稅，依據消費額進行課稅。支出則是用最終國內產品，稅收與支出之差以一次總轉移支付的形式支付給家庭。假定平穩化的政府支出 $g_t = G_t/z_t$ 服從外生的隨機過程。模型中的扭曲型稅收稅率分別表示為資本收入稅率 τ^k、勞動收入稅率 τ^n 與消費稅率 τ^c。

2.3 基本模型的擴展

2.3.1 貨幣替代

隨著經濟的發展，貨幣的流通呈現出國際化的特徵，貨幣替代也就成了一種很常見的現象。一般來講，貨幣替代就是一個居民開始持有外國貨幣，放棄部分本國的貨幣，本國貨幣的部分或者全部職能被外國貨幣所替代。產生貨幣替代的原因在於貨幣持有者對資產有保值、增值目的，當本國匯率波動頻繁的時候，貨幣持有者對幣值穩定喪失信心，就可能用本幣去兌換匯率相對穩定的外國貨幣，從而保證持有的貨幣的購買力穩定；或者當本國貨幣的利率下降時，貨幣持有者就會兌換外幣到國際市場投資，以獲得更高的收益率。貨幣替代有兩種形式：一種是直接的貨幣替代，另一種是間接的貨幣替代。直接的貨幣替代簡單地說就是直接使用多種貨幣，一國居民可以同時使用本國貨幣和外

國貨幣在市場上交易，多種貨幣可以在一國的市場上自由流通，一旦出現匯率不穩定的狀況，居民就可以直接兌換外幣。間接貨幣替代是指不直接持有外國貨幣，而是在外國貨幣和以外國貨幣計價的金融資產的組合之間進行選擇，可以兩者都持有，也可以選擇持有金融資產，在通貨膨脹或者匯率不穩定的時期，貨幣持有者可以選擇購買資產以確保貨幣保值，在經濟平穩的時候，可以將資產賣掉，持有貨幣。從近幾年的研究文獻來看，直接的貨幣替代在金融市場開放度比較高的發展中國家出現較多，而間接的貨幣替代在全球各國都很常見，而且其對經濟的影響和作用機制比前者更為複雜。

在布雷頓森林體系時期，主要實行金本位制，各國的貨幣都以黃金計價，因此不同國家的貨幣就存在著固定的兌換比例，只有貨幣絕對價格的變化，而不會出現不同貨幣間相對價格的變化，也就無所謂匯率波動。在布雷頓森林體系解體之後，各國的貨幣也就失去了統一的計價標準，不同的貨幣之間的相對價格開始變化，即產生了匯率變化。麥爾斯於1978年建立的開放經濟條件下的兩國模型就考察了貨幣替代對一國貨幣政策的影響，結果指出，存在較高程度貨幣替代的國家，其貨幣政策效用往往會受到別國政策的影響，難以保持獨立性。因此，貨幣當局在制定本國政策的時候就不得不考慮更為複雜的因素，但是結果卻往往並不符合預期目標。

我們使用 Castillo、Montoro、Tuesta（2013）所採用的方式為模型引入貨幣替代，將消費效用如式（2-28）所示：

$$u_t^{cs}(C_{j,t}, C_{j,t-1}, Q_{j,t}, \xi_t^c) = \ln \xi_t^c [b(C_{j,t} - hC_{j,t-1})^{(\rho-1)/\rho} + (1-b)Q_{j,t}^{(\rho-1)/\rho}]^{\rho/(\rho-1)} \quad (2-28)$$

其中，$b \in (0, 1)$ 是消費在消費與貨幣組合中的權重，$\rho > 0$ 反應消費和貨幣總量之間的互補程度，Q_t 是貨幣組合，由國內貨幣餘額 M_t 與國外貨幣餘額 D_t 構成，如式（2-29）所示：

$$Q_{j,t} = \left(\frac{M_{j,t}}{P_t}\right)^{1-\kappa} \left(\frac{D_{j,t}S_t}{P_t}\right)^{\kappa} \quad (2-29)$$

其中，$\kappa \in (0, 1)$ 表示總體貨幣組合中外國貨幣的偏好。當存在貨幣替代時，消費的邊際效用將受國內與國外利率的影響（Felices & Tuesta, 2013），其對數化形式如式（2-30）所示：

$$\ln u_{c,t}^{cs} = \ln u_{c,t} + \beta(\rho-1)(1-b)(1-\tau^k)[(1-\kappa)\ln(R_t - 1) + \kappa \ln(R_t^* - 1)] \quad (2-30)$$

2.3.2 金融摩擦

金融摩擦，也可以稱為金融市場摩擦，它是指金融資產在市場交易的時候

不能夠簡單地實現，即買方不一定能夠以其最優的成本價格獲得需要的資產，而賣方也不一定能夠以最大化利益的方式出售其資產。金融摩擦的測度可以有兩種方法，一種是用時間來衡量，即這項資產從進入市場到交易達成所耗費的時間，另一種是用價格來衡量，即資產買賣雙方為達成交易，各自在資產價格方面偏離自身最優價格。我們知道，市場的作用是配置資源，在完美自由市場上，經濟行為主體可以獲得所有需要的信息，在價格給定的條件下，需求者可以獲得所需數量的資源，而且在供求平衡的點，需求者以效用最大化的點的價格獲得資源，供給者以利潤最大化的點的價格出售擁有的資源，這兩個價格是相等的。一旦市場不再完美、自由，那麼這兩種情況就都無法實現了。同理，這個理論對金融市場也是適用的，只不過金融市場的流通限於金融資產，在存在金融摩擦的時候，金融市場就不再完美。摩擦的兩種形式可以表現為：貨幣需求者在給定的貨幣價格下無法及時獲得所需要的貨幣；貨幣的需求者和供給者給出的價格不能達到自由市場均衡時的相等，即存在存貸息差。

在我們的模型中，時期 t 末，淨財富水準為 N_{t+1} 的這一類企業家，使用其淨財富與銀行貸款從資本生產者處購買新建資本 $\bar{K}_{t+1}$。企業家所需貸款如式（2-31）所示：

$$B_{t+1} = P_t P_{k,t} \bar{K}_{t+1} - N_{t+1} \qquad (2-31)$$

若未破產，企業家將在時期 $t+1$ 末為貸款支付總利率 Z_{t+1}。在購買資本後，企業家面對特質的生產率衝擊 ω，將其所購資本 $\bar{K}_{t+1}$ 轉換為 $\bar{K}_{t+1}\omega$。假定 ω 在企業家間獨立同分佈，令 $F(\omega;\sigma)$ 表示 ω 的累積分佈函數。對於單位資本，企業家得到的回報為 $R_{t+1}^k\omega$，由於 ω 均值為 1，因此所有企業家平均回報的表達式如式（2-28）所示。定義 ω 的某一臨界值 $\bar{\omega}_{t+1}$，使得企業家正好擁有足夠的資源以支付利息，即

$$\bar{\omega}_{t+1} R_{t+1}^k P_t P_{k,t} \bar{K}_{t+1} = Z_{t+1} B_{t+1} \qquad (2-32)$$

令 ρ_t 表示槓桿率，即

$$\rho_t = \frac{P_t P_{k,t} \bar{K}_{t+1}}{N_{t+1}} \qquad (2-33)$$

由式（2-32）、式（2-33）可得：

$$Z_{t+1} = \frac{\bar{\omega}_{t+1} R_{t+1}^k}{1 - \rho_t^{-1}} \qquad (2-34)$$

破產企業家將其資源轉移給銀行，假定銀行對企業家的監督成本為後者資源的一個固定比例 μ。銀行從比例為 $1 - F(\bar{\omega}_{t+1};\sigma_t)$ 的未破產企業家處得到的總利息為 $Z_{t+1}B_{t+1}$。銀行發放貸款的資金來源是以平均名義利率 R_t^d 吸收的家

庭存款。假定銀行是競爭性的，零利潤條件滿足式（2-35）：

$$[1 - F(\bar{\omega}_{t+1};\sigma_t)]Z_{t+1}B_{t+1} + (1-\mu)\int_0^{\omega_{t+1}}\omega\mathrm{d}F(\omega;\sigma_t)R_{t+1}^k P_t P_{k,t}\bar{K}_{t+1} = R_t^d B_{t+1}$$
(2-35)

令：

$$G(\bar{\omega}_{t+1};\sigma_t) = \int_0^{\omega_{t+1}}\omega\mathrm{d}F(\omega;\sigma_t), \quad \Gamma(\bar{\omega}_{t+1};\sigma_t) = \bar{\omega}_{t+1}[1 - F(\bar{\omega}_{t+1};\sigma_t)] + G(\bar{\omega}_{t+1};\sigma_t)$$

可以得到式（2-36）：

$$[\Gamma(\bar{\omega}_{t+1};\sigma_t) - \mu G(\bar{\omega}_{t+1};\sigma_t)]\frac{R_{t+1}^k}{R_t^d}\rho_t = \rho_t - 1 \qquad (2\text{-}36)$$

個別企業家的淨財富運動服從式（2-37）：

$$V_t = R_t^k P_{t-1}P_{k,t-1}\bar{K}_t - \Gamma(\bar{\omega}_t;\sigma_{t-1})R_t^k P_{t-1}P_{k,t-1}\bar{K}_t \qquad (2\text{-}37)$$

假定每個企業家以獨立同分佈的概率 $1 - \gamma_t$ 退出，由於是否退出是隨機的，因此存活的企業家的淨財富可由 $\gamma_t \bar{V}_t$ 給出。假定存活的或新進入的企業家將得到轉移支付 $W_t^e = W^e z_t$。在退出、進入和轉移支付發生後，所有企業家的平均財富如式（2-38）所示：

$$N_{t+1} = \gamma_t V_t + W_t^e \qquad (2\text{-}38)$$

2.3.3　負債美元化

美元化這個名詞出現於20世紀末，一部分發展中國家宣布調整本國的貨幣現狀，不再以美元為其外匯儲備，而是用美元代替本國的貨幣，跟隨美國的貨幣政策和走向。這些宣布美元化的國家逐漸喪失了貨幣的主動權和金融市場的獨立性，經濟學者稱之為政策美元化。此後，關於美元化的問題引起全球範圍內經濟學者和政策制定者的熱議，而事實上，美元化是早已存在的，最簡單地說，世界上黃金、石油等大多貴重物資大多都是用美元來衡量價格的，也可以稱之為事實美元化。而在世界市場上，隨著美元的使用越來越頻繁，大多數國家的進出口逐漸開始使用美元結算，而這個比例還在不斷上升，美元在一個國家的經濟社會中扮演的角色越來越重要，這被稱為過程美元化。從全球範圍來看，完全美元化和美元「零」作用都很少見，一般都是介於二者之間，只是程度深淺的問題。

在國際交往還不頻繁的時代，國與國之間的貿易往來並不是很多，而資本的流通就更少了，在17世紀的封建時期，歐洲部分國家基於當時的經濟理論，歐洲部分國家甚至嚴禁本國貨幣流向國外，在資本流通並不是很多的情況下，

一個經濟體所受到的外部經濟衝擊一般來自其他經濟體貿易政策變化所導致的進出口價格的變化。隨著經濟全球化進程的推進，資本市場逐漸擴展到全球範圍，資本在國際市場流動的數量和效率大大增強，一個經濟體所受到的嚴重外部經濟衝擊已經轉變為國際資本流動的異常變化，這會導致本國資本市場內資本流動的波動，一旦波動加重，下一步就是利率、匯率的波動，最終的結果就是經濟運行的失衡，新興市場國家對於這方面的衝擊更是敏感。因此，美元化就成了一些國家的政策選擇，而從另一個層面上看，部分經濟體的美元化也是全球經濟發展過程中大量使用美元結算而造成的既成事實，雖然這並非這個經濟體的自發選擇。因此，我們為模型引入美元化。

我們借鑑 Gertler、Gilchrist、Natalucci（2007）和 Batini、Levineand、Pearlman（2010）的方法，在金融摩擦的基礎上引入負債美元化。假定家庭的存款既有本國貨幣也有外國貨幣，令前者的比例為 φ，因為銀行放貸的資金來源是家庭儲蓄，它支付的平均名義利率 R_t^d 滿足式（2-39）：

$$R_t^d = \varphi R_t + (1-\varphi) \mathrm{E}_t R_t^* \Phi_t ds_{t+1} \qquad (2-39)$$

2.4 模型估計

2.4.1 數據

我們使用1996年第一季度至2012年第三季度的中國宏觀季度數據估計模型。時間序列可用以衡量可觀測變量，其中非平穩變量取其對數差分，包括消費、投資、政府支出、產出、出口、進口、實際工資、國外產出；平穩變量使用其水準值，包括就業、資本利用率、實際利率、國內通貨膨脹、CPI通貨膨脹、實際股票價格、公司利率差、名義利率、外國名義利率、外國通貨膨脹。由於中國的統計數據中缺少總工作時間數據，所以使用 Calvo 方式對就業加以描述：假定比率為 $1-\theta_n$ 的廠商能調整雇用方式以使勞動投入達到令人滿意的水準，因此就業服從式（2-40）。

$$\Delta em_t = \beta \mathrm{E}_t \Delta em_{t+1} + \kappa_n (\hat{h}_t - em_t) \qquad (2-40)$$

其中，$\kappa_n = (1-\theta_n)(1-\beta\theta_n)/\theta_n$。

圖2-1報告了模型對可觀測變量的卡爾曼（Kalman）濾波單側估計，在估計參數的後驗眾數處計算。以1992年1季度到1998年4季度的數據作為樣本，以1999年1季度到2011年3季度的數據作為推斷。對於數據來說，雖然

在消費和產出增長率方面可能存在改進的空間，但總體而言，模型在重現、衡量模型擬合程度的常規統計量上做得較好。

2.4.2 校準參數

考慮到獲得的數據有局限性，我們對模型中所包含的參數進行估計校準。參考已經有的相關研究文獻，對模型中包含的靜態參數進行校準，對關鍵的動態參數進行貝葉斯估計。需要校準的參數主要包括兩類：一類是被假定固定不變的，比如貨幣增長率、貼現因子等，我們依據近幾年的研究成果，參考相關文獻，確定這些參數的取值；另一類是穩態參數，這些參數一般依據現實的經濟數據取值，也可以依據前人的研究成果估計取值。

部分參數在估計中被假定為固定不變，我們將其校準，使其匹配樣本矩。將季度貨幣總增長率設定為 1.042，用以匹配樣本期間貨幣供應量（M2）的季度增長率。消費替代彈性 η_c 參照袁申國、陳平、劉蘭鳳（2011）設定為 1。參考王彬（2010）的估計結果，將勞動供給彈性 μ 設定為 0.818。參照王文甫（2010）①、王君斌（2010）② 與王文甫、王子成（2012）③，將實際貨幣餘額彈性 μ 取為 1，將資本份額 α 設定為 0.5，將主觀貼現因子 β 設定為 0.98。行為人在穩態中將 1/3 的時間用於工作。將穩態資本折舊率 δ 設為 0.025，對應 10% 的年折舊率。

將總消費與投資中的進口產品份額取為其樣本均值，1996—2012 年進口帶來的居民消費與全社會固定資產投資比率的均值為 0.551 與 0.486。由於在 1995—2012 年中國進口商品的廣泛經濟類別（Broad Economic Categories, BEC）分類結構中，消費品與資本品價值比的樣本均值為 0.205，通過推算得到 w_c 與 w_I 取為 0.094 與 0.405。淨國外資產以中國國際投資頭寸表中的淨資產項目衡量，採用 2004—2012 年的樣本均值，淨國外資產產出比 γ_B 取值為 0.250。穩態政府支出、消費、投資、出口與進口產出比根據 1996—2012 年的年度樣本均值推算。穩態資本、勞動收入稅與消費稅率取 1985—2011 年的樣本均值。數據和模型的單側預測值如圖 2-1 所示。校準結果如表 2-1 所示。

---

① 王文甫. 價格粘性、流動性約束與中國財政政策的宏觀效應——動態新凱恩斯主義視角 [J]. 管理世界，2010（9）：11-25.

② 王君斌. 通貨膨脹慣性、產出波動與貨幣政策衝擊：基於剛性價格模型的通貨膨脹和產出的動態分析 [J]. 世界經濟，2010（3）：71-94.

③ 王文甫，王子成. 積極財政與淨出口：擠出還是擠入？——基於中國的經驗與解釋 [J]. 管理世界，2012（10）：31-45.

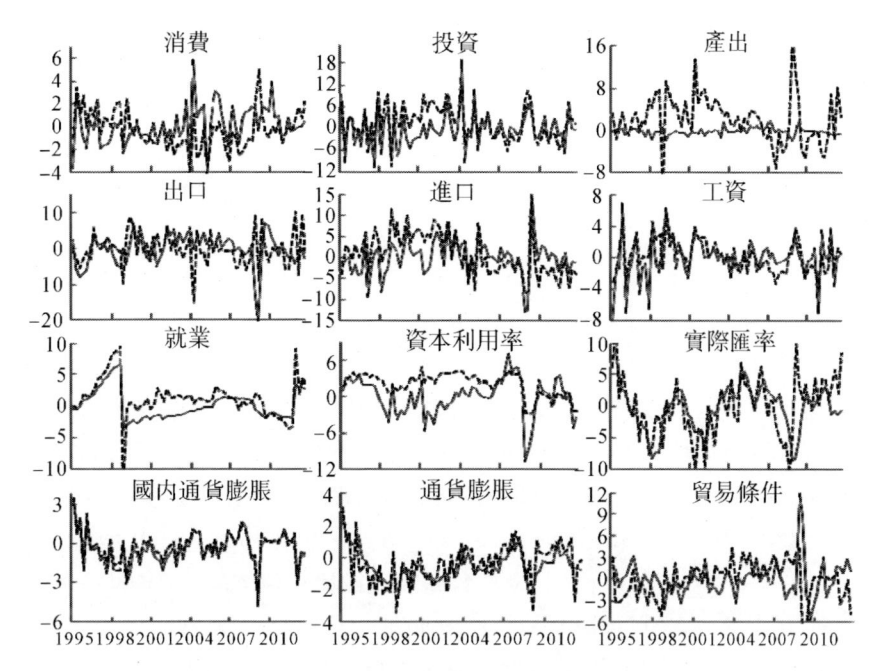

圖 2-1　數據（粗）和模型的單側預測值（細）

表 2-1　　　　　　　　模型中校準的參數

參數		取值	參數		取值	參數		取值
資本份額	α	0.5	穩態投資技術增長率	μ_ψ	1.011	投資產出比	$p^i i/y$	0.469
主觀貼現因子	β	0.98	穩態通貨膨脹目標	$\bar\pi^c$	1.023	財富資本比	$n/p_k k$	0.42
勞動供給彈性	σ_L	0.818	國內產品加成	λ^d	1.2	出口產出比	$Sp^x y^x/y$	0.254
進口消費品份額	w_c	0.094	進口產品加成	λ_m^c	1.2	消費-貨幣組合替代	ρ	0.037
進口投資品份額	w_i	0.405	穩態折舊率	δ	0.025	貨幣組合效用份額	b	0.944,6
資本收入稅	τ_k	0.271	穩態工作時間	h	1/3	企業家轉移支付	w^e/y	0.001
勞動收入稅	τ_n	0.057	政府支出產出比	g/y	0.143	企業家存活比率	γ	0.972,8
消費增值稅	τ_c	0.090	進口產出比	im/y	0.220	穩態利率差	$Z-R$	3.073%
穩態實際增長率	μ_{z^+}	1.023	淨國外資產產出比	nfa/y	0.250			

在金融加速器參數中，資本-債務比在國內研究中通常取值為 0.6（王彬，2010；袁申國，陳平，劉蘭鳳，2011）。關於企業家生存比例 θ_e，國內研究中通常參照 Bernanke、Gertler、Gilchrist（1999）的設定取值 0.972,8。關於風險溢價穩態值，袁申國、陳平、劉蘭鳳（2011）與王彬（2010）各自將其模型取值為 0.56% 與 1.2%，遠低於新興市場經濟體研究文獻中的通常取值 3.5%。

鑒於本章的校準策略，本章將其取為後者。參照袁申國、陳平、劉蘭鳳（2011）的估計結果，消費-貨幣替代參數 ρ 取值為 0.037，貨幣餘額份額參數取值為 0.944,6。參照 Batini、Levineand、Pearlman（2010）指出的外國貨幣政策規則中的利率平滑參數、通貨膨脹反應參數和產出增長率反應參數分別取值為 0.94、0.069 與 0.22。

2.4.3 先驗分佈

我們對模型中剩餘的參數實施貝葉斯估計。在先驗分佈假定中，逆 Gamma 分佈用於非負參數，Beta 分佈用於比率與概率，正態分佈用於有較為準確信息的情形。參考 SW（2007），假定新息的標準差服從均值為 0.25（通貨膨脹目標衝擊為 0.05）、自由度為 2 的逆 Gamma 分佈；除假定服從白噪聲的衝擊過程外，其他一階自迴歸過程的持續參數服從均值為 0.85、標準差為 0.1 的 Beta 分佈。參考 Zhang（2009），設定工資與國內價格黏性參數的均值為 0.75 與 0.84，標準差為 0.10[①]。根據薛鶴翔（2010）與 Zhang（2009），將穩態工資加成設定為 2，將中間產品價格需求彈性設定為 6，將故穩態國內加成取值為 1.2。實際總增長率混合了生產率和人口增長，根據樣本期的實際 GDP 增長率均值，假定 μ_z 服從均值為 1.023、標準差為 0.005 的正態分佈。投資調整成本參數和習慣形成參數的先驗分佈根據 CEE（2005）設定，資本利用率彈性根據 King & Rebelo（2000）設定，風險溢價彈性和 UIP 調整參數根據 ALLV（2008）設定。

關於貨幣政策參數，泰勒規則中反應系數的先驗分佈來自 ALLV（2007）。數量規則中的平滑系數、通貨膨脹和產出反應系數假定為服從標準差為 0.1 的正態分佈，其先驗均值來自 Zhang（2009）的校準取值。對於目標區間利率規則，為體現在樣本時期內中國匯率的浮動區間主要為 0.5%的事實，我們將匯率反應系數的先驗均值設定為 2.3，以給定模型中其他參數的先驗均值，使名義匯率的標準差為 0.5%。Ramsey 政策中的權重參數的先驗分佈參考 ALLS（2010）的設定。其餘參數根據 ALLV（2007）的設定，為便於表述，我們將參數的先驗分佈假定整理於表 2-2。

[①] ZHANG W. China's monetary policy: quantity versus price rules [J]. Journal of Macroeconomics, 2009（31）: 473-484.

表 2-2 模型中參數的先驗與後驗分佈

參數		先驗分佈			後驗分佈							
					基準模型				無貨幣替代		無負債美元化	
		類型	均值	標準差	眾數	標準差	5%分位數	95%分位數	眾數	標準差	眾數	標準差
國內價格黏性	θ_d	Beta	0.840	0.075	0.965	0.013	0.925	0.987	0.954	0.012	0.959	0.019
出口價格黏性	θ_x	Beta	0.750	0.075	0.818	0.037	0.719	0.904	0.707	0.010	0.783	0.020
進口價格黏性	θ_m	Beta	0.750	0.075	0.679	0.027	0.623	0.818	0.686	0.015	0.674	0.031
工資黏性	θ_w	Beta	0.750	0.075	0.706	0.021	0.613	0.805	0.708	0.010	0.788	0.035
就業 Calvo 參數	θ_n	Beta	0.675	0.10	0.728	0.034	0.664	0.861	0.653	0.030	0.713	0.026
國內價格指數化	κ_d	Beta	0.50	0.15	0.535	0.047	0.336	0.709	0.424	0.035	0.434	0.045
出口價格指數化	κ_x	Beta	0.50	0.15	0.435	0.060	0.246	0.757	0.725	0.040	0.519	0.055
進口消費指數化	κ_m	Beta	0.50	0.15	0.404	0.056	0.133	0.653	0.369	0.030	0.553	0.048
工資指數化	κ_w	Beta	0.50	0.15	0.429	0.056	0.230	0.562	0.430	0.033	0.426	0.039
營運資本份額	v^l	Beta	0.50	0.25	0.312	0.195	0.029	0.724	0.532	0.104	0.224	0.085
習慣形成	h	Beta	0.65	0.15	0.706	0.044	0.700	0.956	0.671	0.022	0.682	0.083
投資調整成本	S''	Gamma	5.00	1.50	5.023	0.552	3.416	7.953	3.787	0.381	5.457	0.465
利用率調整成本	σ_a	Gamma	0.20	0.075	0.167	0.034	0.122	0.353	0.233	0.015	0.189	0.025
貨幣替代程度	κ	Beta	0.10	0.05	0.085	0.019	0.057	0.195			0.054	0.015
負債美元化程度	φ	Beta	0.85	0.10	0.844	0.027	0.856	0.998	0.694	0.021		
利率平滑	ρ_R	Beta	0.80	0.10	0.920	0.040	0.823	0.988	0.985	0.009	0.970	0.017
通脹反應	r_π	Normal	1.70	0.15	1.683	0.048	1.457	1.925	1.674	0.031	1.687	0.039
產出反應	r_y	Normal	0.125	0.05	0.086	0.021	0.065	0.196	0.072	0.011	0.123	0.017
名義匯率反應	r_x	Normal	2.0	0.8	0.304	0.102	0.002	1.064	1.668	0.188	1.056	0.285
消費替代彈性	η_c	Gamma	1.50	0.25	1.354	0.087	1.000	1.500	1.425	0.048	1.686	0.087
投資替代彈性	η_i	Gamma	1.50	0.25	1.404	0.078	1.222	1.936	1.440	0.024	1.511	0.074
國外替代彈性	η_f	Gamma	1.50	0.25	1.576	0.096	1.108	1.743	1.619	0.046	1.464	0.054
風險溢價彈性	φ_a	Gamma	0.01	0.005	0.013	0.001	0.004	0.020	0.013	0.001	0.015	0.001
風險溢價調整	φ_s	Gamma	1.25	0.10	1.185	0.037	1.004	1.243	1.201	0.015	1.119	0.031
監督成本比率	μ	Beta	0.30	0.075	0.334	0.035	0.253	0.422	0.333	0.015	0.350	0.019
單位根技術衝擊	ρ_μ	Beta	0.50	0.075	0.480	0.021	0.428	0.620	0.535	0.020	0.571	0.033
平穩技術衝擊	ρ_z	Beta	0.85	0.075	0.871	0.023	0.727	0.901	0.895	0.025	0.788	0.030
投資專有技術衝擊	ρ_{ε^i}	Beta	0.85	0.075	0.720	0.046	0.748	0.938	0.783	0.010	0.874	0.015
消費偏好衝擊	ρ_ζ	Beta	0.85	0.075	0.889	0.020	0.757	0.939	0.856	0.018	0.927	0.055
勞動偏好衝擊	ρ_{ζ^l}	Beta	0.85	0.075	0.913	0.027	0.710	0.958	0.810	0.021	0.826	0.024
風險溢價衝擊	$\rho_{\tilde{\varphi}}$	Beta	0.85	0.075	0.764	0.024	0.460	0.784	0.748	0.014	0.740	0.023
政府支出衝擊	ρ_g	Beta	0.85	0.075	0.841	0.034	0.715	0.928	0.844	0.015	0.870	0.027
企業家財富衝擊	ρ_γ	Beta	0.85	0.075	0.608	0.043	0.392	0.634	0.718	0.015	0.679	0.035
特質生產率標準差	ρ_σ	Beta	0.85	0.075	0.871	0.027	0.746	0.890	0.869	0.014	0.846	0.022
非對稱生產率衝擊	ρ_{z^*}	Beta	0.85	0.075	0.757	0.032	0.735	0.932	0.871	0.025	0.893	0.016
單位根技術衝擊	σ_μ	InvGamma	0.50	2	0.098	0.013	0.078	0.122	0.098	0.014	0.097	0.014

表2-2(續)

參數		先驗分佈			後驗分佈							
					基準模型				無貨幣替代		無負債美元化	
		類型	均值	標準差	眾數	標準差	5%分位數	95%分位數	眾數	標準差	眾數	標準差
平穩技術衝擊	σ_τ	InvGamma	0.50	2	0.151	0.041	0.106	0.228	0.149	0.036	0.165	0.042
投資專有技術衝擊	$\sigma_{\varepsilon'}$	InvGamma	0.50	2	0.159	0.037	0.104	0.211	0.153	0.030	0.146	0.039
消費偏好衝擊	σ_ε	InvGamma	0.50	2	0.201	0.119	0.119	0.421	0.200	0.051	0.200	0.057
勞動偏好衝擊	σ_{ε^l}	InvGamma	0.50	2	0.225	0.115	0.128	0.592	0.226	0.101	0.237	0.172
風險溢價衝擊	σ_φ	InvGamma	0.50	2	0.103	0.015	0.085	0.155	0.108	0.012	0.106	0.014
貨幣政策衝擊	σ_{ε^R}	InvGamma	0.50	2	0.060	0.004	0.060	0.069	0.060	0.004	0.060	0.003
政府支出衝擊	σ_g	InvGamma	0.50	2	0.189	0.073	0.120	0.304	0.189	0.072	0.188	0.067
國內加成衝擊	σ_{λ^d}	InvGamma	0.50	2	0.231	0.183	0.121	0.948	0.241	0.108	0.236	0.159
出口加成衝擊	σ_{λ^x}	InvGamma	0.50	2	0.239	0.225	0.117	0.806	0.236	0.211	0.233	0.153
進口加成衝擊	σ_{λ^m}	InvGamma	0.50	2	0.236	0.171	0.121	0.737	0.230	0.157	0.231	0.144
企業家財富衝擊	σ_γ	InvGamma	0.50	2	0.082	0.010	0.073	0.113	0.078	0.010	0.080	0.009
特質生產率標準差	σ_ω	InvGamma	0.50	2	0.179	0.058	0.123	0.344	0.182	0.059	0.195	0.074
外國產出衝擊	σ_{y^*}	InvGamma	0.50	2	0.115	0.015	0.082	0.135	0.108	0.014	0.114	0.017
外國通貨膨脹衝擊	σ_{π^*}	InvGamma	0.50	2	0.064	0.006	0.060	0.077	0.064	0.005	0.064	0.006
外國利率衝擊	σ_{R^*}	InvGamma	0.50	2	0.060	0.003	0.060	0.070	0.060	0.004	0.060	0.004
非對稱生產率衝擊	σ_{z^*}	InvGamma	0.50	2	0.113	0.016	0.085	0.140	0.115	0.019	0.115	0.015
對數邊際似然					-1,106.25				-1,133.71		-1,112.24	

我們對模型中剩餘的參數進行貝葉斯估計，主要是有關外生衝擊、名義剛性與實際摩擦的結構參數。表2-2給出了估計參數的先驗分佈假定，除特別說明的參數外，其餘設定參考 Smets、Wouters（2003）與 Adolfson、Laseen、Linde、Villani（2007）。

參考 Zhang（2009）的設定，將工資與國內價格黏性參數的先驗均值設為0.750與0.840；將中間產品價格需求彈性設定為6，將穩態國內加成 λ_h 取值為1.2，將穩態工資加成 λ_w 取值為2，與相關研究（薛鶴翔，2010；Zhang，2009）中的取值相一致。關於金融加速器彈性參數 χ_0，文獻中的取值通常是0.05（Bernanke, Gertler & Gilchrist, 1999）或0.065（Batini, Levine & Pearlman, 2010），本章將均值取為0.065，設定標準差為0.02。將資本的本國貨幣借入參數 φ 的先驗均值和標準差分別設為0.75與0.2。將風險溢價衝擊的國外淨資產彈性 ψ_B 的先驗均值和標準差設定為0.010與0.005。對於資本利用率調整成本，Altig、Christiano、Eichenbaumc、Linde（2011）基於一個類似的模型進行估計並建議取較高的值，本章參照其結果將其均值設定為10，將其標準

差設定為5。淨實際增長率 g 混合了生產率增長和人口增長，根據樣本期間的實際 GDP 增長率均值1.025，我們假定 g 的先驗分佈服從均值為0.025、標準差為0.005的正態分佈。考慮到1992—2010年國內外幣存款佔 M2 比重的樣本均值與標準差約為6.1%與3%，我們將貨幣替代程度的先驗均值和標準差設定為0.060與0.030。貨幣政策規則參數的先驗分佈參照 Adolfson、Laseen、Linde、Villani（2007）的設定，中央銀行損失函數中的參數設定參照 Adolfson、Laseen、Linde、Svensson（2011）。

2.4.4　估計結果

參數的後驗分佈使用 Metropolis-Hastings 算法繪製生成，結論基於後驗樣本繪製，已經可以判斷其收斂性。邊際似然通過在後驗分佈處使用改進的調和均值方法計算，以數值計算方式得到。本小節主要報告了兩種後驗分佈，第一種在假設簡單工具規則的基礎上估計得到，第二種則基於中央銀行最小化二次損失函數的假設。表2-2報告了參數的後驗眾數，給出了後驗分佈的均值、5%分位數和95%分位數。

通過模型對比可以發現，假定貨幣政策服從工具規則的模型版本優於假定中央銀行最小化損失函數的版本。兩個模型之間的邊際似然相差約59，表明前者在刻畫貨幣政策的經驗效應上佔優勢。我們將前者的估計結果用於對經濟內外部衝擊的傳導和反事實實驗，將後者的結果用於最優政策問題的討論中。

估計得到的工具規則表明貨幣政策對通貨膨脹和實際匯率有較強的反應，同時也存在較強程度的利率平滑特徵。對比表2-2中給出的無貨幣替代、無金融加速器、無負債美元化的模型變體的後驗眾數，發現這三個機制各自都將對通貨膨脹作出更大的反應。相反的事情發生在匯率反應參數上，儘管國內價格黏性、進出口價格黏性和隨之導致的匯率不完全傳遞對通貨膨脹動態和匯率決定存在影響，但相對而言，貨幣替代、金融加速器和負債美元化機制在更大程度上影響了匯率反應參數的估計值。對該結果的一種解讀是，中央銀行對匯率的反應，部分目的是抵消貨幣替代、金融加速器和負債美元化機制對產出和通貨膨脹易變性的影響。在對產出和產出增長率的反應方面，相關證據表明產出增長率的反應較弱，這一結論對無貨幣替代、無金融加速器、無負債美元化的模型變體來說相對穩健。值得注意的是，名義剛性和實際摩擦的消失，將使該估計值顯著增加，這表明名義剛性和摩擦促進了模型中具有效率的傳播機制的形成，在經濟週期的解釋中有顯著作用。

表2-2中的結果預示著國內價格黏性程度相對較高。國內價格的 Calvo 價

格黏性參數高達 0.973，高於王彬（2010）使用貝葉斯方法估計得到的 0.588，也高於袁申國、陳平、劉蘭鳳（2011）使用極大似然方法估計得到的 0.717，接近歐洲區的估計值（Smets & Wouters，2003），明顯高於美國和一些新興市場經濟體的估計值（Castillo, Montoro & Tuesta, 2013）。通過表 2-2 的對比，發現該估計值在不同的模型設定中未發生顯著的變化，仍體現出相當程度的國內價格黏性。國內價格指數化參數相對較低，這表明中國的菲利普斯（Phillips）曲線總體上是前瞻性的。模型估計得到的工資黏性和進出口價格黏性參數顯著低於國內價格黏性參數，表明這些部門存在 2 至 3 季度的黏性。值得指出的是，即使 Calov 參數顯示價格調整頻率相對較高，指數化的存在也將造成更多的價格黏性。工資和進出口價格指數化參數相對較高，表明這些部門表現出一定的前瞻後顧混合式定價特徵。

　　估計結果顯示，國內衝擊中，投資專有技術衝擊表現出與國內文獻研究結果相似的高持續性（陳師，趙磊，2009）[1]，但單位根技術過程持續參數的後驗眾數被估計為 0.633，通常形式的暫時性技術衝擊的持續系數被估計為 0.758，顯著低於國內文獻中通常高於 0.9 的校準值（王文甫，2010；黃賾琳，2005）。模型得到較低的估計值歸因於引入了單位根技術衝擊，它計入了實際變量中相當大的一部分低頻成分。總的來說，除風險溢價和非對稱衝擊這些公認存在高持續性的衝擊外，大多數衝擊的持續參數相對低於國外類似研究中的參數，包括 Smets、Wouters（2003）使用封閉經濟模型對歐洲區的估計，Adolfson、Laseen、Linde、Villani（2007）使用開放經濟模型對歐洲區的估計，以及 Castillo、Montoro、Tuesta（2013）使用引入美元化的模型在秘魯數據基礎上的估計。低持續性的部分原因可由模型引入了更多的實際和名義摩擦來解釋，這便形成了在產生持續性方面更高效的內部傳播機制。

　　估計結果顯示金融加速器參數為 0.066，顯著高於國內的估計結果。儘管我們為負債美元化參數設定了較高的先驗均值，但其估計值明顯更低。注意這一估計值是在最優化決策的模型環境中得到的，其水準值自身沒有明確的經濟含義，我們將在脈衝回應和最優貨幣政策分析中對其加以討論。在貨幣替代程度參數方面，估計值僅為 0.003，預示著極低的貨幣替代程度，我們將在下文中討論其政策含義。

---

[1] 陳師，趙磊. 中國的實際經濟週期與投資專有技術變遷 [J]. 管理世界，2009（4）：5-16.

2.5 模型分析

NOEM 中有關匯率制度選擇與評價的研究強調與新凱恩斯綜合範式相結合，其中有關匯率制度選擇的標準模型表現出相當的洞察力（Gali & Moncelli, 2005; Corsetti, Dedola & Leduc, 2010），但模型的眾多基礎信息難以應用於現實，尤其不適用於新興市場經濟體（Calvo & Mishkin, 2003）。本節將判斷金融市場不完善與新興市場經濟體特徵將如何影響中國貨幣政策的傳導機制和產出，以及通貨膨脹等重要的宏觀經濟變量的易變性，進而影響貨幣政策的福利損失。為此，我們描述模型關於不同摩擦、設定的幾個變體，首先將基本模型與幾種反事實模型進行對比，報告模型關於貨幣政策衝擊和風險溢價衝擊的脈衝回應函數。在此基礎上，我們使用新凱恩斯最優政策問題的線性二次型框架，通過求解政策制定者最小化損失函數的 Ramsey 政策問題，比較不同模型變體中關鍵宏觀變量的易變性，進而判斷金融市場不完善與新興市場經濟體特徵對社會福利的影響。

除從擬合數據角度對不同政策規則進行研究外，本章還將使用社會損失函數對不同政策規則的福利績效進行評價，將其與最大化社會福利的最優單一規則進行對比。在 Ramsey 政策情形下，假定中央銀行在有承諾的條件下實施貨幣政策，其目標是最大化如式（2-41）所示的準則：

$$E_t \sum_{s=0}^{\infty} \beta^s \{100[\pi_t^c \cdots \pi_{t-3}^c - (\pi_t^c)^4]^2 + \lambda_y [100\ln(y^{gdp})]^2 + \lambda_{\Delta R}[400(R_t - R_{t-1})]^2 + \lambda_s [100\ln(S_t/S)]^2\}, \tag{2-41}$$

受約束於模型中競爭性均衡條件給出的線性約束集合和給定的外生隨機過程，其中，λ_y、$\lambda_{\Delta R}$ 與 λ_s 是未知、非負的關於產出缺口和利率變化的權重。

2.5.1 脈衝回應分析與反事實試驗

為理解引入的名義與實際摩擦會如何影響模型的傳導機制，本小節將敘述基本模型及幾種反事實模型對於貨幣政策和風險溢價衝擊的脈衝回應函數。圖 2-2 顯示了衝擊貨幣政策的脈衝回應函數，其結果與意料之中的相當一致。即使貨幣政策衝擊被假設為零持續性，它對各變量的衝擊效應消失得十分緩慢。相對而言，靈活價格模型表現出十分微弱的實際效應和持續性影響。在其他模型變體中，除實際匯率下降（升值）之外，其他變量出現駝峰型反應，從下方回復到零。貨幣政策衝擊對其他總體變量的影響，如對產出、投資、消費、出口和進口的影響，在 1 至 2 年

後達到峰值。貨幣政策衝擊對通貨膨脹的影響則在一年之後達到最大，且相對來說缺少慣性。本章意在擬合模型的所有數據變化，而並不僅是貨幣政策衝擊的動態效應，我們發現模型中引入的名義和實際摩擦所產生的貨幣衝擊的脈衝回應，在匹配向量自迴歸模型中的產出持續性和通貨膨脹慣性經驗特徵方面有明顯改進（王斌君，2010），這一結論表明，引入習慣形成、工資黏性等更多摩擦可有效提升簡單的新凱恩斯模型在描述中國經濟運行特徵方面的能力。

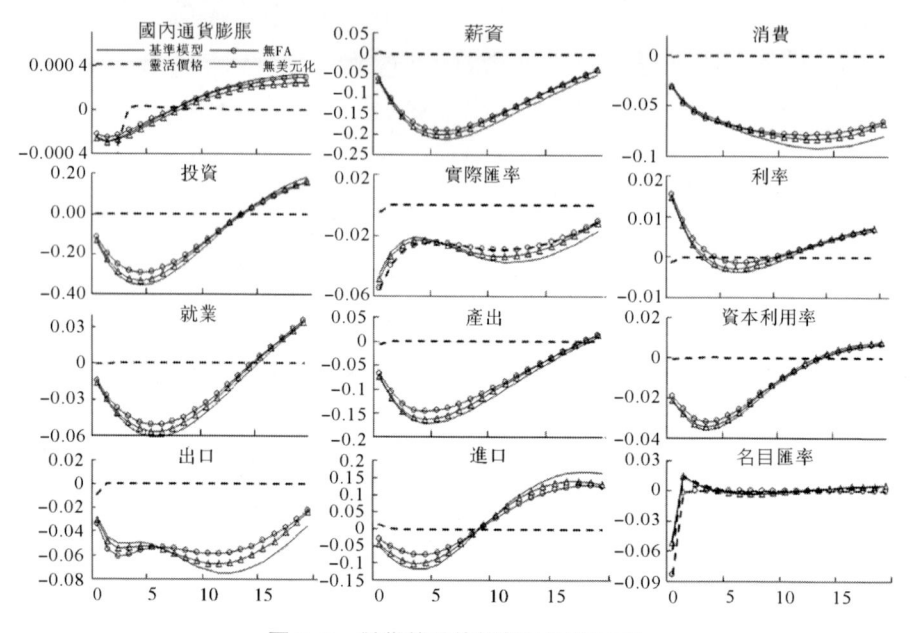

圖2-2 對貨幣政策衝擊的脈衝回應

為判斷貨幣替代、負債美元化和金融加速器（FA）對貨幣政策傳導機制的影響，我們也考察關閉這些機制的模型變體。考慮到貨幣替代程度較低，我們將同時消除負債美元化和貨幣替代的模型變體，這被稱為無美元化模型。Castillo、Montoro、Tuesta（2013）發現，若不存在貨幣替代和價格美元化，在反應貨幣政策衝擊時，模型會表現出更大的消費和產出反應，因此美元化將使貨幣政策效果弱化。在本章的模型中，貨幣替代和負債美元化程度都較低，在經驗的貨幣政策規則下對貨幣政策效果的影響較小。雖然圖2-2中顯示出它們一定程度上弱化了貨幣政策的效果並降低其持續性，但這一作用較小。

圖2-3展示了對正向風險溢價衝擊的反應。衝擊使名義匯率發生立即貶值，在估計的進出口部門價格黏性參數下，實際匯率呈駝峰型反應，趨向於貶值。實際匯率貶值將使進口消費和投資品更昂貴，使總進口減少，出口增加。

由於風險溢價衝擊能被解釋為未來匯率預期的自主性變化，我們選擇在此處考察匯率傳遞。匯率傳遞程度可通過通貨膨脹和名義匯率的脈衝回應函數得以計算，在估計模型中，進口消費品價格和進口投資品價格的同期反應，分別約為名義匯率變動的 41.4% 和 40.9%。與之對比，在靈活價格模型中，該比率約 98.6% 和 98.9%，接近一價定律成立時的極端情形。通過反事實模型的脈衝回應分析，我們發現金融加速器和美元化的存在將產生更大的投資、利率、就業、產出、資本利用率、進口和通貨膨脹的反應，這個結果凸顯了中央銀行在金融市場不完善和美元化環境中的潛在困難；相對而言，美元化的影響大於金融加速器機制。

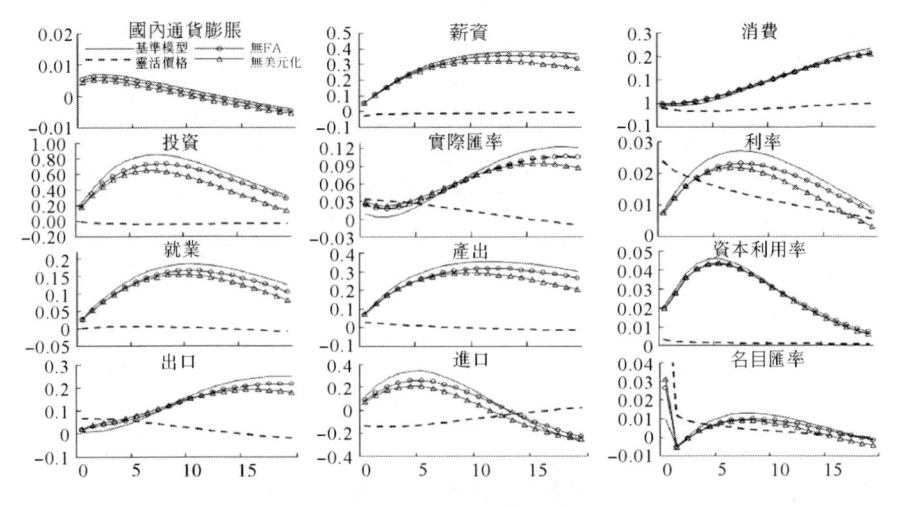

圖 2-3　對風險溢價衝擊的脈衝回應

2.5.2　最優貨幣政策下經濟的反應

本小節我們考察不完全匯率傳遞、金融市場不完善和負債美元化機制對最優貨幣政策下經濟的影響。本章試圖不使用二次近似方法（Rotemberg & Woodford, 1997; Woodford, 2003）推導基於福利的中央銀行損失函數，而是將上文中估計得到的損失函數及其參數用於貨幣政策評價。我們假定政策制定者以「無時間視角」方法實現承諾（Woodford, 2003），政策制定者的 Ramsey 政策問題是，給定初始前定變量、外國經濟和財政政策向量自迴歸模型，在經線性化後的式（2-1）至式（2-40）中給出模型約束下最大化的式（2-41）。

圖 2-4 描繪了對平穩生產率正向衝擊的傳導渠道。我們參照 Batini、Levineand、Pearlman（2010）的辦法，關注模型的四種變體，即基準模型（無

不完全匯率傳遞、無金融加速器、無負債美元化），完全匯率傳遞模型（CPT），有金融加速器的模型（FA），有貨幣替代、金融加速器與負債美元化的模型（CS/FA/LD）。通過對比判斷不同模型環境中相同變量在最優政策下的動態表現，進而判斷模型設定對社會福利的潛在影響。鑒於貨幣替代的影響對經濟反應較小（Batini, Levineand & Pearlman, 2010），再加上中國經濟中貨幣替代程度較低，此處不對貨幣替代進行單獨考察。

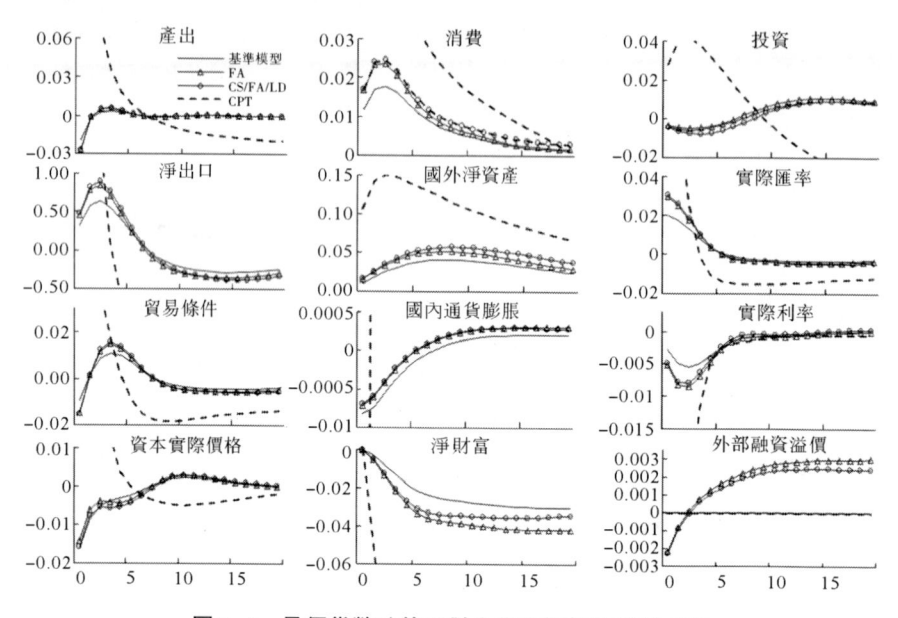

圖2-4 最優貨幣政策下對生產率衝擊的脈衝回應

在完全匯率傳遞模型中，模型經濟的回應在總體上十分接近Gali、Monacelli（2005）得到的結論。正向的生產率衝擊引起一個寬鬆的貨幣條件以保證消費、產出和投資增加，實際匯率急遽貶值使淨出口額增加，使得產出較消費增加更多，國外淨資產增加。在具備匯率不完全傳遞的所有模型變體中，在本章估計得到的價格黏性參數下，作為正向生產率衝擊的反應，貿易條件的變化更緩慢且呈先下降的駝峰型。在其作用下，匯率不完全傳遞模型變體的共同特徵是，正向生產率衝擊導致立即的消費上升、產出下降和投資下降，產出和投資呈駝峰型反應；最優貨幣政策表現為名義和實際利率下降的緊縮型貨幣政策，實際匯率貶值，淨出口增加，淨國外資產增加。

金融加速器的引入將產生額外兩個使產出變化的渠道：資本相對於投資品的實際價格（托賓的Q）下降導致的投資需求下降；企業家財富減少將使消費減少。在我們的模型中，金融加速器機制開啓後，正向生產率衝擊使資本成本相對

於預期的未來利潤上升，進而使資本實際價格下降。資本實際價格下降會使淨財富下降，導致企業外部融資溢價上升，這會進一步提高資本成本而使投資下降更多（Gertler, Gilchrist & Natalucci, 2007）。當加入負債美元化的影響後，與之伴隨的實際匯率貶值將帶來淨財富的進一步減少，投資減少會更多，政策制定者的反應是創造更緊縮的貨幣條件（Batini, Levineand & Pearlman, 2010）。同時，借入部分以美元的形式完成，資本成本更少地被國內利率變化直接影響，這導致貨幣政策傳導的產出缺口渠道更弱，這同樣也要求更積極的貨幣政策干預。如圖2-4中所示，金融加速器和負債美元化的動態反應與上述論斷相當一致。

圖2-5對風險溢價衝擊進行了類似分析。三種模型變體的反應大體上與之前相同，產出、消費、投資和資本實際價格下降，淨財富發生下降，貨幣當局使用緊縮型的貨幣政策應對，實際匯率的貶值導致貿易盈餘，國外淨資產增加。金融加速器通過資產負債表效應對投資產生影響，這與之前的模擬十分類似。當開啓負債美元化後，投資在此時下降得相對更少，產出也將更快地回到其潛在水準，這與Batini、Levineand、Pearlman（2010）論證的負債美元化對淨財富存在長期穩定效應相一致。在存在負債美元化的模型變體中，緊縮性的貨幣政策使國內與國外利率差迅速消失，匯率逐漸趨向於升值，匯率貶值之後的升值會觸發進一步的資產負債表效應，使淨財富增加，進而外部融資溢價更迅速地回到其穩態。

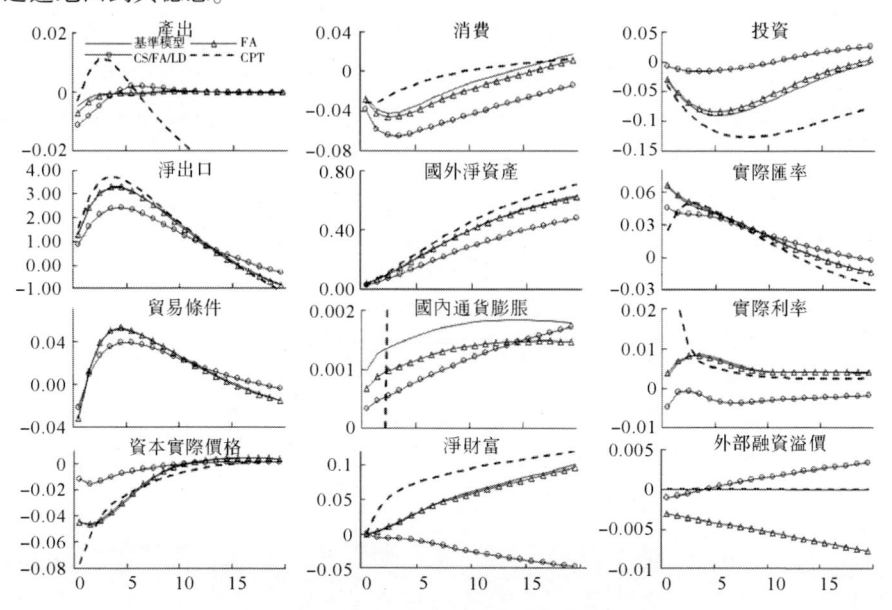

圖2-5 最優貨幣政策下對風險溢價衝擊的脈衝回應

通過最優貨幣政策下的脈衝回應分析，我們得到如下結果：第一，相比較而言，不完全匯率傳遞特徵主要影響對國外衝擊的反應，而金融市場摩擦和美元化對國內外衝擊的反應都存在影響。第二，在資產負債表效應的作用下，金融加速器機制將加強投資和消費的反應，並間接導致更強的貨幣政策干預。在此基礎上的負債美元化將進一步促使積極的貨幣政策產生，因為此時貨幣政策影響實際利率的作用減弱，而匯率渠道的作用更強，匯率變化此時也將產生資產負債表效應。第三，在估計的模型存在相當權重的利率平滑缺口的前提下，實際利率回到均衡水準非常緩慢，這使實際匯率在相當長的時期內低於均衡值，負債美元化對淨財富存在更加明顯的長期穩定效應。鑒於此，貨幣當局通過製造國內與國外的利率差，可以將匯率作為一種穩定經濟的工具加以利用。

2.5.3 易變性與福利損失

本小節中，我們對比幾種模型變體，判斷模型設定對主要宏觀變量易變性和社會福利的潛在影響。我們將模型參數化為6種版本：①基準模型；②完全匯率傳遞（CPT）；③貨幣替代（CS）；④金融加速器（FA）；⑤金融加速器與負債美元化（FA/LD）；⑥貨幣替代、金融加速器與負債美元化（CS/FA/LD）。表2-3展示了所有模型變體中主要變量的易變性結果，作為對比，表2-3中也列出了估計模型及其兩種不同匯率制度變體模型的易變性。表2-3展示了如下簡要結論。首先，在最優貨幣政策下，產出、投資、就業這類實際變量的易變性顯著低於估計的貨幣政策規則下的易變性，在後者中，更高匯率靈活程度的政策規則具有更小的易變性。其次，價格黏性存在與否對變量的易變性和福利損失具有重大影響，但此結論缺乏穩健性，因為價格黏性將影響到基於福利的損失函數和其中的權重。最後，基準模型及其變體的對比顯示，更多的金融摩擦和負債美元化會觸發更大的經濟易變性。

表 2-3　　　　　　　主要變量的標準差與福利損失

	基準模型	CS	FA	FA/LD	CS/FA/LD	CPT	估計模型	浮動匯率	固定匯率
產出	0.034	0.034	0.035	0.046	0.047	0.884	1.381	0.712	1.386
投資	0.800	0.800	0.832	0.867	0.866	1.608	2.308	1.567	2.235
就業	0.870	0.870	0.894	0.920	0.919	0.702	1.725	1.275	1.305
外部融資溢價	0.000	0.000	0.290	0.223	0.225	0.000	0.238	0.213	0.268
實際匯率	0.835	0.835	0.812	0.796	0.797	0.982	1.123	0.859	0.857
實際利率	0.133	0.135	0.156	0.201	0.206	0.223	0.099	0.085	0.053
名義利率	0.131	0.133	0.155	0.212	0.218	0.235	0.112	0.097	0.067
利率變化率	0.173	0.179	0.217	0.316	0.327	0.253	0.044	0.043	0.015

表2-3(續)

	基準模型	CS	FA	FA/LD	CS/FA/LD	CPT	估計模型	浮動匯率	固定匯率
國內通貨膨脹	0.047	0.047	0.045	0.047	0.046	0.148	0.048	0.049	0.030
消費通貨膨脹	0.067	0.067	0.065	0.067	0.066	0.123	0.067	0.068	0.057
通貨膨脹缺口	0.055	0.055	0.053	0.055	0.055	0.116	0.057	0.058	0.057
福利損失	0.011,58	0.012,17	0.016,21	0.031,40	0.033,40	0.102,5	0.177,0	0.049,92	0.177,8

在最優貨幣政策下，主要宏觀經濟變量的易變性受貨幣替代的影響程度較小，隨金融加速器和負債美元化的出現而依次增加。其中，國內通貨膨脹、消費通貨膨脹和通貨膨脹缺口的方差受模型特徵的影響較小，實際變量受中等程度的影響，名義利率和利率變化率這類政策工具受到的影響相對較大。其結果是，隨貨幣替代、金融加速器和負債美元化的逐漸引入和程度的加深，預期的福利損失將隨之提高，其原因首先是中央銀行在使用其貨幣政策工具時更為積極，其次是主要實際變量更加易變。結合上一小節的脈衝回應分析，我們對貨幣替代、金融加速器和負債美元化在貨幣政策傳導、宏觀表現和福利績效方面做出如下判斷：

首先，貨幣替代的出現不會使政策工具之外的變量的易變性增加，但會使貨幣政策的福利惡化。究其原因，貨幣替代將阻礙貨幣政策通過消費跨期替代干預實際經濟的渠道，這間接導致名義利率及其變化率的方差增加，通過損失函數增加社會福利成本。當金融加速器和負債美元化同時存在時，仍然可以得到這一結論。其次，當金融加速器出現後，除通貨膨脹之外的變量的方差增加了，尤其是名義利率和投資。在面對生產率衝擊和風險溢價衝擊時，金融加速器機制將通過資產負債表效應影響主要變量的易變性，進而需求更積極的貨幣政策與之適應。更高的名義利率和實際變量的方差將在一定程度上增加福利損失。最後，當負債美元化進一步出現且與金融加速器並存時，負債美元化將使得中央銀行傾向於使用更積極的貨幣政策干預手段，因為它可以控制政策工具，借助無拋補利率平價渠道影響匯率，達到穩定經濟的目的。名義利率的方差增加得更多，福利損失也將急遽增加，不論貨幣替代存在與否，都可以得到這一結果。

2.6　本章小結

本章將新一代的中型 DSGE 開放經濟模型應用於中國的經濟週期和貨幣政策設計研究。我們為模型引入一系列名義剛性和摩擦，用以擬合開放經濟下中

國宏觀經濟數據的經驗特徵。貝葉斯估計和模型的對比結果顯示，國內和進出口部門中的黏性價格、黏性工資、投資調整成本、消費習慣形成、可變資本利用率等名義與實際摩擦得到中國宏觀經濟數據的支持。模型對比同樣顯示，中國在開放經濟條件下存在一定程度的、新興市場經濟體中普遍存在的特徵，包括貨幣替代、金融市場不完善與負債美元化等，這些機制的存在能顯著增加模型的邊際似然。在貨幣政策方面，估計顯示，中國的貨幣政策規則和匯率制度在經驗上可用一個一般性的「有管理的浮動匯率制」形式的簡單規則來描述。反事實實驗和脈衝回應分析表明，在面對國內生產率和風險溢價衝擊時，貨幣替代、金融加速器和負債美元化將降低貨幣政策在穩定產出和消費方面的效率。

為進一步判斷不完全匯率傳遞、貨幣替代、金融加速器和負債美元化將如何影響中國貨幣政策的傳導機制、經濟易變性和社會福利損失，本章對中央銀行的損失函數進行估計。對不同模型變體的比較表明，由於貨幣替代、金融加速器和負債美元化等一系列因素的存在，為了達到更好的穩定經濟的目的，政策制定者將採取更為積極的貨幣政策干預經濟的運行；另一方面，這些因素的存在，也導致經濟中一些實際變量在經濟受到衝擊的時候更容易產生波動，進而導致社會福利損失的增加。

基於新興市場經濟體特徵的研究，在制定貨幣政策的時候需要充分考慮到這些因素，同時也要逐漸消除這些因素對政策傳導的影響，降低政策目標的偏差，減少社會福利損失。

首先，從貨幣替代的角度看。造成貨幣替代的原因主要在於通貨膨脹和匯率問題導致的風險，長時間內匯率的不斷波動和持續性居高不下的通貨膨脹都會造成市場悲觀，貨幣持有者逐漸開始賣出手中的本國貨幣，轉而買入外幣，比如美元、歐元等以促使資產保值。因此，從分析來看，降低貨幣替代的著眼點在於使貨幣持有者堅定對本幣的信心，具體的可以從物價水準和匯率兩個方向著手。結合中國的實際狀況，一方面，政府要穩定物價水準，使CPI不再過快增長，使物價穩定在一個適當的水準；另一方面，加入世界貿易組織（WTO）之後，我們面對的是國際市場，隨著中國市場的開放性逐漸增加，國內國際資本的流動更為頻繁，加上中國金融體系尚待完善，保證匯率穩定必然會面對更大的挑戰，因此我們的開放要穩步進行，不急不躁，借鑑其他國家的成功經驗，逐步完善金融體系，以保持匯率的穩定。

其次，金融加速器機制的作用力度和金融系統的穩健性對於貨幣當局評估通貨膨脹壓力和經濟風險、制定和實施貨幣政策具有重要指導意義。在當前金

融和資本信貸市場還不完善的情況下，一方面，貨幣當局在制定貨幣政策時需要考慮這種放大機制的影響，控制貨幣政策力度；另一方面，可以改變金融加速器機制作用實現的條件。根據前面的理論分析我們可以發現，金融加速器機制本質上是一種信用機制，從這一層面看，我們要加強信用體系的建設和信息工程建設。另外，要發展多層次的資本市場，拓展企業融資渠道，為穩定經濟創造有利條件。

最後，過度的美元化，實質上是喪失了經濟體的貨幣主權，失去了獨立的貨幣政策，而該經濟體，特別是新興市場經濟體，金融市場相當脆弱，一旦面對外部經濟衝擊，無法採取積極具有針對性的措施以應對。與此同時，美元化的經濟體的貨幣政策往往受到美國的貨幣政策主導和影響，美國的貨幣政策是以美國的利益為導向的，而新興市場經濟體與美國的經濟規模結構的差異又勢必造成這種貨幣政策與這些國家的利益在一定層面上的不協調。因此，對於美元化，我們應該採取審慎的態度，應更理性地看待美元化帶來的利益和經濟體獨立貨幣政策對經濟發展的長遠作用。

3 影子銀行與中國貨幣政策傳導

2007—2009年，始於美國的金融危機在全球範圍內爆發，本輪金融危機不僅讓各個經濟體認識到金融市場與實體經濟間的複雜關聯性，也讓全球的監管層和投資者開始感受到存在於監管之外的影子銀行體系。影子銀行最早由美國太平洋投資管理公司執行董事 Mc Culley 提出，並被全球金融穩定理事會（Financial Stability Board，FSB，2011）界定為遊離於監管體系之外，可能引發系統性風險和監管套利等問題的信用仲介體系。

後危機時代，國際學術界對次貸危機進了積極的反思與探討。馬克思在其經典著作中詳細論述了虛擬資本問題，虛擬資本的形成、發展、存在形式對經濟發展有著巨大影響，馬克思主義金融危機理論認為此次危機中虛擬資本的泡沫化最終導致了危機的發生，本質上講，影子銀行體系大量創造的證券化虛擬資本是金融危機發生的重要推手。現代西方經濟理論認為，金融危機的根源可以在一定程度上歸結為美國龐大的影子銀行體系，如投資銀行創造出的資產支持證券和擔保債務憑證等金融產品將信貸資產移出表外，並以高槓桿釋放於市場，類似的金融創新產品在實現信貸擴張的同時，也不斷積聚信用與兌付風險，資金鏈一旦在其中一個環節斷裂，系統性金融風險便顯現出來，從而導致危機的發生。

中國式影子銀行的出現最初支持了金融改革與創新，在金融抑制的背景下，影子銀行擴充了金融體系，豐富了金融服務行為，實質上成為了一種改革策略，這種策略的目的是發展銀行系統外的基於市場的存貸款業務，影子銀行產品與銀行信貸產品在利率上的長期差異，成為推進中國利率市場化的倒逼力量。例如，銀行理財業務的出現就是規避存款利率最高上限監管的結果，其典型特徵就是期限較短，並配以相對銀行存款更高的收益來吸引投資者進行交易。信託業務相較於銀行信貸業務來說也是一種選擇，在這裡，信託公司根據之前約定的標的物、目的、數量、期限和利率來投資客戶的資產，不管是銀行理財業務還是信託業務，本質上都屬於繞道利率限制的行為，並在一定程度上

抵消掉了部分金融抑制的影響。

中國影子銀行快速增長的一個更為重要的原因是監管套利。特別是，2012年以來，源於監管套利的驅使、中國影子銀行體系的快速擴張。為了應對2008—2010年全球金融危機而推出大規模刺激計劃之後，中國政府開始治理由於刺激計劃而出現的通貨膨脹問題。2010—2011年，中央銀行實行了緊縮的貨幣政策，在此期間，銀行存款準備金率被調高了12次，最終，大型金融機構存款準備金率在2011年6月創下了歷史的最高點，達到21.5%。銀行業開始減少信買的投放，造成發展迅速的中國實體經濟的信貸資金需求難以得到充分滿足，在此過程中，商業銀行通過銀信合作、理財產品等渠道將信貸資產打包出售，提供給通過傳統渠道無法獲得貸款的高風險企業，此外，中國中小企業因其風險抵抗能力差而普遍面臨融資難的困境，使得中小企業只能借助於影子銀行系統來融資。

在一個典型的影子銀行信貸鏈條中，一家信託公司通過財富管理產品獲得資金，然後貸給借款者。因為財富管理產品在監管體系之外，所以能夠給個人投資者提供有吸引力的收益，此時，信託公司不需要面對利率的監管，也不需要受制於貸款的配額約束或者是滿足存貸比率的要求，它們面對的僅僅是更為寬鬆的監管，這些貸款渠道因為監管套利和市場需求而增長得很快，當然，也在一定程度上支持了經濟的增長，但因這些貸款渠道不受監管的直接約束，其快速的擴張也為中國貨幣政策以及金融監管帶來了挑戰。

從普遍接受的觀點來看，廣義上的中國影子銀行體系涉及的主要機構為商業銀行、證券公司、信託公司及其他非銀行金融機構等，主要影子銀行產品為銀行表外理財產品、委託貸款、未貼現銀行承兌匯票、證券公司理財產品、信託貸款等。截止2016年年底，中國影子銀行信貸規模預計為60萬億元到70萬億元，佔整體信貸的比重已從2006年的10%大幅提高到33%。從2011年年底到2015年年底，中國影子銀行規模從17.2萬億元增長到53.4萬億元。其中銀行表外理財產品從2012年年底的2.8萬億元增長到2015年年底的12.4萬億元（為避免重複統計，銀行表外理財產品扣除了基礎委託貸款和信託貸款），委託貸款從2011年年底的4.4萬億元增長到2015年年底的10.9萬億元，未貼現銀行承兌匯票從2011年年底的4.5萬億元增長到2015年年底的5.9萬億元，證券公司理財產品（為避免重複統計，證券公司理財產品扣除了基礎委託貸款和信託貸款）從2012年的0.9萬億元增長到2015年年底的9.2

萬億元，信託貸款從 2011 年年底的 1.6 萬億元增長到 2015 年年底的 5.4 萬億元。①

中國影子銀行體系的快速擴張，已逐步成為影響貨幣政策有效性的重要力量，貨幣政策是貨幣當局進行宏觀調控的重要手段之一，貨幣政策的傳導需要借助於中間金融機構，政策工具通過中間金融機構作用於經濟主體，最終影響宏觀經濟總體變量。影子銀行作為金融市場中的中間金融機構，特殊的信用仲介屬性導致其遊離於監管之外，且體量龐大，在應用傳統的貨幣政策工具如貨幣供應量管理時，受信貸規模統計不完整的影響，這一中間變量無法被有效追蹤，貨幣政策的有效性在一定程度上可能受到影響。因此，聚焦於中國非標準的貨幣政策、傳統銀行部門和影子銀行之間的多種作用形式，分析包含影子銀行的貨幣政策傳導機制已成為值得我們深入探討和研究的問題。

3.1 理論基礎

3.1.1 貨幣政策傳導機制

貨幣政策的傳導機制在西方學術界得到廣泛的研究，並取得了豐富的理論成果，從「貨幣」與「銀行信用」兩個角度出發，貨幣政策的傳導機制主要分為利率傳導渠道、資產價格傳導渠道以及信貸傳導渠道，此外，匯率傳導渠道在各國經濟高度開放的當代起到重要作用，值得注意的是，馬克思主義貨幣政策傳導機制在當今宏觀經濟調控中也具備較好的政策解釋力。

（1）利率傳導渠道

利率傳導渠道理論的核心一方面在於考慮利率的不同狀態對貨幣政策的影響，另一方面在於貨幣政策通過影響利率這一中間變量來影響產出活動。該理論可追溯到自然利率假說，由維克塞爾提出，認為貨幣政策並不一定總是有效的，當出現貨幣利率與自然利率相等的情況時，貨幣當局執行貨幣政策是無效的。

隨著凱恩斯 IS-LM 模型的建立，西方學者逐漸認識到有效需求的不足是經濟衰退的重要原因，而貨幣政策的調節是可以影響有效需求的，利率傳導渠道理論的核心在於，經濟體中貨幣供應量的不斷變化將使利率隨之變化，如貨幣當局實施擴張性的貨幣政策時，市場利率隨著貨幣供應量的增加而下降，企

---

① 數據來源：穆迪投資者服務公司於 2016 年 4 月所作的《中國影子銀行季度監測報告》。

業融資成本下降，有效需求得到刺激，乘數效應的存在促進了經濟的擴張和國民收入的增加。

(2) 資產價格傳導渠道

資產價格傳導渠道理論的核心觀點來源於針對貨幣政策工具影響變量的思考，在一個完善的市場尤其是資本市場體系中，各類資產的存在滿足形形色色的市場參與主體的投資需求，通常市場被認為是有效的，資產的配置受其價格影響並自發調節，貨幣政策工具產生的政策壓力最終反應在資產價格上，參與主體資產配置的不同選擇又連續作用於經濟活動中的投資與消費，最終，貨幣當局通過貨幣工具影響了資產配置結構、投資與消費，並最終影響整個經濟的產出和收入。

理論主要包括Tobin（1965）的q理論和Franco Modigliani（1971）的財富效應理論。q理論主要考量的指標是企業價值，認為企業在選擇繼續購置設備進行生產還是選擇持有企業股票時考慮到的應是企業的市場價值與資本的重置成本，q為兩者之間的比值，q大於1時，說明購建新廠房、購置新設備的成本比較低，企業將增大投資。在擴張性貨幣政策下，中國人民銀行增大貨幣投放，較多的貨幣流向資本市場，股票市場整體價值升高，此時，企業的市場價值大於資本的重置價值，表現為q大於1，在實際經濟活動中，企業新增投資規模逐漸擴大，促使產出和收入增加。

財富效應渠道理論以生命週期假說為依據，莫迪利安尼認為貨幣政策的變化引起消費者金融資產配置的變化，這裡的金融資產被作為家庭財富來衡量，貨幣當局執行緊縮的貨幣政策時，股票價格將不可避免地下降，衡量家庭財富的金融資產縮水，消費較小，有效需求受到抑制，經濟過熱現象得到緩和；反之，則刺激經濟的增長。

(3) 信貸傳導渠道

現實的金融市場運行並不總是如經濟學模型設定的那樣，金融摩擦廣泛存在於市場運行當中，商業銀行信用仲介的職能便是對信貸雙方信息不對稱以及違約問題的解決，西方學者在關注微觀層面的金融摩擦問題時研究了信貸市場在貨幣政策傳導中的渠道作用。Bernanke、Blander（1988）認為信貸傳導渠道一方面體現在銀行信貸渠道上，經濟活動包含不計其數的商業企業，企業規模和業務的擴大離不開資金融通，在貨幣當局執行寬鬆的政策時，貨幣供應量增大，銀行可用於信貸的資金量增加，商業企業獲得貸款的資金量得以增加，便利的融資有助於企業生產的擴張、經濟活動的繁榮。另一方面，Bernanke等（1996）在研究貨幣政策傳導機制時提出了考慮企業財務狀況時的一種傳導渠

道，即在信貸傳導渠道中，另一個比較重要的組成部分為資產負債表傳導，理論建立的基礎仍是企業投資支出活動的影響因素，在貨幣政策寬鬆的時期，往往存在企業價值上升的現象，更為直接的是，市場流動性高，企業直接融資成本下降，負債相應降低，表現為企業資產負債表狀況改善，面臨的信息不對稱與違約風險問題相應地得以緩和，企業較容易獲取商業銀行貸款，投資支出增加，國家產出水準隨之升高。

(4) 匯率傳導渠道

匯率機制、匯率政策在當今經濟環境下對貨幣政策的有效性有著至關重要的影響，蒙代爾弗萊明-模型對此有較為深刻的研究，模型的核心在於研究一個經濟體在採用不同的匯率政策時，貨幣政策有效性是否受到影響或是衝擊。當然，蒙代爾弗萊明-模型研究的前提是開放經濟條件的假定。

在不同匯率制度的選擇下，貨幣政策的匯率傳導渠道可概括為：第一，如果採取固定匯率制度，執行貨幣政策時，國與國之間的利率差異會形成較大規模的資本流動，貨幣政策的效果將隨著國際資本的流動達到新的平衡，這種平衡往往是對政策預期效果的一種負面衝擊，也就是說，在開放經濟的條件下，貨幣管理當局即使使用了貨幣工具進行調控，其效果也將是被削弱直至無效；第二，一國採用浮動匯率制度，如果此時貨幣管理當局採用寬鬆的貨幣政策，就會使國內利率下降，資本項目發生淨流出，本幣貶值，出口增加，刺激總需求，產出和就業增加。

(5) 馬克思主義的貨幣政策傳導機制

有必要指出的是，與西方現代貨幣政策傳導理論相比，馬克思主義經濟學有著不同的理論內涵，並在實際經濟調控中有著獨特的解釋力，馬克思在其著作中並沒有關於貨幣政策傳導的明確描述，而是在他的宏觀經濟框架分析中體現。

馬克思指出：「……只要銀行的信用沒有動搖，銀行在這樣的情況下通過增加信用貨幣就會緩和恐慌，但通過收縮信用貨幣就會加劇恐慌。」[1] 可見，馬克思在分析危機問題時蘊含著一種貨幣政策思想，即在銀行信用有效的前提下，認為貨幣供給的增加可以在一定程度上緩解資金緊張問題，有助於平衡恐慌情緒以及恢復經濟，這在一定程度與增加流動性的擴張性貨幣政策相對應。

在貨幣政策傳導思想方面，馬克思說：「要使貨幣能夠轉化為生產資本的要素，這些要素必須是在市場上可以買到的商品……只要有訂貨的刺激……它

---

[1] 馬克思. 資本論：第3卷 [M]. 北京：人民出版社，2004：485-486.

們的生產就可以進行。於是，貨幣就能引起擴大再生產。」① 其中蘊含著馬克思關於貨幣政策傳導的思想，即在銀行信用有效的情況下，貨幣供給只有經過一定的傳導途徑才能引起擴大再生產的發生，而這個傳導途徑便是通過存貨投資的增加來實現的。

馬克思將經濟發展區分為正常發展和經濟衰退兩個不同時期，貨幣在每個經濟發展時期並非扮演同樣的角色，經濟由繁榮到衰退的原因並不完全是新增投資需求的衰減或是不足，存貨投資的不足才是經濟衰退深層次的原因。因此，馬克思主義貨幣政策傳導機制認為貨幣擴張的主要作用是促進存貨投資的價值實現，這在解釋宏觀政策上具有一定的說服力。

3.1.2 影子銀行與貨幣政策

(1) 影子銀行的界定

目前，國際上對影子銀行尚沒有統一的定義，美國太平洋投資管理公司（PIMCO）執行董事 Mc Culley 於 2007 年在美聯儲年度會議上首次提出影子銀行體系概念，並將其初步概括為規避美聯儲直接監管並帶有槓桿的非銀行投資渠道、工具和結構。歐盟委員會（European Commission, 2012）在研究此類問題時，考慮了參與主體機構以及參與的金融品種的不同，並做了相應概念上的界定，認為前者包含一般意義上的基金、槓桿化的基金以及資產證券化的參與主體等，後者的內涵則是證券化業務、回購業務以及商業銀行之外的信貸業務等。金融穩定理事會（Financial Stability Board, 2011）將影子銀行界定為遊離於監管體系之外，可能引發系統性風險和監管套利等問題的信用仲介體系。不同國家因面臨的政治經濟環境、貨幣政策、金融市場體系以及監管行為不同，其影子銀行體系的參與主體和參與形式隨之出現了分化，且隨著經濟發展速度的變化，一個國家影子銀行體系的內涵也隨之發生動態變化，因此，現階段，對於影子銀行體系，國際上並不存在一個統一的評價標準。

不管是國際還是國內，影子銀行的一個核心特徵都是具備進行信用創造的仲介職能，與中國影子銀行體系不同的是，國外影子銀行體系在發揮其信用仲介職能時利用較多的是結構化的金融創新品種。Tucker（2010）就影子銀行的職能問題進行了研究界定，認為其包含一系列的參與主體，當類似的市場主體具有商業銀行的信用仲介能力，且不在政策的監管體系內時，便成為了影子銀行體系，市場中這部分金融機構和相應產品的特點是具有結構化體系，且通常

---

① 馬克思. 資本論: 第 2 卷 [M]. 北京: 人民出版社, 2004: 551.

作為一種信用市場的流動性補充。Pozsar（2010）在對影子銀行進行界定時，認為該體系在政策監管和參與主體上帶有一定的特殊性，並依據上述兩種特性可對影子銀行體系進行梳理。研究者認為，一方面，影子銀行在實際運行中是隔離於管理當局的金融機構，在經營中並不接受貨幣管理當局的指導，相應的央行貨幣工具的實施也不能有效地影響到影子銀行體系；另一方面，在本質上，影子銀行是由金融仲介創造的包含標的物、目的、數量、期限和利率的創新品種，具備上述產品創造和投向市場能力的參與主體或者說是金融機構形成了影子銀行體系。

與國外以資產證券化、結構化產品等金融創新為基礎的影子銀行體系不同，中國式影子銀行複雜程度相對較低，主要是對金融抑制環境下商業銀行表內業務的一種補充。巴曙松（2012）對信用創造的參與主體進行了界定，認為中國影子銀行包括銀行理財業務、信託公司、財務公司、委託貸款等出表業務、融資擔保公司等非銀行金融機構。中國人民銀行（2013）對影子銀行進行界定時採取了巴曙松（2012）制定的界定標準，並提出產生於金融市場的不斷完善的中國影子銀行體系，在滿足市場融資需求和拓寬居民投資渠道兩方面有著正面意義。

（2）影子銀行產生的原因

多數學者認為影子銀行產生的原因是市場上資金的供給遠大於金融市場所能提供的安全投資品種，過多的資金追逐流動性強且安全性高的金融資產，激勵市場參與主體尤其是商業銀行將信貸資產打包、分層出售，以資產證券化的形式滿足市場投資需求（Greenwood，2012）。此外，影子銀行的產生也蘊含著一種商業邏輯，成為金融市場發展的必然，Calmès、Théoret（2011）認為商業銀行的經營目的是實現利潤最大化，追逐利潤的商業本質使傳統銀行利用表外活動擴展業務規模成為一種必然，並最終形成影子銀行體系。

Cetorelli、Perstiani（2012）在測算美國近30年的影子銀行活動時發現，以資產證券化為主要金融創新的影子銀行的發展離不開美國商業銀行的發展，兩者間存在著直接的相關關係。此外，從美式影子銀行產生的原因看，諸如金融危機中廣受詬病的資產證券化之類的金融工具，過分低估的風險溢價水準使此類產品的發行存在套利的可能性，因此影子銀行體系的產生可以看成是一個套利行為。Coval（2009）、Pozsar（2010）、Schwarcz（2012）認為銀行將信貸資產分層打包出售，此類資產便由受監管的資產負債表內資產變為不受資本監管限制的表外資產，銀行由此實現監管套利，獲取最大收益。近期，國外學者也逐步開始研究中國影子銀行問題，並就金融自由化對影子銀行的抑製作用進

行模型分析。Funke 等（2015）將一個與 Verona 等（2015）相似的模型進行擴展，基於中國的現實狀況修正模型，發現商業銀行利率管制的加強刺激了影子銀行信貸規模的擴張。

與國外影子銀行產生的原因相比，中國層面既有金融創新與監管套利的驅動，又有著其獨特的體制及政策因素。黃益平等（2012）在探討中國式影子銀行時，將主要關注點放在信託貸款上，認為金融創新促進了影子銀行的發展。周莉萍（2012）在界定影子銀行範疇時，充分考慮了參與主體（如金融機構）的功能特性，中國的影子銀行體系並不像國外一樣包含廣泛的金融創新活動，其更多是一種商業銀行模式的承接和替代，而商業銀行的本質功能是連接資金需求方與資金擁有方，信貸業務是其主要業務模式，影子銀行則是在商業銀行信貸不足以滿足市場融資需求或者受監管政策原因無法進行信貸擴張時對信貸業務的一種補充。劉煜輝（2013）認為，中國的影子銀行的產生有其體制原因，主要是金融危機後，中國對正規的信貸系統加緊約束，逐步收緊的信貸調控使地方政府項目資金困難，商業銀行畏懼壞帳，但仍然具有繼續貸款的動機，最終，商業銀行選擇繞道將非信貸資產打包給地方政府債務平臺，商業銀行表外資產、信託、券商資產管理等成為影子銀行的資金輸出渠道。賀軍（2011）認為，中國影子銀行的產生與中國的貨幣政策刺激有關，中國政府採取積極的財政政策和寬鬆的貨幣政策，低利率的市場運行狀態催生了影子銀行的產生。

（3）影子銀行的運行機理與宏觀效應

影子銀行體系在運行過程中有著其自身的微觀機理，認清其微觀機理才可以更好地理解影子銀行在金融市場中的職能。在影子銀行信用仲介職能的發揮過程中，多數參與主體涉及金融創新品種如結構化產品、槓桿化運作等，其特殊的金融創新屬性成為了影子銀行的微觀運行機理。在描述影子銀行微觀運行機理時，大部分學者著眼於其特有的運作模式，在美國影子銀行體系中，參與主體涉及銀行、投行以及基金等，涉及的金融產品覆蓋證券化產品、銀行表外對接資產等，其相應形式也可以歸納為短期債務融資與長期資產投資的有效結合。此外，Pozsar 等（2010）認為，商業銀行向市場發起貸款是影子銀行信用創造機制的運行開端，此後，其通過證券化等形式將具備一定風險的長期銀行貸款轉換為短期貨幣市場工具，並最終以批發性融資的模式投向市場，至此，影子銀行也相應地實現了微觀運行層面的信用仲介職能。

袁增霆（2011）認為，與國外影子銀行以高槓桿的金融創新工具為中心的運行機制不同，中國影子銀行以商業銀行體系的理財產品為中心。中國影

銀行一個典型的信貸鏈條是，信託公司通過理財產品和信託產品從投資者手中聚集資金，許諾以較高的收益，然後直接貸放給未滿足銀行貸款要求的公司。中國影子銀行體系主要通過零售渠道融資（張明，2013），中國影子銀行融資方主要為地方政府融資平臺、房地產開發商以及其他中小企業等，影子銀行產品的投資方主要為居民個人，投融資仲介則是通過金融創新規避監管的金融創新主體。

對影子銀行體系微觀機理的認識使得對其宏觀效應的研究成為可能，部分文獻就影子銀行體系的貢獻上達成了共識，從宏觀經濟發展的角度看，影子銀行作為金融體系的一種補充，其規模的不斷擴大帶有市場的認可與需求，並且符合現代金融發展中的風險管理、產業化等內涵。但影子銀行的快速擴張也集聚著風險，美國前財政部部長蓋特納在分析2008年金融危機時發現美國影子銀行體系的信用創造加速了危機的形成和演化。

我們還應關注到影子銀行體系固有的脆弱性及其如何波及整個金融體系而引發金融危機，由於高槓桿率、潛在經營風險大、對流動性的依賴、缺乏明確的政府支持等因素，影子銀行體系在金融動盪條件下容易產生系統性風險，可能傳導到商業銀行體系，進而引發金融危機（Baily，2008；IMF，2008；Reinhart，Rogoff，2008）。Nersisyan與Wray（2010）在研究商業銀行行為時，認為銀行在追求利潤的商業實質的驅動下，產生了規避監管的行為，過多地參與此類帶有較大風險的行為，在銀行系統內集聚了風險，並通過一系列的信用創造活動傳導到整個金融體系。Hsu、Moroz（2010）、Pozsar（2011）認為，影子銀行參與主體可以分為存款方和借款方，借款方通常為高風險企業，同樣，存款方往往是風險辨別能力較強的金融機構，通常，機構投資者在資金、風險控制能力以及專業管理能力上具有先天的優勢，一旦識別到異常的風險，敏感的機構投資者會迅速採取行動，撤出市場，由於資金體量巨大，且大批機構投資者的撤出將觸發市場跟風行為，容易誘發和加劇擠兌危機。Schwarcz（2012）認為，金融市場的創新與發展使得市場參與主體眾多，不同的參與主體最終形成了市場分層，其中複雜的聯結關係以及隱密性強的參與主體，容易在危機或是恐慌來臨時誘發系統性金融風險，這在一定程度上支持了影子銀行體系的風險效應。

與國外學者關於影子銀行較強風險集聚能力的定論不完全一致的是，在評價中國影子銀行體系滿足中國金融發展需求的作用方面，巴曙松（2013）認為，中國影子銀行雖然在期限轉換和信用創造方面具有一定的風險，但中國的影子銀行體系並未逃離政府的監管範圍，期限錯配引發違約風險的概率並不

大，也不具備引發系統性金融風險的規模，中國的影子銀行體系更多是服務融資多元化的金融創新，亦可打破現有的政策框架，實現金融改革的深水區推進。但隨著中國影子銀行規模的不斷擴大以及參與主體的日趨增多，其應對金融風險的傳導能力與集聚能力已逐漸被中國監管層以及社會大眾所重視，龔明華等（2011）認為，單一市場如影子銀行風險能否集聚成系統性金融風險，主要取決於防火牆機制是否形成，但目前來看，中國影子銀行體系與商業銀行體系聯繫緊密，其業務本質上仍然是對傳統信貸業務的補充，商業銀行的表外業務深度參與了影子銀行的信用創造，真正的防火牆機制並未形成，影子銀行風險並未完全得到隔離。

（4）影子銀行與貨幣政策傳導

上述國內、國外文獻對影子銀行體系的界定、成因、微觀機理及一般宏觀效應進行了梳理，在較多研究中，國內外學者就其對貨幣政策傳導的影響也進行了理論與實證分析。

貨幣政策有效性的研究主要集中在預期目標能否達到以及其效果是否受到影響兩個方面。就貨幣政策的理論有效性來看，貨幣主義的代表人物弗里德曼認為貨幣政策長期無效，但在短期內有效。巴曙松（2000）認為貨幣政策目標能否順利實現是討論政策有效性的重要參考指標，實質上取決於是否在合適的時機選擇了恰當的政策工具，並最終通過一系列中間變量影響到社會總需求和國民產出水準。吳金友（2011）利用模型研究了中國貨幣政策對於經濟活動的影響，在納入貨幣供應量以及利率、物價等指標後認為貨幣政策對於國民生產總值的影響是顯著的，但對於貨幣政策對物價的影響並不能做出定論性的判斷。

從貨幣政策在實際執行過程中的有效性來看，Bijapur（2010）在研究貨幣政策對美國經濟是否產生影響時構建了向量自迴歸估計模型，在納入足夠多的變量後測算美國近段歷史中被認定的幾次經濟危機中，貨幣政策對整個美國國民經濟的影響。Fana（2011）使用脈衝回應函數等計量分析方法研究了中國貨幣政策對全球經濟的貢獻，集中討論了中國非標準的貨幣政策對中國經濟的影響。張雪蘭、楊丹（2010）追蹤了中國數十年的數據，就不同時期的經濟發展狀況與貨幣政策進行比照研究，認為中國貨幣政策在預期效果上並不理想，主要原因可能在於中國宏觀經濟環境的特殊性，建議從政治、立法以及市場監管等宏觀和微觀層面進行改善。

現有的研究表明影子銀行對貨幣政策傳導及效果的影響是存在的，中國式的影子銀行也存在同樣的現象。Verona（2011）建模驗證了貨幣政策與影子銀

行存在一定的作用關係，並給出了相應結論，認為貨幣政策處於擴張時將加速影子銀行體系的發展。Sheng（2011）證明了影子銀行的規模不斷擴張，將通過一系列複雜程序對貨幣供應量產生衝擊，並最終對貨幣政策效果產生影響，認為貨幣當局在制定貨幣政策時應將影子銀行體系考慮進來。更加準確地講，Adrian 與 Shin（2009）認為影子銀行具有一定的流動性和創造能力，其創造的信用媒介形成的市場流動性可以增加貨幣供給。Sheng（2010）在研究中提供了影子銀行體系對貨幣供應量存在放大影響的證據，認為該體系的貨幣創造的數量可能會過量。

路振心、馮科（2012）針對貨幣當局對影子銀行的準確把握度方面做了深入研究，認為影子銀行的存在對貨幣政策傳導機制是有顯著影響的，並針對影子銀行的監管不透明問題給予了一定的政策建議。Hsu（2010）立足於同業回購協議的信用創造過程，分別從靜態和動態角度出發探討貨幣政策與影子銀行發展之間的作用關係，並由此提出政策建議。Funke 等（2015）基於影子銀行削弱貨幣政策有效性的考慮，認為利率自由化是解決此問題的關鍵，這一政策的實施可以吸引存款迴歸商業銀行部門，在一定程度上抑制了影子銀行體系的擴張，具體政策安排可以是：利率自由化、取消貸款體量限制以及頻繁的窗口指導。

李波、伍戈（2011）認為影子銀行對貨幣政策的影響主要從金融穩定渠道、對貨幣政策的調控目標、貨幣政策的工具效力以及資產價格之間的關係四個方面傳導，與此同時，國內研究廣泛使用時間序列工具，對該體系在各個方面的影響進行個別研究。從影子銀行對貨幣政策的利率傳導機制的影響上看，楊小平（2012）通過對中國信貸總量以及影子銀行體量的統計梳理，發現影子銀行體系在中國信貸體系中扮演著越來越重要的角色，體現為融資體量占比越來越多，並且，規模的不斷擴大，對傳統貨幣政策傳導渠道如利率傳導機制造成干擾，並在一定程度上打破了貨幣管理當局的政策預期或是防礙了政策目標的實現，建議在執行貨幣政策時將影子銀行納入考慮，並針對系統性金融風險進行預防，提出宏觀審慎監管的政策安排。湯克明（2013）在研究影子銀行體系與貨幣政策傳導時發現，影子銀行對基礎數據（如貨幣供應）造成數據統計上的干擾，認定貨幣政策的有效性將受其影響，從而認為影子銀行是一種蘊含較大風險的金融體系。

上述研究對影子銀行體系的宏觀效應進行了充分的討論，但其中，構建結構性宏觀經濟模型的理論研究並不多見。由於影子銀行本質上仍是一種信用仲介活動，貨幣政策傳導機制同樣可以運用到影子銀行這一信用創造體系之中。

近年來，一些學者開始將引入金融仲介部門的 DSGE 框架應用於影子銀行體系的宏觀建模。Verona 與 Manuel（2011）在研究貨幣政策週期與影子銀行體系之間的關係時引入 DSGE 模型，結果顯示貨幣政策的運行受到影子銀行體系的影響較大。Meeks 等（2014）假定商業銀行通過證券化將有風險的貸款轉移給影子銀行表外業務，研究由此造成的金融不穩定性。Mazelis（2014）著重分析影子銀行的金融仲介職能，假定影子銀行部門必須通過搜尋匹配機制獲得家庭部門的資金，考察了貨幣政策衝擊的問題。Verona 等（2013）在其有影響力的研究中，使用金融加速器模型分析美國經濟中的影子銀行體系，假定經濟中存在提供資金給高風險廠商的零售銀行的同時，也存在投資於低風險廠商的影子銀行部門，著重考察了由長期低利率水準所導致的繁榮-蕭條週期以及影子銀行在其中的作用。

與國外學者在宏觀建模上所做的努力相一致，發生金融危機以來，國內學者就中國式影子銀行與貨幣政策之間的影響關係的針對性地採用了實證研究方法，陳劍、張曉龍（2012）在研究貨幣政策傳導機制與效果時納入影子銀行體系作為考慮因素，採用結構向量自迴歸（SVAR）模型研究影子銀行體系對貨幣政策傳導機制、貨幣政策執行效果的影響，結果表明影子銀行對金融體系的健全以及經濟的發展起到了一定的正向作用，但對貨幣政策效果產生一定的負面影響。李向前等（2013）則使用了向量自迴歸（VAR）模型，值得注意的是，其在研究中使用了較窄的統計口徑，基於數據的可獲取性，以委託貸款規模與信託貸款規模作為統計標準，由此為依據建模，探究影子銀行與貨幣政策之間的關係。毛澤盛、萬亞蘭（2012）沒有直接針對影子銀行和貨幣政策之間的關係進行描述，但值得注意的是，其研究使用了數據模擬方法研究中國商業銀行與影子銀行在規模和運行上的作用關係。

近期，國內學者也逐步開始利用 DSGE 模型刻畫中國式的影子銀行體系，並融合了中國宏觀經濟運行、貨幣政策實踐和金融改革中的現實因素。襲翔、周強龍（2014）認為影子銀行的流動性由商業銀行提供，並在金融體系中充當著信用仲介的作用，將信貸市場的參與企業劃分為高風險和低風險兩類，影子銀行作為商業銀行體系的延伸，是信貸投放在高風險層面的擴張。應在其 DNK- DSGE 框架下研究金融仲介部門，並將影子銀行體系納入其中，分析貨幣政策傳導將受到的影響。研究發現，加息週期產生的衝擊可以收縮商業銀行信貸規模，但另一方面，高風險偏好的影子銀行體系應相應地承擔起更多的信貸活動，並且認為影子銀行體系在信用創造上具備逆週期的特性，這一特性的存在將在一定程度上影響貨幣政策的有效性，並在實質上起到削弱貨幣政策有

效性的作用，對經濟活動產生直接影響。

3.2 基本模型

模型經濟中包括六種類型的行為人，分別是耐心家庭、不耐心家庭、企業家、銀行、廠商和中央銀行。耐心家庭提供勞動、消費，累積物質資本，購買住房，為儲蓄銀行提供儲蓄資源。不耐心家庭不儲蓄，反之從借貸銀行處借入，同時面對著抵押品約束。企業家從借貸銀行處借入，累積物質資本和住房，同樣面對抵押品約束。中央銀行根據利率規則設定政策利率。模型中存在兩種金融摩擦，第一種是不耐心家庭和企業家受到借入約束，限制了它們從借貸銀行處借入的資金量，第二種是銀行受到信用約束，限制了它們從耐心家庭處的借入量。

3.2.1 廠商

假定經濟中存在競爭性的最終產品廠商，生產可以自由轉換為消費品、投資品、政府支出，或是用於資本利用成本、調整成本和監督成本等成本消耗的最終產品。代表性最終產品廠商使用 Dixit-Stiglitz 技術將中間產品 $Y_{i,t}$ 轉換為最終產品 Y_t，如式（3-1）所示：

$$Y_t = \left[\int_0^1 Y_{i,t}^{1/\lambda_f} di\right]^{\lambda_f} \tag{3-1}$$

其中，λ_f 表示中間產品廠商的加成。最終產品廠商將產出價格 P_t 和投入價格 $P_{i,t}$ 作為給定，選擇 $Y_{i,t}$ 最大化其利潤。由利潤最大化問題可得到 $Y_{i,t}$ 的需求函數（3-2）：

$$Y_{i,t} = \left(\frac{P_{i,t}}{P_t}\right)^{\lambda_f/(1-\lambda_f)} Y_t \tag{3-2}$$

其中，$P_t = \left[\int_0^1 P_{i,t}^{1/(1-\lambda_f)} di\right]^{1-\lambda_f}$。

假定每種差異性的中間產品由特定的中間產品廠商 $i \in [0, 1]$ 以式（3-3）所示的生產技術生產：

$$Y_{i,t} = z_t K_{i,t}^{\alpha} N_{i,t}^{1-\alpha} \tag{3-3}$$

其中，K_t 和 N_t 是資本服務和勞動投入，α 是前者的收入份額，z_t 是服從一階自迴歸過程的技術水準。假定資本投入由高風險和低風險廠商（企業家）供給的資本 $K_{i,t}^H$ 與 $K_{i,t}^L$ 組合得到，如式（3-4）所示：

$$K_{i,t} = [\eta (K_{i,t}^H)^\rho + (1-\eta)(K_{i,t}^L)^\rho]^{1/\rho} \qquad (3\text{-}4)$$

式（3-4）中，ρ 表示兩種類型資本間的替代程度。中間產品廠商的問題是，選擇 $N_{i,t}$、$K_{i,t}^H$ 和 $K_{i,t}^L$，最小化成本 $W_t N_{i,t} + r_{K,t}^H K_{i,t}^H + r_{K,t}^L K_{i,t}^L$ 受約束於生產函數（3-3）和等式（3-4）。由一階條件可得到關於邊際成本的表達式（3-5）：

$$mc_t = \left(\frac{W_t}{1-\alpha}\right)^{1-\frac{\alpha}{\rho+\alpha(1-\rho)}} \left[\frac{\alpha}{r_{K,t}^H}(K_{i,t}^H)^{\rho-1}\right]^{-\frac{\alpha}{\rho+\alpha(1-\rho)}} (Y_t)^{\frac{\alpha(\rho-1)}{\rho+\alpha(1-\rho)}} \frac{\rho}{\rho+\alpha(1-\rho)} \qquad (3\text{-}5)$$

假定中間產品廠商以 Calvo（1983）交錯定價的方式設定價格。每個時期，僅有比例為 $1-\xi_P$ 的廠商能夠重新定價，無法重新設定價格的廠商的價格以如式（3-6）所示的方式進行部分指數化運動：

$$P_{i,t} = P_{i,t-1}(\pi)^{\iota}(\pi_{t-1})^{1-\iota} \qquad (3\text{-}6)$$

其中，$\pi_t = P_t/P_{t-1}$ 表示通貨膨脹率①，ι_t 表示價格隨穩態通貨膨脹指數化調整的程度。能夠重設價格的中間產品廠商可選擇 $\tilde{P}_{i,t}$ 最大化預期利潤，如式（3-7）所示：

$$E_t \sum_{t=0}^{\infty} (\beta \xi_P)^t \lambda_t (P_{i,t} - P_t mc_t) Y_{i,t} \qquad (3\text{-}7)$$

受約束於需求函數（3-2）。② 由於所有廠商選擇相同的最優定價 $\tilde{P}_{i,t}$，總價格水準滿足式（3-8）：

$$P_t = \{(1-\xi_P)\tilde{P}_t^{1/(1-\lambda_t)} + \xi_P[P_{i,t-1}(\pi)^{\iota}(\pi_{t-1})^{1-\iota}]^{1/(1-\lambda_t)}\}^{1-\lambda_t} \qquad (3\text{-}8)$$

經濟中的資本存量 $\bar{K}_t$ 由競爭性的資本生產廠商生產。時期 t 的新建資本在時期 $t+1$ 才具有生產能力。資本生產廠商將投資品和購買自廠商的未折舊資本相結合，用來生產新資本，並將資本出售給廠商。在時期 t 末，資本生產者從廠商手中購買經濟中存在的資本 $x_{K,t}$，從最終產品廠商處購買投資品 I_t。它們將這些投入相結合生產新的資本 $x_{K,t}'$，服從如式（3-9）所示的運動規則：

$$x_{K,t}' = x_{K,t} + \varepsilon_{I,t}\left[1 - S\left(\frac{I_t}{I_{t-1}}\right)\right] I_t \qquad (3\text{-}9)$$

等式（3-6）假定在將投資品轉換成新資本時存在著二次型的調整成本，$S(I_t, I_{t-1})$ 是將投資轉換為物質資本的函數，滿足 $S''(1) > 0, S(1) = S'(1) = 0$，$\varepsilon_{I,t}$ 是平穩的投資專有技術衝擊，服從一階自迴歸過程。

---

① 在不引起混淆的前提下，忽略時間下標的變量表示該變量的穩態值。
② 求解以上 Calvo 問題可以得到一個通常的部分指數化形式的一階條件，考慮到正文篇幅，此處略。

資本生產者對於 I_t 的一階條件如式（3-10）所示：

$$1 = Q_{K', t}\varepsilon_{I, t}[1 - S(\frac{I_t}{I_{t-1}}) - S'(\frac{I_t}{I_{t-1}})\frac{I_t}{I_{t-1}}]$$

$$+ E_t\beta\frac{\lambda_{t+1}}{\lambda_t}Q_{K', t+1}\varepsilon_{I, t+1}S'(\frac{I_{t+1}}{I_t})(\frac{I_{t+1}}{I_t})^2 \qquad (3-10)$$

總資本存量的運動規則服從式（3-11）：

$$\eta\bar{K}^H_{t+1} + (1 - \eta)\bar{K}^L_{t+1} - (1 - \delta)\eta\bar{K}^H_t$$

$$+ (1 - \eta)\bar{K}^L_t - \varepsilon_{I, t}[1 - S(\frac{I_t}{I_{t-1}})]I_t = 0 \qquad (3-11)$$

3.2.2 家庭

家庭是經濟中貼現因子高於其他行為人的家庭，充當著經濟中的儲蓄者。耐心家庭選擇消費 C、個別勞動 n、影子銀行權益 Eq_t 和存款 D，以最大化其一生期望效用①，如式（3-12）所示：

$$E_t\sum_{t=0}^{\infty}\beta^t[\ln(C_t - bC_{t-1}) - A_n\frac{n_t^{1+\sigma_n}}{1 + \sigma_n}] \qquad (3-12)$$

受約束於預算約束，如式（3-13）所示：

$$C_t + Eq_t + D_t \leq (1 - \varphi_t)(1 + r_{E, t-1})Eq_{t-1} + (1 + r_{D, t-1})D_{t-1}/\pi_t + W_{j, t}n_{j, t} + (1 - \gamma^L)(1 - \eta)V^L_t + (1 - \gamma^H)\eta V^H_t + \pi^{IGF}_t + \pi^{rb}_t + \pi^{sb}_t - t_t \qquad (3-13)$$

其中，β 是家庭的貼現率，b 表示習慣形成程度，A_{HP} 和 A_{nP} 是住房和勞動在效用中的權重，σ_n 是勞動供給 Frisch 彈性的倒數，$\pi_t = P_t/P_{t-1}$ 表示通貨膨脹率，P_t 表示價格水準，$R_{E, t}$ 是影子銀行部門權益的淨回報率，$R_{D, t-1}$ 是上一期帶入存款的利率。此外，$(1 - \gamma^H)\eta V^H_t$ 是來自高風險廠商的轉移支付，π^{IGF}_t、π^{rb}_t 和 π^{sb}_t 分別是來自中間產品廠商、零售銀行和影子銀行的股息，t_t 是一次總付稅。

令 λ_t 表示預算約束（3-9）對應的現值拉格朗日乘數，家庭關於 C_t、Eq_t 和 D_t 的一階條件如式（3-14）、式（3-15）、式（3-16）所示：

$$\lambda_t = \frac{1}{C_t - bC_{t-1}} - \beta\frac{b}{C_{t+1} - bC_t} \qquad (3-14)$$

$$\lambda_t = \beta E_t\lambda_{t+1}(1 - \varphi_{t+1})(1 + r_{E, t}) \qquad (3-15)$$

$$\lambda_t = \beta E_t\lambda_{t+1}\frac{1 + r_{D, t}}{\pi_{t+1}} \qquad (3-16)$$

---

① 若非特別說明，變量均為實際值。

3.2.3 影子銀行體系

對中國影子銀行體系進行建模是本章的關鍵內容之一。依照本章掌握的資料，在 DSGE 框架下對影子銀行體系建模的文獻以如下三篇有影響力的論文為核心。Verona 等（2013）使用引入金融加速器的中型 DSGE 模型分析美國經濟，假定投資銀行提供資金給低風險廠商（企業家），而零售銀行提供資金給更具風險的企業家。Verona 等（2013）將建立的影子銀行模型應用於對美國繁榮–蕭條週期的反事實實驗，並認為美國繁榮–蕭條週期事件的產生原因是持續很長時間的低利率水準。與之關注點不同的是，Meeks 等（2014）主要考察商業銀行利用證券化將風險貸款轉移給影子銀行表外業務，以及由之造成的金融不穩定性，Mazelis（2014）考察在商業銀行和影子銀行同時存在時，貨幣政策衝擊對貸款供給總量的影響。相較於 Meeks 等（2014）的模型，Mazelis（2014）沒有假設商業銀行部門給影子銀行提供資金，而是假設影子銀行和金融仲介機構一樣，需要從市場上獲得存款。

在以上有影響力的研究的影響下，Funke 等（2015）跟隨 Verona 等（2013）模型的設定，在豐富後者影子銀行部門框架的基礎上，進一步為模型拓展引入所謂「描述中國非標準貨幣政策的工具箱」的幾個設定（Chen, 2012；Funke & Paetz, 2012）。在影子銀行體系的建模方面，Funke（2015）的模型主要假定：中國的銀行由兩類平行的銀行體系組成，即商業銀行和影子銀行。影子銀行的典型行為包括直接貸款給對貸款未滿足的公司，這些「信託公司」從投資者手中聚集資金，許諾各不相同的收益，然後貸放給具有更高風險的中小企業。本章對影子銀行體系的建模以 Funke（2015）為基礎，進一步加入了作用於住房、物質資本和商業銀行貸款的抵押品約束，通過刻畫這些因素帶來的金融摩擦來描述中國金融市場中存在的不完全性。

本小節刻畫低風險廠商①以及與之有密切聯繫的商業銀行部門。低風險廠商在模型中扮演的角色是，從資本生產者手中購買資本，然後提供給中間產品廠商。在時期 t 初始，低風險企業家提供資本服務 $K_t^L = u_t^L \bar{K}_t^L$ 給中間商品生產商，此處 u_t^L 表示低風險企業家的資本利用率，對應著遞增的、凸的資本利用率成本函數（3-17）：

$$a(u_t^L) = \frac{r_K^L}{\sigma_a^L} \{ \exp[\sigma_a^L(u_t^L - 1)] - 1 \} \qquad (3\text{-}17)$$

---

① 或稱低風險企業家，下文中將混用這些術語。

其中，r_k^L 是低風險企業家資本租金率的穩態水準，σ_a^L 是描述成本函數曲率的參數。企業家獲取資本 $\bar{K}_t^L$ 時，以其淨值 N_t^L 和來自商業銀行的貸款 L_t^L 籌資，因此有式（3-18）：

$$L_{t+1}^L = Q_{K,t}\bar{K}_{t+1}^L - NW_{t+1}^L \qquad (3-18)$$

在時期 t 期末，低風險企業家以價格 $Q_{K',t}$ 出售未折舊的資本給資本生產者，同時也支付貸款利息給商業銀行。因此，低風險企業家的收益函數是（3-19）：

$$\prod_t^L = [u_t^L r_{K,t}^L - a(u_t^L)]\bar{K}_t^L + (1-\delta)Q_{K',t}\bar{K}_t^L - Q_{K',t}\bar{K}_{t+1}^L - L_t^L r_{L,t}^L \qquad (3-19)$$

其中，$r_{K,t}^L$ 是低風險廠商被支付的資本租金率，$r_{L,t}^L$ 是商業銀行貸款需支付的淨名義利率。

在 Verona（2013）和 Funke（2015）中，對低風險廠商建模的剩餘部分使用了一個確定性的、不具備異質性衝擊的金融加速器框架。① 本章認為這種設定不夠簡潔且相對容易，更不足以刻畫此借貸過程中存在的金融摩擦，鑒於此，本章在此處以借入約束的方式引入金融摩擦。假定低風險企業家面對如式（3-20）所示的借入約束：

$$L_t^L \leq \rho_E^L L_{t-1}^L + (1-\rho_E^L)m_E^L A_{E,t}^L E_t\left(\frac{\pi_{t+1}}{1+r_{L,t}^L}Q_{K',t+1}\bar{K}_t^L\right) \qquad (3-20)$$

其中，ρ_E^L 是隨時間緩慢調整的借入約束，用以刻畫現實中無法每時期（季度）調整的借入限制，$A_{E,t}^L$ 表示對低風險企業家借入能力的外生衝擊，比如，銀行放鬆甄別，使得對於給定的抵押量，低風險企業家能夠得到更多的貸款。上述條件對應的拉格朗日函數如式（3-21）所示：

$$L_t = \cdots + [u_t^L r_{K,t}^L - a(u_t^L)]\bar{K}_t^L + (1-\delta)Q_{K',t}\bar{K}_t^L - Q_{K',t}\bar{K}_{t+1}^L - L_t^L r_{L,t}^L + \beta$$

$$\frac{\lambda_{t+1}}{\lambda_t}\{[u_{t+1}^L r_{K,t+1}^L - a(u_{t+1}^L)]\bar{K}_{t+1}^L + (1-\delta)Q_{K',t+1}\bar{K}_{t+1}^L - Q_{K',t+1}\bar{K}_{t+2}^L - L_{t+1}^L r_{L,t+1}^L\} + \cdots$$

$$+ \lambda_{K,t}(Q_{K',t-1}\bar{K}_t^L - NW_t^L - L_t^L) + \lambda_{K,t+1}(Q_{K',t}\bar{K}_{t+1}^L - NW_{t+1}^L - L_{t+1}^L) + \cdots + \lambda_{L,t}[\rho_E^L L_{t-1}^L$$

$$+ (1-\rho_E^L)m_E^L A_{E,t}^L \frac{\pi_{t+1}}{1+r_{L,t}^L}Q_{K',t+1}\bar{K}_t^L - L_t^L] + \lambda_{L,t+1}[\rho_E^L L_t^L + (1-\rho_E^L)m_E^L A_{E,t+1}^L$$

---

① 在 Verona（2013）和 Funke（2015）的模型中，假定每個時期有比例為 $1-\gamma^{se}$ 的廠商離開市場。離開的廠商將其權益轉移給家庭。令 V_t^L 表示低風險廠商上一期帶入的權益，有 $V_t^L = \{[u_t^L r_{K,t}^L - a(u_t^L)] + (1-\delta)Q_{K',t}\}\bar{K}_t^L - (1+r_t^L)L_t^L$。為保證有既定數量的廠商持續經營，假定每一期新廠商以概率 $1-\gamma^{se}$ 產生。因此，低風險廠商的總淨值等於剩餘廠商的權益，加上家庭轉移初始權益量，有 $N_{t+1}^L = \gamma^L V_t^L + W_e^l$。

$$\frac{\pi_{t+2}}{1+r^L_{L,\,t+1}} Q_{K',\,t+2} \bar{K}^L_{t+1} - L^L_{t+1}] + \cdots \tag{3-21}$$

對於 u^L_t 的一階條件如式（3-22）所示：

$$r^L_{K,\,t} = a'(u^L_t) \tag{3-22}$$

對於 $\bar{K}^L_{t+1}$ 的一階條件如式（3-23）所示：

$$Q_{K',\,t} = \beta E_t \frac{\lambda_{t+1}}{\lambda_t} \{[u^L_{t+1} r^L_{K,\,t+1} - a(u^L_{t+1})] + (1-\delta) Q_{K',\,t+1}\} + E_t \lambda_{K,\,t+1} Q_{K',\,t} +$$

$$E_t \lambda_{L,\,t+1} (1 - \rho^L_E) m^L_E A^L_{E,\,t} \frac{\pi_{t+2}}{1+r^L_{L,\,t+1}} Q_{K',\,t+2} \tag{3-23}$$

對於 $L^L_{E,\,t}$ 的一階條件如式（3-24）所示：

$$r^L_{L,\,t} + \lambda_{K,\,t} + \lambda_{L,\,t} = E_t \rho^L_E \lambda_{L,\,t+1} \tag{3-24}$$

容易發現，當約束（3-20）不存在時，$\lambda_{L,\,t}=0$，以上條件簡化為無金融摩擦的情形。相對於 Verona（2013）和 Funke（2015）的設定，本章應用抵押品約束設定來反應信貸市場中存在的信貸摩擦，更能反應中國金融市場改革和健全過程中普遍存在的金融摩擦，也使得模型的設定更為簡化。

高風險廠商同樣擁有經濟中物質資本的權益，它們從資本生產者手中購買資本，然後提供給中間商品廠商。但是，高風險企業家無法向商業銀行借款，而只能向經濟中的影子銀行體系借款。高風險廠商的資產具有風險性，其資本在時期 t 會受異質性隨機生產率衝擊 ω_{t+1} 的影響。假定 ω 服從對數正態分佈：$\log(\omega) \sim N(-0.5\sigma^2_s, \sigma^2_s)$。在時期 t 期末，高風險廠商需要決定新資本的購買量 $\bar{K}^H_{t+1}$ 和所需要的借入量 L^H_{t+1}，後者滿足式（3-25）：

$$L^H_{t+1} = Q_{K',\,t} \bar{K}^H_{t+1} - NW^H_{t+1} \tag{3-25}$$

為實現融資，高風險廠商在時期 t 末與影子銀行簽訂債務合同，其中包含貸款總利率 $R^H_{L,\,t}$ 和借貸數量 L^H_{t+1}。在時期 $t+1$，存在關於異質性衝擊的一個臨界值水準 $\bar{\omega}_{t+1}$，使得式（3-26）成立：

$$\bar{\omega}_{t+1}(1 + R^H_{K,\,t+1}) Q_{K',\,t} \bar{K}^H_{t+1} = R^H_{L,\,t+1} L^H_{t+1} \tag{3-26}$$

其中，$R^H_{K,\,t}$ 是高風險企業家資本的淨回報率。若 $\omega_{t+1} > \bar{\omega}_{t+1}$，高風險廠商具有償債能力，支付債權人本息 $R^{sb}_{t+1} L^{re}_{t+1}$，同時也能夠繼續持有剩餘資本。若 $\omega_{t+1} < \bar{\omega}_{t+1}$，廠商宣告破產，銀行得不到其債務的任何償還，但會接收破產廠商的資產。影子銀行的收益在廠商違約的情況下是 $(1-\mu)(1+R^H_{K,\,t+1})\omega_{t+1} Q_{K',\,t} \bar{K}^H_{t+1}$，其中 μ 是轉移支付的成本。為避免模型複雜，假定影子銀行在一個完全競爭的環境下運行。銀行的零利潤意味著式（3-27）成立：

$$[1 - \Gamma_t(\bar{\omega}_{t+1})]R_{L,\ t+1}^H L_{t+1}^H + (1 - \mu)\int_0^{\bar{\omega}_{t+1}}\omega dF(\omega)(1 + R_{K,\ t+1}^H)Q_{K',\ t}\bar{K}_{t+1}^H = (1 + r_{E,\ t+1})L_{t+1}^H \tag{3-27}$$

其中，$F(\omega)$ 是 ω 的累積分佈函數，且滿足式（3-28）和式（3-29）：

$$G_{t+1}(\bar{\omega}_{t+1}) = \int_0^{\bar{\omega}_{t+1}}\omega dF(\omega) \tag{3-28}$$

$$\Gamma_t(\bar{\omega}_{t+1}) = \bar{\omega}_{t+1}[1 - F_t(\bar{\omega}_{t+1})] + G_t(\bar{\omega}_{t+1}) \tag{3-29}$$

式（3-29）左端第一項是來自未破產的企業家的收益，第二項是扣除監督成本後的來自破產企業家的收益，式（3-29）右端是對家庭的支付。注意 r_t^E 是影子銀行支付給其股東的風險利率（Funke, 2015; Zhang, 2010; Suh, 2012），由家庭問題給出。高風險廠商對於資本利用率的一階條件如式（3-30）所示：

$$r_{K,\ t}^H = a'(u_t^H) \tag{3-30}$$

$R_{K,\ t}^H$ 是高風險企業家資本的淨回報率，滿足式（3-31）：

$$1 + R_{K,\ t+1}^H = \frac{u_{t+1}^H r_{K,\ t+1}^H - a(u_{t+1}^H) + (1 - \delta)Q_{K',\ t+1}}{Q_{K',\ t}} \tag{3-31}$$

由等式（3-26）、式（3-27）可知，影子銀行的最優化問題是選擇 lev_{t+1}^H 和 $\bar{\omega}_{t+1}$，最大化預期利潤如式（3-32）所示：

$$E_t[1 - \Gamma_t(\bar{\omega}_{t+1})\frac{1 + R_{K,\ t+1}^H}{1 + r_{E,\ t+1}}lev_{t+1}^H] \tag{3-32}$$

受約束於式（3-33）：

$$[\Gamma_t(\bar{\omega}_{t+1}) - \mu G_t(\bar{\omega}_{t+1})]\frac{1 + R_{K,\ t+1}^H}{1 + r_{E,\ t+1}}lev_{t+1}^H = lev_{t+1}^H - 1 \tag{3-33}$$

其中，$\Gamma_t(\bar{\omega}_{t+1})$ 項對應的是銀行收到的企業股息，$\mu G_t(\bar{\omega}_{t+1})$ 項對應的是銀行承擔的監督成本，$1 - \Gamma_t(\bar{\omega}_{t+1})$ 項對應的是企業得到的利潤份額，$lev_{t+1} = Q_{K',\ t}\bar{K}_{t+1}^H/N_{t+1}^H$ 代表風險企業的槓桿比率。金融加速器框架的最後一步是完成對企業家淨值運動規則的描述。高風險廠商的權益 V_t^H 是前定變量，取決於時期 $t-1$ 的債務合同，如式（3-34）所示：

$$V_t^H = (1 + R_{K,\ t+1}^H)Q_{K',\ t-1}\bar{K}_t^H - [1 + r_{E,\ t}$$

$$+ \frac{\mu\int_0^{\bar{\omega}_t}\omega dF_{t-1}(\omega)(1 + R_{K,\ t}^H)Q_{K',\ t-1}\bar{K}_t^H}{Q_{K',\ t-1}\bar{K}_t^H - N_t^H}](Q_{K,\ t-1}\bar{K}_t^H - N_t^H) \tag{3-34}$$

式（3-34）右邊第一項表示將未折舊資本出售給資本生產者獲得的收益，

第二項是廠商因其 $t-1$ 期影子銀行貸款而必須償還的本息之和。假定高風險廠商以概率 $1-\gamma^H$ 離開經濟，在離開時向家庭部門出售其權益，因此轉移的數量是 $(1-\gamma^H)V_t^H$。為保證企業家數量不變，假定高風險廠商以 $1-\gamma^H$ 的概率而產生。高風險廠商的淨資本由式（3-35）給出：

$$N_{t+1}^H = \gamma^H V_t^H + W_e \qquad (3-35)$$

其中，W_e 是金融加速器模型中通常的有關廠商能從家庭部門活動獲得最初的轉移支付的假定，這保證了企業家能有初始的財富（Bernanke，1999）。與標準的金融加速器模型一樣，以上最優化的問題將得到企業家外部融資溢價與其槓桿率相關的結論，滿足式（3-36）、式（3-37）、式（3-38）：

$$E_t\left\{\left[1-\Gamma_t(\bar{\omega}_{t+1})\right]\frac{1+R_{K,t+1}^H}{1+r_{E,t+1}} + \frac{\Gamma_t'(\bar{\omega}_{t+1})}{\Gamma_t'(\bar{\omega}_{t+1})-\mu G_t'(\bar{\omega}_{t+1})}\left[\Gamma_t(\bar{\omega}_{t+1})\frac{1+R_{K,t+1}^H}{1+r_{E,t+1}} - \mu G_t(\bar{\omega}_{t+1})\frac{1+R_{K,t+1}^H}{1+r_{E,t+1}} - 1\right]\right\} = 0 \qquad (3-36)$$

$$\left[\Gamma t(\bar{\omega}_t) - \mu G_t(\bar{\omega}_t)\right]\frac{Q_{K',t-1}\bar{K}_t^H}{NW_t^H}\frac{1+R_{K,t}^H}{1+r_{E,t}} = \frac{Q_{K',t-1}\bar{K}_t^H}{NW_t^H} - 1 \qquad (3-37)$$

$$NW_{t+1}^H = \gamma^H Q_{K',t-1}K_t^H\left[R_{K,t}^H - r_{E,t} - \mu\int_0^{\omega_t}\omega dF_{t-1}\omega(1+R_{K,t}^H)\right] + \gamma^H NW_t^H(1+r_{E,t}) + W_E^H \qquad (3-38)$$

3.2.4　銀行部門

假定銀行在設定利率方面有一定的實力，這一設定來自 Gerali 等（2010）。銀行部門由一系列分佈於 $j \in [0,1]$ 的金融仲介組成，每一家銀行由兩個分支機構組成，即批發機構和零售機構，零售機構由存款零售機構和貸款零售機構組成。首先，存款零售機構許諾給家庭一定的收益，吸收家庭的存款。然後，它向批發機構提供這些存款，得到利息收益。接著，批發機構通過貨幣乘數來創造新的存款，達到 D_t/v 的數量，將所有這些新創造出的資產提供給貸款零售部門，這一設定來自 Funke（2015）。最後，貸款零售部門將這些新創造的存款貸給低風險廠商。假定零售銀行部門處在一個壟斷競爭的環境中，因此兩家零售機構在決定存、貸款利率的時候有市場勢力。

商業銀行選擇 $L_{j,L,t+1}$ 以最小化成本，如式（3-39）所示：

$$\int_0^1 \left[1+r_{j,L,t+1}\right]L_{j,L,t+1}dj \qquad (3-39)$$

受約束於式（3-40）：

$$L_{L,\ t+1} = \left[\int_0^1 (L_{j,\ L,\ t+1})^{(\varepsilon_{L,t+1}-1)/\varepsilon_{L,t+1}} dj\right]^{\varepsilon_{L,t+1}/(\varepsilon_{L,t+1}-1)} \quad (3-40)$$

其中，$r_{j,\ L,\ t+1}(j)$ 是銀行對低風險廠商的貸款利率，$\varepsilon_{L,\ t+1}$ 是時變的貸款需求利率彈性。求解上述成本最小化問題得到式（3-41）：

$$L_{j,\ L,\ t+1} = \left(\frac{1 + r_{j,\ L,\ t+1}}{1 + r_{L,\ t+1}}\right)^{-\varepsilon_{L,t+1}} L_{L,\ t+1} \quad (3-41)$$

此處，r_{t+1}^L 是平均貸款利率，滿足式（3-42）：

$$1 + r_{L,\ t+1} = \left[\int_0^1 (1 + r_{j,\ L,\ t+1})^{1-\varepsilon_{L,t+1}} dj\right]^{1/(1-\varepsilon_{L,t+1})} \quad (3-42)$$

存款機構的問題是在時期 t 末決定存款利率，在下一時期最大化利潤，如式（3-43）所示：

$$(1 + R_{D,\ t+1}) D_{j,\ t+1} - (1 + r_{D,\ t+1}) D_{j,\ t+1} \quad (3-43)$$

受約束於式（3-44）：

$$D_{j,\ t+1} = \left(\frac{1 + r_{j,\ D,\ t+1}}{1 + r_{D,\ t+1}}\right)^{\varepsilon_D} D_{t+1} \quad (3-44)$$

對稱均衡滿足式（3-45）：

$$1 + r_{D,\ t+1} = \frac{\varepsilon_D}{\varepsilon_D - 1}(1 + R_{D,\ t+1}) \quad (3-45)$$

此處，$\varepsilon_D/(\varepsilon_D - 1)$ 代表零售銀行降低存款利率（Mark-down）。銀行 j 的零售貸款機構面臨相同的最大化問題，如式（3-46）所示：

$$(1 + r_{j,\ t+1}^L) L_{j,\ t+1}^L - (1 + R_{t+1}^L) L_{j,\ t+1}^L \quad (3-46)$$

受約束於式（3-47）：

$$L_{j,\ t+1}^L = \left(\frac{1 + r_{j,\ t+1}^L}{1 + r_{t+1}^L}\right)^{-\varepsilon_{L,t+1}} L_{t+1}^L \quad (3-47)$$

一階條件如式（3-48）所示：

$$1 + r_{L,\ t+1} = \frac{\varepsilon_{L,\ t+1}}{\varepsilon_{L,\ t+1} - 1}(1 + R_{L,\ t+1}) \quad (3-48)$$

模型在最後借鑑 Funke（2015）有關銀行間市場的假定，用以考察銀行體系創造貨幣的能力。假定批發機構吸收來自零售存款機構的存款，在滿足準備金率 v 的條件下創造出新的存款並提供給零售貸款部門。銀行在批發時期 t 的資產負債表如式（3-49）所示：

$$IB_t + \frac{D_t}{v} = L_{L,\ t} + D_t \quad (3-49)$$

其中，IB_t 表示銀行在銀行間市場中的頭寸，D_t/v 用以表示準備金。假定在

貨幣創造中存在成本，如式（3-50）所示：

$$\text{Cost}_t = \frac{1}{2Y}\{c_D[(\frac{D_t}{v})^2 - (\frac{D}{v})^2] + c_L[(L_{L,t})^2 - (L_L)^2]\} \quad (3-50)$$

因此，銀行批發分支選擇 $L_{L,t}$ 和 D_t，以最大化利潤，如式（3-51）所示：

$$E_t\sum_{t=0}^{\infty}\beta_{wb}^t\{(1+R_{L,t})L_{L,t} - L_{L,t+1} + (1+R_{R,t})D_t - D_{t+1} - [\frac{(1+R_{D,t})D_t}{v} -$$

$$\frac{D_{t+1}}{v}] - [(1+R_{IB,t})IB_t - IB_{t+1}] - \frac{\kappa_w}{2}(L_{L,t} - L_{cb,t})^2 - \text{Cost}_t\} \quad (3-51)$$

得到如式（3-52）、式（3-53）所示的一階條件：

$$R_{D,t} = R_{IB,t} + v(R_{R,t} - R_t) + \frac{c_D}{Y}\frac{D_t}{v} \quad (3-52)$$

$$R_{L,t} = R_t + \kappa_w(L_{L,t} - L_{cb,t}) + \frac{c_L}{Y}L_{L,t} \quad (3-53)$$

等式（3-52）表明存款利率一方面取決於銀行間利率 $R_{IB,t}$，會因準備金收益率 $R_{R,t}$ 和新創造的存款所帶來的管理成本的變化而變化。等式（3-53）表明貸款利率取決於銀行間利率時，也受到窗口指導的貸款配額 $L_{cb,t}$ 和管理成本的影響。遵循 Gerali（2010）和 Funke（2015）的設定，假定商業銀行批發機構能夠無限地從中央銀行借款，套利行為將確保銀行間市場利率 $R_{IB,t} = R_t$；假定準備金收益率等於無風險利率，即 $R_{R,t} = R_t$。

3.2.5 資源約束

經濟的總資源約束如式（3-54）所示：

$$C_t + I_t + G_t + \eta\mu\int_0^{\omega,}\omega dF(\omega)(1+R_{K,t}^H)Q_{K',t}\bar{K}_t^H + \eta a(u_t^H)\bar{K}_t^H + (1-\eta)a(u_t^L)\bar{K}_t^L$$

$$= Y_t \quad (3-54)$$

其中，政府支出 G_t 由家庭的一次總付稅籌資，服從一個一階自迴歸過程，第四項表示銀行監管高風險企業家的成本所用的最終產出，最後兩項是資本利用率調整成本。

總淨值和總槓桿率滿足式（3-55）、式（3-56）：

$$NW_{t+1}^{ag} = \eta NW_{t+1}^L + (1-\eta)NW_{t+1}^H \quad (3-55)$$

$$lev_{t+1} = \eta lev_{t+1}^L + (1-\eta)lev_{t+1}^H \quad (3-56)$$

經濟中的貸款總量是兩個平行的銀行體系貸款的加權平均，如式（3-57）所示：

$$L_{t+1}^{ag} = \eta L_{t+1}^{se} + (1-\eta)L_{t+1}^{re} \quad (3-57)$$

市場出清意味著廠商租賃的資本滿足式（3-58）：

$$\int_0^1 K_{i,t}^H \mathrm{d}i = \eta K_t^H = \eta u_t^H \overline{K}_t^H, \quad \int_0^1 K_{i,t}^L \mathrm{d}i = \eta K_t^L = \eta u_t^L \overline{K}_t^L \quad (3-58)$$

住房滿足式（3-59）：

$$\int_0^1 H_{i,P,t} \mathrm{d}i = \eta_H H_{P,t}, \quad \int_0^1 H_{i,S,t} \mathrm{d}i = \eta_H H_{S,t} \quad (3-59)$$

3.2.6 貨幣政策

通常認為，中國人民銀行在貨幣政策實施中使用了比其他國家更大範圍的貨幣工具。為了建立統一的理論分析框架，本章將文獻中普遍使用的泰勒規則型貨幣政策規則和非常規貨幣政策工具利用到模型中。假定中央銀行以泰勒規則的形式設定短期名義利率，如式（3-60）所示：

$$R_t = \rho_R R_{t-1} + (1 - \rho_R)[R + \alpha_\pi(\pi_t - \pi) + \alpha_y(Y_t - Y)] + \varepsilon_{R,t} \quad (3-60)$$

其中，ρ_R 是利率平滑系數，α_π 和 α_y 是通貨膨脹缺口和產出缺口反應系數，$\varepsilon_{R,t}$ 是貨幣政策衝擊。① 其次，遵循 Funke（2015）的假定，假定中國人民銀行使用窗口指導方式調控商業銀行部門的信貸供給，以此來作為宏觀調控政策的一部分。假定中國人民銀行以泰勒規則的形式來確定商業銀行總貸款的目標：

$$L_t^{CB} = \varphi_L^{CB} L_{t-1}^{CB} + (1 - \varphi_L^{CB})[L^L + \varphi_L^L(L_t - L^L) + \varphi_L^\pi(\pi_t - \pi) + \varphi_L^Y(Y_t - Y)] + \varepsilon_{WG,t} \quad (3-61)$$

等式（3-61）表明，中國人民銀行設置的總信貸限額是上一期限額、總信貸缺口、通貨膨脹缺口和產出缺口的加權平均，持續系數 φ_L^{CB} 確保中國人民銀行在投資增長的繁榮時期不會完全消除貸款供給，φ_L^π 和 φ_L^Y 表示貨幣當局對通貨膨脹和產量增長的反應，φ_L^L 代表了上述反應的持續程度，窗口指導衝擊 $\varepsilon_{WG,t}$ 可用於分析上述政策的改變對宏觀經濟運行的影響。

3.3 本章小結

本章根據對國內外文獻的綜合分析，以包含銀行信貸的中型 DSGE 模型為基礎，基於 DSGE 框架下的建模技術，建立影子銀行體系和貨幣政策之間互動的理論性結構模型，考察貨幣政策及其工具對影子銀行體系信貸、績效和風險

---

① 國內文獻通常使用 CHIBOR 或者 SHIBOR 作為政策利率 R_t 的代理變量。

的影響機制,探討貨幣政策宏觀效應、福利績效及影子銀行體系部門在其中的影響,結合中國經濟發展態勢、新一輪金融改革和金融監管體制改革的目標,提出進一步推動這些改革的合理策略、具體路徑及步驟安排。

通過對模型的構建,本章認為,在後金融危機時期的國際形勢以及中國深化金融體制改革、完善金融市場體系的現實背景下,有必要對影子銀行部門在金融衝擊來源和傳導機制方面所起的作用進行理論研究,對貨幣政策在金融穩定、宏觀經濟穩定和貨幣政策績效方面的潛在影響進行研究。然而,現有的相關文獻主要以美國和歐元區這類工業化經濟體為研究對象,其研究結論可能不適用於中國或具有類似發展程度及規模的經濟體。特別是由於中國所處的經濟環境和實際情況不同,政策研究的結論必將存在一定的定量差異。本章建立的理論模型,在根據中國實際情況修改和校準之後,將在定量結果和數據擬合程度方面具有良好表現,其政策含義將會有較強的理論和實踐價值。

中國的金融穩定與總體經濟的運行、穩定和平穩較快發展密切相關。在評價、設計貨幣政策和宏觀審慎政策時將影子銀行體系納入考慮範疇,有助於實現金融穩定和宏觀經濟穩定,提升貨幣政策績效。中國作為處在金融監管改革中的新興市場國家,有著獨特的研究和參考價值。在宏觀層面,影子銀行部門和銀行信貸的活動對中國貨幣政策和宏觀審慎政策的宏觀效應及福利績效有潛在影響。在現有貨幣政策框架下納入對影子銀行體系的考量,將會促進總體經濟和金融穩定。增強對影子銀行的監管會弱化經濟衝擊和金融衝擊對宏觀經濟穩定性的影響,在恰當的政策設計下可以增加社會福利。

雖然模型捕捉了中國影子銀行體系的一些特點,但本章在模型的構建上存在一定的局限。雖然模型給出了完整的條件,但限於作者所掌握的研究技術、篇幅和論文的主要關注點,本章並未對模型實施完整的定量分析。並且,雖然模型粗略地展示了影子銀行的行為及其在貨幣政策中的影響,但是深入的金融改革仍然是一個需要全面考察的系統性問題。這些問題對於未來的研究是重要的。儘管如此,研究者認為,本章建立的模型為理解中國影子銀行行為和貨幣政策傳導提供了一個有益的工具,能為相關後續研究及金融市場化改革提供一些有益的經驗和政策指導。

影子銀行在本質上具有信用仲介的內涵,國內外學者已廣泛認識到此類金融機構在金融市場中的仲介作用,普遍認為貨幣政策的傳導在包含影子銀行體系的宏觀經濟運行環境中會受到不利影響。本章對此進行考察,將影子銀行體系引入宏觀經濟模型,探討影子銀行對貨幣政策的影響。為了實現上述目標,本章建立了一個包含多種名義、實際摩擦、金融加速器、抵押品約束的 DSGE

模型，在此基礎上引入影子銀行和商業銀行，將其應用於分析影子銀行對貨幣政策傳導的影響。

此前，包含影子銀行的 DSGE 框架常常被用於分析美國經濟中的影子銀行，投資銀行投資高風險的證券化項目，商業銀行進行低風險的信貸活動，影子銀行體系通常被認為是與高風險相伴的金融創新，參與主體通常是監管套利下發展證券化融資的金融企業。本章通過 DSGE 框架下的建模技術、貨幣政策評價與設計方法，考察了影子銀行體系對貨幣政策的影響機制，該方法模擬具有理論價值的可預期政策路徑以及更具現實意義的不可預期的政策路徑。本章還創新性地在模型中擴展引入了更多金融摩擦，試圖論證在影子銀行體系存在的前提下，利率政策的波動會引起發行企業槓桿以及債券的波動，結果與可預期以及不可預期的貨幣政策路徑息息相關。

儘管 DSGE 模型並不能完美、準確地預估現實世界的經濟運行，但是模型卻為討論中國金融市場改革的宏觀經濟效應提供了一個較完備的概念框架。金融市場改革和最優制度安排是宏觀經濟中較為複雜的課題，該模型運用的 DSGE 框架中包含了影子銀行、家庭部門、不同類型企業、貨幣政策以及金融摩擦等，模型對各信貸渠道涉及的多個市場中存在的金融摩擦進行了詳細刻畫，廣泛引入家庭和廠商面對的多種借入約束探討這一複雜的宏觀經濟問題。分析推理的結果反應出一些有意義的結論，諸如對企業按照風險屬性分類設定後，通過模型可以看出影子銀行的逆週期的特性以及其對貨幣政策有效性的影響，且其影響程度受到政策的預期性影響，具體結論如下。

3.3.1 影子銀行體系的存在對貨幣政策形成影響

為了方便研究，本章進行了如下界定：在信貸市場裡，根據企業的資產負債狀況可以將企業簡單地分類為高風險企業與低風險企業，這一假設主要考慮到的是中國商業銀行發展的現實因素。中國商業銀行長期處於金融抑制的環境中，在新一輪商業銀行改制完成並成功剝離壞帳之後，監管層對商業銀行進行了更加嚴苛的管控，更為重要的是商業銀行作為中國金融市場中體量最大的參與主體，關乎整個金融市場的安全，必須建立完善的防火牆隔離制度。一系列的金融管制維護了金融市場的穩定，規避了系統性金融風險的發生，但在一定程度上造成了中國中小企業融資難的困境，即商業銀行風險規避的市場行為。本章基於以上考慮，假定中國商業銀行在信貸市場中僅向低風險企業提供融資，影子銀行作為商業銀行信貸的補充向高風險企業提供融資。

本章通過研究發現，影子銀行體系的存在將對貨幣政策產生影響。傳統意

義上認為，緊縮的貨幣政策將對利率環境產生不利影響，貨幣當局加息的政策一旦開始產生作用，商業銀行的惜貸行為也隨之產生，經濟中的企業面臨著高昂的融資成本，高風險企業資產負債表開始惡化。截至目前，這一貨幣政策的傳導過程與未包含影子銀行體系時是一樣的，但現在，市場中存在以高風險企業為融資服務對象的影子銀行體系，在加息過程中，高風險企業更多的槓桿化融資需求成為影子銀行的市場基礎，並成為促使其規模不斷擴大的動力，這在貨幣當局施行緊縮的貨幣政策週期中更為明顯，預期的收緊信貸的貨幣政策目標在影子銀行體系的信貸擴張下受到影響，貨幣政策效果被削弱。

3.3.2 影子銀行對貨幣政策的影響受制於政策的預期性

當政策可預期時，該模型預測總信貸、投資以及資本價格上升，甚至高於最優化時的模型。然而，在可預期的政策環境下，資本價格出現了波動，但其波動並沒有影響經濟發展。當政策路徑不可預期時，模型呈現了繁榮和衰退的動態機制，產出、投資、總信貸呈現駝峰式增長，資本價格在利率水準較低時穩定增長，然後劇烈下降至一般水準以下。這個結論給出了啟示，即影子銀行對貨幣政策的預期效果的影響，在一定程度上也受到預期因素的影響。

3.3.3 影子銀行體系生長的逆週期性

貨幣政策的擴張或緊縮在很大程度上影響商業銀行的信貸行為，一般而言，擴張的貨幣政策帶來商業銀行信貸的繁榮，緊縮的貨幣政策下，商業銀行收緊信貸業務，影子銀行與此不同，帶有逆週期性的特點。

貨幣當局加息週期一旦開始，商業銀行信貸開始變得敏感，與國外以金融衍生品為主體的金融創新形式的影子銀行體系不同，中國式影子銀行實質是對商業銀行信貸規模的擴充，仍是一種信用仲介行為，融資成本的變化使高風險企業開始轉為影子銀行體系，造成其規模開始擴大，表現出緊縮性貨幣政策情形下影子銀行的逆週期擴張。在降息週期中，尤其是持續的低利率情形下，社會總體融資成本下降，社會信貸總量提升，此時，一個顯而易見的事實是信貸規模的擴張主要表現為商業銀行信貸業務的持續增加，相應的影子銀行規模則受到了抑制，表現出擴張性貨幣政策下的逆週期性。

3.3.4 利率自由化可以有效抑制影子銀行擴張，實現更有效的貨幣政策傳導

目前，中國利率自由化取得了巨大的成果，對商業銀行和農村合作金融機構等不再設置存款利率浮動上限，標誌著中國利率市場化基本完成，但在中國

的案例中，利率自由化不僅包括取消利率調控，也包括取消窗口指導和對銀行貸款數量上的限制。在這個意義上，研究者認為中國現在取消存款利率的上限和貸款利率的下限代表中國完成了利率自由化改革的觀點是不正確的。

在構建包含影子銀行體系的 DSGE 模型下，利率自由化將會促使更有效的貨幣政策傳導機制產生，在利率自由化之後，經濟活動對不同的衝擊回應更加易變。中國影子銀行最初的出現支持了利率自由化，影子銀行是一種雙軌制的改革策略，這種策略的目的是發展銀行系統外的、基於市場的存貸款利率。也就是說在中國推行利率自由化的進程中，影子銀行起到了重要作用，在利率自由化完成之前，影子銀行的擴張在一定程度上承擔著促進利率自由化的作用。相應地，在利率自由化完成的條件下，存款將被吸引到商業銀行部門，這也就抑制了影子銀行部門的擴張。

3.3.5　影子銀行規模擴張使監管具有必要性

本章認為經濟的週期性波動由三種因素引起，即長期低利率的政策環境、積極樂觀的市場心態以及金融仲介機構在宏觀經濟中的作用，影子銀行體系中很大一部分可以被看作是金融仲介機構，當金融仲介部門的規模足以影響政策傳導路徑的時候，金融和宏觀變量的反應更快且更大。影子銀行規模的擴張以及對貨幣政策的影響，已經引起了貨幣管理當局和政府的足夠重視，其大幅擴張與市場參與主體的過度自信、低估風險、過度使用槓桿和破產可能性的增加相關。在影子銀行體系過度使用槓桿和市場參與主體無法有效識別風險的時候，政策制定者或是政府監督管理機構應以盡可能透明的制度進行規範性監管，規避系統性金融風險的發生。

4 影子銀行背景下中國雙支柱調控框架有效性研究

回顧 2008 年全球金融危機以及 2010 年的歐洲主權債務危機，在較短時間內，衝擊由金融部門傳導到非金融部門，從發源國傳導到非發源國，體現出明顯的金融傳染特徵。衝擊起源於金融市場，同時金融市場又起到傳導媒介的作用，將金融危機傳導至實體經濟，是當前經濟全球化和金融一體化的產物，是系統性風險導致的重大危機。

此次危機，一方面讓世界重新審視金融創新，另一方面也反應了傳統貨幣政策效力的不足和金融監管的失當，政策當局缺乏及時而有效的宏觀調控手段來維護金融穩定和經濟環境穩定。為應對這一經濟困局，宏觀審慎政策受到廣泛關注。自 2009 年 4 月的 20 國集團（G20）倫敦峰會起，歷次峰會都將宏觀審慎政策框架寫進公報，2010 年年底，G20 峰會和巴塞爾委員會共同修訂並起草了《巴塞爾協議Ⅲ》，《巴塞爾協議Ⅲ》在宏觀審慎思想的指導下，督促各成員國建立以金融穩定為目標的、制定並執行自上而下政策的、具備逆週期緩衝機制的金融市場調控框架。至此，宏觀審慎政策已經成為與貨幣政策、財政政策並列的三大宏觀調控政策之一。

在國內，貨幣政策和宏觀審慎政策已經上升至國家層面。中共中央十九大報告中指出：「健全貨幣政策和宏觀審慎政策雙支柱調控框架，深化利率和匯率市場化改革。健全金融監管體系，守住不發生系統性金融風險的底線。」以應對系統性金融風險為目標，中國在宏觀審慎政策框架構建方面進行了嘗試和變革，形成了「貨幣政策與宏觀審慎政策」雙支柱的調控框架。就政策目標而言，貨幣政策主要是維護價格穩定，有時也承擔經濟增長、充分就業、穩定利率及匯率和國際收支平衡的責任。而宏觀審慎政策維護金融穩定，嚴守不發生系統性金融風險的底線。就政策效果來說，Blanchard（2010）、Angelini（2011）的研究均表明，貨幣政策與宏觀審慎政策之間可以有效互補，而且僅運用貨幣政策不利於金融穩定，二者的有效協調才能實現金融目標穩定。

在以往對宏觀審慎政策的研究中，中國學者們主要將注意力投向銀行及其信貸渠道。近年來，政府對金融穩定的重視，使學界的目光聚焦到對系統性金融風險原因和形成機制的分析上，有學者認為系統性金融風險有三大源頭：影子銀行、房地產、地方債務。房地產問題和地方債務問題是近年來的熱點問題，影子銀行能與另外兩者並列，足見其重要性。影子銀行是金融技術和制度創新的產物，擁有高槓桿、高風險、高收益的特性，其特性自身就會累積金融風險；更重要的是，影子銀行還可以起到對金融系統順週期波動和跨市場的風險傳播的作用，影子銀行的存在也反應出金融機構的監管套利需求，給金融市場穩定性帶來巨大的威脅和挑戰。馬克思在其經典著作中有關於虛擬資本理論的論述，影子銀行業務本質上也是創造證券化的虛擬資本，虛擬資本的形成、發展、存在形式對經濟發展有著巨大的正面或負面的影響，馬克思金融危機理論認為虛擬資本的泡沫化最終導致了本次金融危機的發生。

中央銀行行長易綱明確指出，中國考慮將影子銀行、房地產融資和互聯網融資納入其宏觀審慎評估（MPA）中。從 2017 年起，一系列關於金融穩定和影子銀行監管的政策紛紛出抬。2017 年 7 月，全國金融工作會議上宣布設立金融穩定發展委員會，同時強化央行金融監管職責，旨在加強監管協調、補齊短板。2018 年 1 月，原中國銀行業監督管理委員會（簡稱中國銀監會）出抬了《商業銀行委託貸款管理辦法》，規範銀行委託貸款業務。2018 年 4 月，《關於規範金融機構資產管理業務的指導意見》（資管新規）正式落地，資產管理業務將面臨新局面。影子銀行對金融穩定和經濟穩定的影響以及如何將影子銀行納入中國的雙支柱調控框架內，將成為影子銀行監管和金融改革研究的主要方向。

貨幣政策聚焦於總體物價穩定以及促進經濟增長，是對宏觀經濟的總量管理；宏觀審慎政策聚焦於金融穩定，可直接作用於金融系統本身，應對跨市場、跨週期的系統性風險。深入探究貨幣政策與宏觀審慎政策的內在關聯性、政策目標權衡以及政策協調機制，為雙支柱調控框架順利調控物價、穩定金融市場提供理論支撐。進一步講，在影子銀行愈加重要的背景下，要研究如何將影子銀行納入雙支柱調控框架內；貨幣政策和宏觀審慎政策將發生什麼變化；該政策對改善宏觀經濟和貨幣政策效果有何影響；貨幣政策和宏觀審慎政策是單獨還是協調行事；該政策具體效果是什麼。解決以上問題具有重要的理論、實踐意義。

對政策制定者而言，應設計有效的政策工具來不斷完善雙支柱調控框架，從而做到為結構性改革營造適宜的金融環境，以防範系統性金融風險。採用科

學技術手段來研究這些問題不僅可以對現有文獻進行補充，還可以為政府在制定相關政策時提供理論依據。

4.1 概念界定與文獻綜述

4.1.1 「雙支柱」調控框架概念的界定

「宏觀審慎」（Macroprudential）的概念與金融監管的發展緊密聯繫。2000年10月，時任國際清算銀行（Bank for International Settlements，BIS）總經理的安德魯·克羅克特（Andrew Crockett）在國際銀行監管會議中對宏觀審慎思想做了系統的闡述，且對宏觀審慎思想與微觀審慎思想進行了比較分析，這是宏觀審慎概念發展史上的一座里程碑。Crockett（2000）指出「要實現金融穩定就必須加強宏觀審慎層面的監管」，其研究體現了宏觀審慎的兩個特點：其一，宏觀審慎關注整個金融系統的整體風險，目標是降低金融部門風險向實體經濟的傳導；其二，宏觀審慎更關注金融機構集體行為在風險累積中的作用、金融體系內的風險傳遞以及銀行系統的營運策略。舊的微觀審慎重點關注金融機構的個體風險，認為維護存款者和投資者的權益就可以管控高風險行為，卻忽略了單個金融機構行為的道德風險和對整個金融體系風險的外溢負外部性。

2010年，央行《中國金融穩定報告》指出：「宏觀審慎政策將防範系統性風險放在戰略位置，在宏觀的視角下，不僅關注由同質性和關聯性而產生的風險傳遞，還注意金融體系在各個經濟週期下的情況，從而有效地管理整個系統的金融風險。」學界關於宏觀審慎的定義尚不統一，但總結起來可以認為，宏觀審慎政策的要點是將金融體系視作一個整體，從宏觀視角整體規劃決策，重視金融機構之間的聯繫與傳導，內容至少包含政策目標、工具選擇、政策施行、傳導機制、治理架構等方面，是與貨幣政策、財政政策平行的宏觀經濟調控政策，目的是防範系統性風險，減弱金融市場波動。

總體來說，宏觀審慎政策預期要達到三個目的：一是通過建立各金融機構及機構間的釋放緩衝機制，提高金融系統總體抗風險能力；二是關注資產價格和信貸之間的順週期性反饋，降低槓桿率，減少不良債務，縮減不穩定的融資規模，防止金融風險過度聚集；三是降低由金融系統內部的高度關聯帶來的脆弱性，並應對「大而不能倒」的問題。

雙支柱調控框架的另一個支柱是貨幣政策，貨幣政策是指中央銀行為實現特定的經濟目標而採用的各種調控貨幣、信貸及利率等變量的方針和措施的總

稱（張曉慧，2012）。根據《中華人民共和國中國人民銀行法（1995）》，中國貨幣政策的目標是「保持貨幣幣值穩定，並以此促進經濟增長」，因此中國的貨幣政策在穩定幣值的一般目標上還疊加了促進經濟增長的額外目標。

雙支柱調控框架即貨幣政策和宏觀審慎政策。學界通常將貨幣政策視為「總量」政策，調節市場中的貨幣供給量，間接影響通貨膨脹和總產出，政策目標側重穩定物價，有時也兼顧經濟增長；宏觀審慎政策被認為是「結構性」政策，以防範系統性金融風險為目標，主要應對經濟和金融系統中的結構性問題。

目前，學界對雙支柱調控框架的主流認識是貨幣政策與宏觀審慎政策各自獨立實施，貨幣政策和宏觀審慎政策在各自的政策框架內完成調控，二者在政策目標、政策工具、政策渠道上還有可以協調之處。

4.1.2 文獻綜述

通過劉波（2018）對現有文獻的統計，以貨幣政策和宏觀審慎政策雙支柱為題的期刊多數關注金融穩定，而研究方法也多以 DSGE 模型為主。研究者關注的核心是貨幣政策與宏觀審慎政策如何協調的問題。對雙支柱的研究，國內和國外有區別，國外研究多將貨幣政策和宏觀審慎政策視為兩個獨立政策。雙支柱調控框架是中國的獨有提法。在《2016 年第四季度中國貨幣政策執行報告》中，中國人民銀行認為傳統貨幣政策對金融風險的調控能力有限，因此，需要引入宏觀審慎政策框架來防範系統性金融風險。這是構建雙支柱調控框架的主要原因。

劉波（2018）、鄭聯盛（2018）等學者都提出了丁伯根法則的限制，政策工具的數量應當不少於目標變量的數量，並且各個政策工具之間相互獨立。因此，既要實現「物價穩定+經濟增長」目標，又要實現「金融穩定」目標，理論上不能單純依靠貨幣政策，需要宏觀審慎政策的協助。張曉慧（2017）認為貨幣政策無法應對經濟順週期行為，對金融機構之間信用鏈條的調控能力不足，因此在金融週期風險的防範和應對方面，貨幣政策難以發揮作用。從貨幣政策傳導機制來看，貨幣政策通過調節市場上的貨幣供應量，間接調整市場利率並調控金融機構信貸總量，進而影響實體經濟主體的融資行為。新研究表明這一傳導機制面臨時間和空間維度的制約，IMF（2010）認為由於利率對實體部門的影響存在時滯，並且總量調控的結果多會導致流動性聚集在少數實體部門中，形成「大水漫灌」的結果，中國人民銀行無法完全掌控和調節金融機構的行為，由此產生金融結構性問題和金融風險，需要引入宏觀審慎政策，對

市場流動性分配進行統一安排，以達到防範系統性金融風險的目的。易憲容（2018）認為政策的失利與市場的亂象是市場體系不成熟的表現，利率機制弱化是宏觀審慎政策作為防範系統性風險政策選擇的原因，雙支柱調控框架的最終目標是深化金融市場價格機制改革，讓價格機制在金融資源配置中起到決定性作用。

宏觀審慎政策和貨幣政策雙支柱作為兩種政策目標、工具、規則都大不相同的宏觀調控政策，兩者如何協調和配合是主要問題。周莉萍（2018）認為貨幣政策和宏觀審慎政策協調的基礎是發揮其各自的相對優勢，首先是發揮專長，專注於自身有調控優勢的目標，其次是考慮兼顧配合另一政策，政策之間盡量不採用對沖形式。鄭聯盛（2018）也認為應當建立貨幣政策和宏觀審慎政策之間相對獨立的政策體系。對於兩種政策的使用方法，多數學者傾向於相機決策，李義舉（2018）認為固定規則雖然有助於降低監管與調控成本，卻會形成政策慣性，甚至會導致長期堅持錯誤的政策。相較而言，相機決策能保持政策的靈活性。相機決策可以對另一項政策調控的漏洞進行有針對性的調整。

在運用 DSGE 模型研究貨幣政策和宏觀審慎政策上，國外起步較早，已經取得豐碩的成果。Gerali 等（2010）用 DSGE 模型研究了歐元區信貸供給因素在商業週期波動中的作用，在模型中考慮了金融摩擦和銀行不完全競爭。結論是銀行業尤其是黏性利率削弱了貨幣政策衝擊的影響，而金融仲介則增加了供給衝擊的蔓延。Unsal（2011）將實際摩擦引入開放經濟模型中，認為引入宏觀審慎管理可以明顯改善社會福利，宏觀審慎政策可以成為貨幣政策的有效補充。Angelini（2012）利用帶有金融加速器機制的 DSGE 模型，證明面對由金融或房地產市場的衝擊引起的經濟波動，宏觀審慎政策具有明顯的有效性，能夠很好地熨平經濟波動，可以提高經濟整體的穩定性。Suh（2012）利用 BGG-NKDSGE 模型，認為最優貨幣政策應當盯住通貨膨脹目標，最優宏觀審慎政策應當盯住信貸規模和增速，在面對金融衝擊時，實施宏觀審慎政策可以明顯增進社會福利，取得極好的政策效果。Funke 等（2015）利用非線性 DSGE 模型，對中國的金融市場化改革提出政策建議。認為利率市場化不是單純地取消利率管制，還應包含取消銀行貸款的窗口指導和推動貨幣政策由數量型向價格型的「進化」。利率自由化使得銀行與影子銀行的收益率趨同，這也就限制了影子銀行規模的擴張。Gelain 和 Ilbas（2017）基於 Smets-Wouters 模型（Smets & Wouters, 2007）討論貨幣政策與宏觀審慎政策的角色是否衝突以及衝突能否避免，結果表明政策衝突確有可能存在，具體取決於兩種政策是否被賦予對

產出缺口進行調整的權力。Kiley 和 Sim（2017）通過構建 DSGE 模型，認為在最優貨幣政策與宏觀審慎政策的協調中，貨幣政策不能對信貸週期做出過度反應，實施逆週期的宏觀審慎政策可以在一定程度上降低社會福利損失，但是政策實施時的政策規則設計應該簡化。

國內研究中，王作文（2013）也利用了 DSGE 模型，證明了 Angelini 的結論在中國同樣有效，即當經濟波動來源於房地產或金融衝擊時，宏觀審慎政策與貨幣政策可以進行有效協調，並且得出宏觀審慎政策的政策效果優於貨幣政策。馬勇、陳雨露（2013）認為宏觀審慎政策與其他政策的協調搭配應關注「政策疊加」與「政策衝突」問題，前者可能導致宏觀調控結果變得不可預測，後者會增加政策施行的成本並且削弱政策效果。裘翔、周強龍（2014）在 DNK-DSGE 模型中新增了影子銀行部門（金融仲介部門），並基於中國國情將影子銀行視作商業銀行信貸投放業務在高風險領域的拓展，探究影子銀行對貨幣政策有效性的影響。王愛儉、王璟怡（2014）利用 DSGE 模型，得出宏觀審慎政策能夠與貨幣政策起到協調作用的結論，特別是當市場面臨金融衝擊的時候，兩種政策配合的效果明顯。程方楠、孟衛東（2017）構建了一個考慮房價波動的 DSGE 模型，得出了與馬勇和陳雨露相同的結論。許先普、楚爾鳴（2017）運用定性向量自迴歸模型（QVAR）和包含宏觀審慎政策工具的 DSGE 模型進行研究，結果表明，為實現宏觀經濟與金融系統穩定的雙重目標，貨幣當局應當在貨幣政策設計中盯住資產價格來配合宏觀審慎政策，以發揮兩種政策組合的協同效應。

從近十年的研究進展可知，DSGE 模型已成為宏觀經濟學研究的主要模型，並被廣泛應用於貨幣政策研究上，受到國內外研究學者的青睞。但現有研究在貨幣政策和宏觀審慎政策的模型設計上的仿真度不足，模型與現實可能存在偏誤；在貨幣政策和宏觀審慎政策是否可以協調配合方面，現有研究的論據多是在具體經濟衝擊下模型的表現，對協調配合的政策規則和機制的分析較少。上述幾條是筆者認為的現有研究的不足，本章也著力對其進行改善。

（1）雙支柱調控框架的有效性綜述

對貨幣政策和宏觀審慎政策雙支柱的有效性研究普遍使用 DSGE 模型，其中政策的有效性主要有兩種體現形式。因此，本章對有效性概念的界定有如下兩方面。第一，有效性體現為主要指標的脈衝回應是否達到目的，考察技術衝擊（生產率衝擊）、貨幣政策衝擊、金融風險衝擊（異質性衝擊）、宏觀審慎工具衝擊（LTV、法定準備金衝擊）等對整個宏觀經濟和金融體系的影響，以宏觀經濟指標的改善作為有效性的測度。第二，有效性體現為效率的提升，本

章以社會福利損失函數作為有效性的測度，構建一個合意的社會福利損失函數，要比較不同政策規則下的福利損失值來判斷政策是否有效。

目前，研究貨幣政策有效性的文獻較多，中央銀行盯住產出缺口和通貨膨脹缺口的泰勒規則是公認的最有效的貨幣政策規則，關於宏觀審慎政策有效性的實證分析多是外國文獻，數量也非常少，國內有關這方面的分析則更少。現在的研究普遍將政策工具抽象成模型語言，以此種方式將政策納入模型當中。在國外的研究中，Borio 和 Shim（2007）曾做了一些對宏觀審慎工具有效性的評估。採用西班牙的數據，得出撥備工具只能對信貸增長產生極小影響，但可以起到逆週期調節作用並增強銀行系統的抗風險能力；動態撥備不能保證可以應對危機時期的全部信貸損失，但本輪金融危機中的經驗表明動態撥備仍能起到一定的作用，它顯著增強了金融機構與金融系統抵禦風險的能力。如果美國商業銀行也實施了西班牙動態撥備制度，這些措施預計會為政府節省一半的資金。

針對中國的宏觀審慎工具的應用效果，荊中博（2018）的實證研究表明，盯住貸款增速的 LTV 工具和盯住貸款與房價增速的法定準備金率工具在後金融危機時期對貸款增速的管控力顯著增強。盯住貸款增速的 LTV 工具和盯住貸款和房價增速的法定準備金率工具對房價有逆週期調節作用。李偉航（2018）通過實證研究得出，資本充足率工具在多數情況（除房地產衝擊）下可以有效應對產出波動。而 LTV 工具在面對溫和的房地產衝擊時可以有效降低通貨膨脹率，抑制產出波動。資本充足率工具與 LTV 工具的搭配使用在面對各種衝擊時都有很好的表現。葉歡（2018）的研究也得出了相同的結論。呂進中（2018）認為 LTV 工具的調控作用明顯，而資本充足率工具效果不明顯，但是政策當局可以利用該工具在產出和通貨膨脹目標中進行權衡。貸款增速指導政策被證明是有效的，但政策當局需要在政策效力與貸款波動成本之間進行權衡。

通過現有學者的研究，在面對信貸槓桿風險時，LTV、負債收入比（DTI）上限、貸款規模上限、準備金要求、動態撥備都能起到很好的作用。其中，LTV 和準備金要求的效果最好。相反，貸款增長速度工具對信用槓桿的影響不大，而外幣借貸上限工具則完全起到相反作用。在面對房地產價格上漲風險時，LTV、DTI 率上限、準備金要求都比較有效，尤其是 LTV 和準備金要求最有效。而信貸增長率和規模上限在應對房地產資產價格上漲時反應相當滯後，實證表明政策實施 3 個季度後才有效果。外幣借貸上限仍然起到完全相反的作用，使用此工具會進一步提高房地產價格。

總體來看，由於宏觀審慎政策實施年限短，數據量少，甚至中國還沒有經歷一個完整的金融週期，因此眾多實證結果可能不夠準確。從現有結果來看，LTV 和準備金要求工具在防控系統性風險時有好的表現，這也是各國調控機構大量使用這兩類工具的原因。本章建模也使用這兩類工具模擬宏觀審慎政策。

(2) 影子銀行與系統性金融風險

極速膨脹的影子銀行一方面加深了資本市場和銀行之間的聯繫，提高了資源配置效率，另一方面也提高了整個金融系統的槓桿率，使得金融系統脆弱性進一步加強。各種衍生金融產品、資產證券化產品相互疊加嵌套，整個金融體系依託這種交易網建立了複雜的聯繫，這些影子銀行產品存在交易實質不透明、複雜、缺乏流動性的問題。在微觀層面上，金融機構可以通過風險對沖等方法進行風險的自我管理。但這種基於個體的風險管控可能僅僅是將風險轉嫁給對手，風險本身並沒有消失，對整體而言可能意味著更嚴重的系統性風險。

從前文宏觀審慎政策對系統性風險的應對來看，影子銀行的風險特徵與系統性風險的特徵幾乎一一對應，具體如下：

首先是交叉傳染性。

Tobias 和 Shin (2009) 認為影子銀行的業務涉及大量短期融資，投資於長期項目，商業銀行等金融機構主動參與，成為交易方之一。為了獲得更高的短期或長期回報，影子銀行的存在深化了銀行與資本市場之間的聯繫，使金融脆弱性加劇。Borst (2014) 將金融危機的爆發歸咎於對銀行監管的不力，商業銀行廣泛地拓展表外、離岸金融等業務致使高槓桿金融工具和交易活動中隱匿了大量金融風險。在發生經濟危機的國家中，與銀行相關的特殊目的載體 (SPV) 都遇到了困難，最終拖垮了傳統銀行。方先明、謝雨菲 (2016) 認為交叉傳染性的金融風險可能衝擊金融穩定。方先明等 (2017) 研究表明四種影子銀行業務（未貼現的銀行承兌匯票、委託貸款、信託貸款、小額貸款公司信貸）之間的交叉關聯效應明顯，存在著單向或雙向的因果關係。

由以上可以看出影子銀行之間或影子銀行與其他金融機構之間通過交易相聯繫，形成盤根錯節的信用鏈條網絡，風險一旦在影子銀行系統中醞釀和爆發，極易向其他金融機構擴散，形成系統性金融風險，金融在實體經濟中起到的仲介作用使得風險在金融和實體經濟中相互傳播，最終會威脅整個國民經濟。

其次是內在脆弱性。

影子銀行具有明顯的內生脆弱性。這是由影子銀行業務的高槓桿性、期限錯配性、風險傳染性特徵內生決定的。Rosen (2009) 研究指出，傳統商業銀

行在進行金融衍生品交易等影子銀行業務時，往往利用了表外操作以規避金融監管，由於交易實質的存在，這必然會危害金融行業的整體穩定性。Baily 等（2008）研究指出，影子銀行普遍採用高槓桿操作且存在嚴重的信息不對稱，這也提升了金融系統的脆弱程度。Singh 和 Manmohan（2010）認為再抵押權的應用使得稀缺抵押品被充分運用，提高了影子銀行的槓桿率水準，加劇了金融系統脆弱性，大型銀行的實際抵押品減少，使得市場流動性受到限制，增加了系統性風險。影子銀行的金融創新業務多處於金融監管之外，制約較少。這些金融創新可能缺乏堅實的理論基礎，或者產品本身有投機或對賭的因素，存在大量的風險。例如金融危機前的許多影子銀行產品盈利的條件是資本品價格的持續上漲，但是資產價格的意外逆轉會導致這類金融產品巨額虧損，引發金融危機。當前，中國資本資產價格處於上行階段，尤其需要監管部門強化意識，提高警惕。原中國銀監會副主席閆慶民（2013）認為，中國的影子銀行在管控期限錯配、強制信息披露以及銀行理財產品相關立法等方面仍需要改善。中國影子銀行在時間維度上的作用是期限轉換和流動性轉換，利用短期債務為其長期資產項目融資，是影子銀行的主要盈利方式，期限錯配是影子銀行的天然屬性。一旦出現了流動性資產與非流動資產的轉換，影子銀行的盈利模式將難以維繫，而且會造成嚴重的經濟危機。

最後是隱形擔保性。

影子銀行在中國具有獨特性，影子銀行機構與政府部門、商業銀行是利益關聯方，影子銀行的部分業務可以為政府部門提供資金支持，也可以為銀行創造額外利潤或滿足銀行規避監管的需要。所以，影子銀行的快速發展背後也有政府的支持和銀行信用的保駕。

祝繼高、胡詩陽、陸正飛（2016）指出中國影子銀行的存在易導致壞帳風險和流動性風險。因此，中國的影子銀行形成的原因是傳統商業銀行在受到嚴格金融管制的前提下，被迫進行的如「類貸款業務」之類的金融創新。中國影子銀行存在的必要性在於滿足政府和銀行規避監管的需要。馮超（2015）研究認為政府和銀行在影子銀行業務中提供的擔保程度無法確定，監管措施也就無法落實；而且政府和銀行的擔保缺乏及時性，往往追究不到責任主體，放大了機構的債務風險。隱形擔保的存在使得當前的金融監管落不到實處，也容易導致監管當局對經濟的誤判，最終會導致系統性金融風險產生。

以上諸多因素表明影子銀行已經成為系統性金融風險的發源地之一，魏偉等（2018）指出目前中國影子銀行對系統性金融風險的影響主要體現為系統性金融風險整體呈上升趨勢，金融監管加強使得中小銀行將面臨更大風險、短

期的流動性風險與中長期的信用風險。因此任何對宏觀經濟政策的分析都應對影子銀行保持足夠的關注，不斷完善審慎監管並明確市場紀律可以規避風險的過度累積（IMF，2016）。易綱（2018）指出，將影子銀行部門納入宏觀審慎政策框架是完善宏觀審慎政策框架的重要一步。趙勝民、何玉潔（2018）指出影子銀行既會影響貨幣政策傳導，又會影響金融穩定，對影子銀行的監管必將是雙支柱調控框架的重要組成部分。因此在對雙支柱調控框架的研究中加入影子銀行這一因素，將更符合現實情況，並且有一定的前瞻性。

（3）宏觀審慎政策的經濟學理論基礎

在經濟和金融全球化的大趨勢下，宏觀經濟的發展速度與金融市場的資源配置效率的相關度越來越高。金融市場與實體經濟部門的聯繫越來越密切。李拉亞（2016）指出，在金融危機發生前，經濟學者普遍忽視了金融體系和實際經濟系統的內在聯繫。表現為在主流宏觀經濟學分析中輕視金融市場的作用，因此無法從理論上解釋金融市場波動導致的經濟衰退現象。在傳統貨幣政策下，世界主要國家將總物價水準、通貨膨脹率和失業率維持在穩定的低水準下，經濟危機的爆發則說明僅盯住這些宏觀指標遠遠不夠。因此國際社會提出了旨在維護金融穩定的宏觀審慎政策，世界主要國家根據宏觀審慎思想對本國宏觀調控政策和金融監管體系進行改革。在本章的研究框架內，雙支柱調控框架表現為傳統的貨幣政策與獨立的宏觀審慎政策的協調配合，可以說宏觀審慎政策是對貨幣政策缺陷的補充。所以本章以「債務-通縮」理論、金融脆弱性理論、金融加速器理論、信息不對稱理論、黏性預期理論為基礎展開對宏觀審慎政策的經濟學理論的探討。研究者針對中國宏觀審慎政策的獨特性做了政治經濟學解釋，並簡單闡述了習近平總書記的新時代金融思想。

「債務-通縮」理論的首次提出是在歐文·費雪（Irving Fisher）的名著《繁榮與蕭條》中，費雪認為大蕭條的原因在於企業的過度負債。「債務-通縮」理論是一個經濟行為的連鎖反應：在經濟上行期，企業為發展而累積負債，在經濟蕭條時，企業由於過度負債而破產。具體表現為：①企業債務清償導致資產廉價出售。②為償付金融機構貸款而致使流通貨幣收縮，貨幣的流通速度下降。③價格水準下降，貨幣購買力上升。④企業資產淨值下降，抵押品價值縮水，企業利潤下滑，企業加速破產。⑤企業普遍減少產出、交易、雇傭勞動。⑥市場充滿悲觀情緒、信心喪失。⑦市場避險情緒上升，導致貨幣窖藏行為產生。這一連鎖反應的循環往復導致了最終的大蕭條，並可用來解釋經濟週期。

「債務-通縮」機制是衝擊在實體經濟部門和金融部門資產負債表之間的

相互反饋，這種反饋機制增強了經濟衝擊的影響效果。高債務與通貨緊縮的惡性循環由此形成。用現在的術語表示，企業過度負債即是高槓桿經營，而債務與企業淨資產的連鎖反應即表現了經濟活動中的順週期效應。這一理論可以解釋信貸規模的順週期增長，容易導致系統性金融風險產生。

金融脆弱性理論。在《金融不穩定假說》一書中，明斯基（Minsky, 1986）第一次系統闡述了金融脆弱性理論。無論是金融機構還是實體企業，在經濟上行時期都偏好擴張的經營方式，企業為了在未來獲得更高額的收益，在短期內一般都存在債務風險敞口。在繁榮形勢的驅動和高利潤的誘惑下，金融機構增加信貸規模，而在寬鬆的信貸環境下，企業也傾向於提高資產負債比，以小博大。企業的經營體現出風險較高的兩種金融狀況，即投機性和龐氏性。當經濟增速放緩時，在龐大而複雜的信貸鏈條中，任何生產企業的信貸違約事件都將導致生產企業拖欠債務或破產，企業的不良債務反過來重創了金融部門，導致銀行危機產生。市場具體表現為銀行緊縮信貸規模、市場流動性不足、資產價格暴跌、投機性企業破產、壞帳風險傳遞至商業銀行等金融機構，金融危機從實體部門蔓延至金融部門，逐步放大衝擊效果，金融部門風險又向實體經濟反饋，這一現象即是著名的明斯基時刻。脆弱性和不穩定性可以說是金融體系的內在特徵。Kaufman 和 Scott（2003）就曾指出銀行業先天脆弱的三大原因：長短期債務的天然錯配、低現金資產比和高資產負債比。

金融脆弱性理論經過數十年的發展和多次金融危機的經驗總結，認為金融脆弱性的影響因素有通貨膨脹率、資產價格波動、金融自由化等，具體情況如下：

第一，通貨膨脹率。Borio（2003）研究認為，通貨膨脹的超預期變化會影響企業債務的實際價值。例如一個意外衝擊（災害、戰爭等）導致未預期通貨膨脹率的下降，意味著貨幣購買力上升，會導致企業實際債務水準上升，增加企業經營風險，一旦出現不良信貸，風險會傳導至金融系統。若出現未預期的通貨膨脹率上升（例如貨幣政策超調），則會鼓勵企業借貸，信貸規模過度增長，會提高資產價格，形成更大的風險。在現實中引起通貨膨脹率超預期變化的原因很多，例如宏觀政策部門的貨幣政策超調。

第二，資產價格波動。Danfelessson 和 Zigrand（2008）認為資產價格波動是誘發金融脆弱性的原因之一。由於市場機制的不健全，資源配置的結果會導致有限的資金流入個別經濟部門，造成資產價格的上漲並形成泡沫，而個別部門的槓桿率和經營風險仍在繼續上升，一旦風險暴露，資產泡沫破裂，系統性風險將會被引發。

第三，金融自由化。滑冬玲（2016）研究金融雙向開放條件對金融脆弱性的影響，金融雙向開放一方面會降低交易成本、提高資源的配置效率，完善的市場機制有助於避免宏觀調控部門干預帶來的市場扭曲風險；但另一方面，金融雙向開放通道又會傳導市場失靈而引發的風險，這會給金融市場帶來不可預期的波動，強化了金融脆弱性。

由於金融的內在特徵，強化金融脆弱性的因素非常多，張元（2015）認為一些微小因素如銀行同業的競爭、銀企間的合作、相互學習以及適應性預期等，都會導致金融體系脆弱性的自我強化。脆弱性可以沿金融機構負債端與資產端的交易鏈條延伸至上下游。從金融脆弱性理論可以看出，微小的風險衝擊經過金融系統的放大作用都可能導致不可估量的損失，而在時刻變化的經濟環境中，金融風險卻又無處不在。

金融加速器理論。金融加速器理論是 Bernanke 和 Gertler（1989）提出的，企業的資產淨值是順週期變化的，在繁榮時期，多數企業的財務狀況良好，借款人償債能力較高；代理成本則是逆週期變化的。因此，在繁榮時期，企業擁有較高的資本淨值和較低的代理成本，企業可以累積更高額的利潤；在經濟蕭條時期，較低的資本淨值和高額的代理成本使企業在蕭條中舉步維艱。這種相互反饋的放大機制就是我們所說的金融加速器效應，該機制強化了經濟週期的影響。值得關注的是金融加速器效應的非線性特點，例如經濟陷入衰退，出於規避風險的考慮，企業的資產負債表惡化致使銀行的信貸規模劇烈地收縮，實體經濟就更難維繫，不良貸款率上升，金融機構的利潤情況惡化，息差不斷縮小，累積了系統性風險。

本章主要關注部門經濟中金融加速器的理論進展。Aoki（2004）將房地產部門引入 BGG 模型。認為在一定條件下，貨幣政策衝擊可以通過金融加速器機制對房地產投資、住房價格造成巨大影響，進而導致經濟波動和經濟結構性問題產生。杜清源、龔六堂（2005）利用金融加速器原理分析信貸市場信息不對稱的福利損失，研究表明金融加速器機制會將金融市場波動幅度增大，並傳導至宏觀經濟部門。Liu 和 Seeiso（2012）將銀行部門引入 BGG 模型當中，認為銀行外部融資溢價與家庭部門流動性密切相關，證明在面臨外部衝擊時，銀行部門存在金融加速器機制並且強化了經濟週期波動的效果。

信息不對稱理論。從信息經濟學視角看，由於信息具有不完全和不對稱的特徵，市場中的交易主體對信息的掌握和利用程度各不相同。米什金（Mishkin，1999）指出，由於信息不對稱的制約，其典型的後果就是產生逆向選擇和道德風險。金融市場的逆向選擇的最佳例證是最積極的借款人往往財務

狀況不佳。道德風險即是損人利己的行為，其典型表現是委託代理問題，在金融市場上，借款者可以將損失風險轉移給金融機構或公眾，這導致其在行為上激進地追逐高風險帶來的超額收益。Barry（2000）認為，信息不對稱引起的「搭便車」現象和委託代理問題後果很嚴重，在一些特別的衝擊下，金融市場更容易受到信息不對稱的影響，識別信息的難度更高，甚至在極端條件下，微小的外部衝擊也可能會導致嚴重的後果產生。

理性人假設一般認為金融主體的決策應當建立在收集、處理大量信息的基礎上，但是理性疏忽理論認為信息帶來的邊際收益等於獲得信息的邊際成本，信息成本的制約使人理性地疏忽，信息不對稱才是金融市場中的常態。現實中，廣泛存在「大而不能倒」或「影響廣泛而不能倒」的情況，在這次危機中，美國幾個系統性重要金融機構獲得了政府的大力救助，這等價於經營失敗的風險由納稅人來買單。由此可見，宏觀審慎政策應充分關注市場中的委託代理問題。

黏性預期理論。鐘春平和田敏（2015）強調在西方經濟學理論中預期的重要作用，經濟主體的決策基礎是對未來預期的判斷，因此大量政策的本質是對預期因素的管理。20世紀70年代，理性預期理論的誕生引發了「理性預期革命」，推動了宏觀經濟學的重大進步，但是這一理論仍然建立在理性人假設的基礎上。隨著理性疏忽理論的發展，我們觀測到在現實經濟現象中，行為人的預期更多地表現為「黏性」調整而不是理性調整。李拉亞（1991）的黏性預期理論認為在信息不足時，經濟人無法調整自己的預期，預期表現為黏性；但是當經濟人的預期與現實的偏誤累積到一定程度時，經濟人會大幅度調整預期，又體現了預期的突變性。而利用黏性預期理論分析，系統性風險的累積恰恰來源於預期的「黏性」；系統性風險的爆發則來源於黏性預期的突變。因此，系統性風險的累積和爆發更適用黏性預期理論的解釋而非理性預期理論（李拉亞，2013）。防範系統性風險的關鍵在於嚴防公眾預期的突變，在應對泡沫危機時，事前穩定預期，遏制公眾的房地產投機熱情，嚴控房地產價格暴漲；事後也要防止市場單方面拋售資產的行為，例如設置二手房準售年限。對預期的管理是宏觀審慎政策當局設計政策工具時應重點關注的。

馬克思主義政治經濟學解釋。雖然宏觀審慎思想起源於歐美，但是中國宏觀審慎政策實施和監管體系建設已經擁有較為豐富的實踐經驗，中國宏觀審慎政策框架的構建是基於中國可能發生系統性金融風險的假設，在「三期疊加」和經濟新常態背景下，經濟放緩的衝擊會傳導至金融行業，工業產品的產能過剩、房地產泡沫、地方政府債務、市場槓桿率提升、金融部門違約率上升是風

險聚集的外在表現。

防範系統性金融風險，應當重視對虛擬資本的認識，馬克思將虛擬資本的價值稱為「幻想的觀念」，認為虛擬資本是獨立於現實資本運動之外，以有價證券形式存在的，能給持有者帶來一定收入的資本。虛擬資本在市場投機熱情的推動下極易偏離現實資本價值。金融系統本質上是「很大一部分社會資本為社會資本的非所有者所使用，這種人辦起事來和那種親自執行職能、小心翼翼地權衡其私人資本的界限的所有者完全不同……資本與其說是任何一種商業交易的界限，不如說是他們用來生產信用的基礎」。① 這與金融脆弱性理論異曲同工。馬克思指出：「貨幣資本的累積所反應的資本累積，必然總是比現實存在的資本累積更大。」② 這反應了馬克思的金融危機觀念，他認為金融系統的自身特徵會造成信用貨幣背離其價值基礎，引發系統性風險。馬克思的金融危機理論對金融監管仍有指導意義，習近平總書記的新時代金融思想則是更為有益的補充，由於經濟運行有了新的變化，結構性問題將成為主要矛盾，習近平總書記認為：「不能把結構性供需矛盾當作總需求不足，以增發貨幣來擴大需求，因為缺乏回報，增加的貨幣資金很多沒有進入實體經濟領域，而是在金融系統自我循環。」③ 中國特色的宏觀審慎政策應當立足於解決結構性供需矛盾。

另外，宏觀審慎政策目標應具有中國特色，黨和政府對金融和實體經濟的關係已有定論，金融要迴歸本源，服務於實體經濟。馬克思曾警告：「如果沒有實際的累積，也就是說，沒有生產的提高和生產資料的增長，那麼，債權在貨幣形式上的累積，對這種生產有什麼好處呢？」④ 習近平總書記認為：「金融是實體經濟的血脈，為實體經濟服務是金融的天職，是金融的宗旨，也是防範金融風險的根本舉措。」⑤ 中國的金融市場正在逐步完善，但是在政策設計和監管建設中需要重視其服務實體經濟的職能。

---

① 馬克思. 資本論：第3卷 [M]. 北京：人民出版社，2004：500.
② 馬克思. 資本論：第3卷 [M]. 北京：人民出版社，2004：572.
③ 習近平. 習近平關於總體國家安全觀論述摘編 [M]. 北京：中央文獻出版社，2018：90-94.
④ 馬克思. 資本論：第3卷 [M]. 北京：人民出版社，2004：424.
⑤ 習近平. 習近平談治國理政：第2卷 [M]. 北京：外文出版社，2017：279.

4.2 雙支柱調控框架的協調及有效性研究

4.2.1 金融穩定與貨幣政策困境

貨幣政策通常都是以物價穩定為政策目標，中國的貨幣政策同時會起到促進經濟增長的作用，即「保持貨幣幣值的穩定，並以此促進經濟增長」。貨幣政策若要再起到維護金融穩定的作用，就意味著其中暗含了一個假設，即金融穩定與維持較低的通貨膨脹水準和適當的經濟增長速度的進程是一致的。在金融危機爆發前的30年間，全球經濟大體處於通貨膨脹水準穩定、經濟波動較低的「大穩定階段」(The Great Moderation)，貨幣政策在穩定物價和穩定產出方面功不可沒，以物價錨定為基本邏輯的貨幣政策發揮了積極的效果。但是2008年全球金融危機的爆發，導致學術界普遍反思這一假設，認為對物價水準、通貨膨脹率和國內生產總值的調節無法解決金融市場的結構化問題，因此貨幣政策並不足以有效地維護金融穩定。

在「大穩定階段」，各國中央銀行主要執行的是以通貨膨脹目標制為基礎的貨幣政策，各國中央銀行可以通過控制通貨膨脹率來穩定物價。科技革命和金融創新促進了經濟的發展，經濟繁榮往往伴隨著資本品價格和信貸總量的順週期增長，但是貨幣當局可監測的通貨膨脹指標卻沒有明顯變化。一般認為，精準貨幣政策保持了物價穩定，經濟發展也抵抗了價格上漲的衝擊。此外，經濟體中，價格和工資黏性增大，在一定程度上阻礙了總需求擴張導致的通貨膨脹率上漲。在經濟全球化的背景下，發展中國家的廉價商品使得發達國家增加了進口，推動了發達國家的經濟發展。同時，相對的低價抵消了資本品價格上漲帶來的物價上漲，發達國家的總體通貨膨脹得到抑制，但是實際存在的流動性過剩又會進一步提高資本品價格。這一時期，各快速發展的經濟體有以下相同的特徵：銀行信貸款規模擴張、資本品價格上漲、企業槓桿率上升、金融市場繁榮、金融產品期限錯配情況愈發嚴重。根據金融脆弱性理論、「債務-通縮」理論，當經濟增長速度放緩，這些特徵都會引發系統性風險。

中國金融危機時期的典型事實表明，4萬億救市刺激計劃在短期內提高了貨幣供應量。計劃的初衷是為實體部門增加流動性，但是由於中國的金融系統還不健全，大量流動性沒有按計劃流入實體經濟，而是流入了個別部門，如房地產行業，這無意間推動了房價上漲，導致產能過剩，反而加速了風險累積。而流動性的管控不力，提升了未預期通貨膨脹率，進一步提升了金融系統的不

穩定性。這表明貨幣政策本身可能是金融風險產生和累積的基礎因素之一。

較低的通貨膨脹水準和較高的 GDP 增長使得政策當局和監管當局低估了危險的嚴重性，根據代際遺忘理論，在經濟狀況大好的背景下，提出逆週期的經濟政策難以獲得政治支持。從而放任了系統性風險在金融市場中聚集發酵，最終釀成危機。此時的市場已經積重難返，中央銀行以貨幣政策作為主要的危機應對方式，產生的效果微乎其微。

探究貨幣政策困境的根本原因，易憲容（2018）認為，以健全的利率規則為基礎的貨幣政策才能完成物價穩定和金融穩定的雙重目標。從信用創造角度來看，貨幣政策通過市場機制管控信用擴張的可能性邊界，可以認為無論信用擴張過度還是不足，都無法使實際產出與潛在產出相一致。在金融市場上，價格是利率和匯率，利率是對信用的風險定價。包括發達國家在內，理論上各國市場化水準均達不到理想狀態。2015 年 10 月，中國人民銀行已取消銀行存款利率浮動限制，標誌著形式上的利率市場化已經完成，但實質上並沒有擺脫市場利率和中國人民銀行指導利率雙軌制。《2015 年第三季度中國貨幣政策執行報告》雖然提出貨幣政策要從數量型向價格型轉變，但是一個健全的價格型貨幣政策體系需要以一個基準的市場利率為仲介目標，例如日本的無擔保隔夜拆借利率、美聯儲的聯邦基金利率，中國在這方面沒有做適的選擇。價格型貨幣政策的推進與利率市場化進程都是一個長期培育的過程，因此，在短期內，中國將堅持數量型貨幣政策框架。這意味著中國的貨幣政策是以盯住產出缺口和通貨膨脹缺口為主的通貨膨脹目標制，在形式上盯住 CPI 和失業率，一定程度上放棄了對價格機制的調控。因此，貨幣政策的金融穩定效果十分有限。

在這一大背景下，面對如何維持金融穩定、防範系統性風險發生這一問題，各國中央銀行把關注點投向了更具目標導向的宏觀審慎政策。2010 年 12 月，巴塞爾委員會正式推出針對銀行的宏觀審慎監管框架《巴塞爾協議Ⅲ》，並督促各成員國進行一系列的金融制度和監管改革。這標誌著監管框架由宏觀審慎代替微觀審慎。2015 年 12 月，中國人民銀行宣布自 2016 年起將原有的差別準備金動態調整和合意貸款管理機制升級成為「宏觀審慎評估體系」（Macro Prudential Assessment, MPA），中國的宏觀審慎監管體系逐步建立起來。由此可以預見，未來的雙支柱調控框架將在維持傳統貨幣政策目標的基礎上，降低金融系統以下七方面的風險：資本和槓桿要求、流動性、定價行為、資產負債要求、跨境融資風險、資產質量、信貸政策執行。

4.2.2 宏觀審慎政策工具

本章關注雙支柱調控框架對金融穩定的影響，因此本小節著重介紹了宏觀審慎工具的內容，現階段的宏觀審慎工具不僅包括新設計的宏觀審慎政策工具，還融合了傳統的微觀審慎政策工具。宏觀審慎政策思想的具體實施表現為對政策工具的應用。

（1）全球宏觀審慎工具的類型

目前，各國對宏觀審慎政策工具的認識和使用還不統一，根據現有研究，宏觀審慎政策工具可分為三類。第一類基於不同的風險類型，分為與流動性工具、信用工具、資本工具。第二類基於時間和橫截面兩個維度，時間維度是指減少順週期反饋；橫截面維度指防範跨機構系統性風險。第三類包括價格型和數量型的宏觀審慎工具。

中國商業銀行監管部門根據《巴塞爾協議Ⅲ》的要求和銀行業自身特點，於2012年6月出抬了《商業銀行資本管理辦法（試行）》，積極促進商業銀行監管與《巴塞爾協議Ⅲ》的接軌，根據協議要求，多數宏觀審慎工具與要求已經在中國付諸實踐。（詳情見表4-1）

表4-1　　　　　　　　宏觀審慎政策工具與應用情況

工具	優點	缺點	應用情況
儲備資本	能直接影響損失吸收能力，減弱週期波動	依賴於風險加權資產的準確計量	《商業銀行資本管理辦法（試行）》將儲備資本要求設定為2.5%
逆週期資本緩衝	能直接影響損失吸收能力，減弱週期波動	依賴於風險加權資產的準確計量	《商業銀行資本管理辦法（試行）》將逆週期資本要求設定為0~2.5%
流動性覆蓋率（LCR）	確保商業銀行在設定的嚴重流動性壓力的情景下，能夠保持充足的、無變現障礙的優質流動性資產	需準確預測未來30天現金淨流出量	在《商業銀行流動性管理辦法（試行）》（中國銀監會令2014年第2號、2015年第9號）中設定為100%，在2017年12月6日的《商業銀行流動性風險管理辦法（修訂徵求意見稿）》中確定適用於資產規模在2,000億元以上的商業銀行
準備金要求（流動性比例）	監測商業銀行的短期流動性	流動性資產受市場價格的影響，可能會高估流動性比例	在《商業銀行流動性管理辦法（試行）》（中國銀監會令2014年第2號、2015年第9號）中設定為25%

表4-1(續)

工具	優點	缺點	應用情況
淨穩定資金比例	量化商業銀行長期穩定資金支持業務發展的程度	建立在準確預測可用資金、所需資金的基礎上	在2017年12月6日的《商業銀行流動性風險管理辦法(修訂徵求意見稿)》中設為100%,適用於資產規模在2,000億元以上的商業銀行
流動性匹配率	衡量商業銀行主要資產與負債期限配置結構	不同類別的資金來源與運用權重不同,存在監管套利的空間	在2017年12月6日的《商業銀行流動性風險管理辦法(修訂徵求意見稿)》中設定為100%
限制分紅	避免金融機構管理者的道德風險和權力尋租,避免腐敗滋生	抑制管理者的工作積極性	《商業銀行穩健薪酬監管指引》(銀監發〔2010〕14號)規定商業銀行主要負責人的績效薪酬在其基本薪酬的3倍以內
貸款價值比(LTV)和貸款收入比(DTI)	直接限制高風險貸款,提高抵抗房地產風險的能力	易對投資、投機需求與剛需「一刀切」	參見首付比例限制
動態流動性緩衝	直接影響銀行的流動資產和期限錯配,提高抗風險能力	流動性要求方面的國際經驗有限	
保證金要求	降低流動性囤積和資產賤賣的風險,提高融資市場的抗風險能力	容易導致不同國家、市場之間的套利和無擔保貸款的漏損情況產生	

資料來源:根據劉波(2018)整理。

根據IMF(2011)對49個國家的調查結果可知,最常用的宏觀審慎工具有以下7種:

LTV。貸款價值比上限,即抵押品價值和貸款金額的比例,主要是對家庭部門貸款的限制(Down Payment)。理論上,由於家庭貸款能力主要表現為抵押物價值和收入水準,這二者均具有典型的順週期特徵,房地產信貸規模也就會體現出順週期性,因此調節LTV可以限制抵押貸款的過度順週期性。將LTV設置在合理的水準,不管是否經常調整,都有助於抑制資本品市場投機行為,進而緩解資產價格的上漲壓力,防範系統性風險。

DTI。DTI指的是債務與貸款者收入的比值,當其單獨使用時,是以保護

銀行資產質量為目標的宏觀審慎工具；當 DTI 與上述 LTV 聯合使用時，相當於對家庭還款能力進一步確認，有助於減少公眾的投機行為，減弱抵押貸款的順週期性。與 LTV 類似，對 DTI 進行逆週期調整，可以更好地針對由於順週期反饋而累積的系統性風險。

信貸規模或增長上限工具。這一工具的具體靈活使用既可以針對系統性風險的時間維度，也可以針對系統性風險的橫截面維度。特別地，對總信貸或各類信貸的規模或增長率進行限制也是出於減弱信貸和資產價格的順週期性（即時間維度）考慮。為行業或投資標的（例如房地產）設定信貸上限有助於抑制特定資產的價格泡沫，並規避遇到特定風險時突發偶然情況。

期限錯配限制工具。由於期限錯配程度的增加，金融機構無法支付短期債務，會被迫清算資產，從而使金融體系中的其他機構降價銷售，並進而導致流動性危機產生。金融機構對資產和負債期限的選擇具有外部性，對其期限錯配的限制有助於應對系統性風險。

準備金要求。商業銀行的準備金要求政策原本是一種貨幣政策工具，但是該政策工具可以滿足金融機構的流動性要求，防控系統性金融風險，可以同屬於宏觀審慎政策工具中的流動性工具。準備金要求限制了銀行可放貸規模，直接抑制了信貸增長，間接管理了信貸和資產價格的順週期性；準備金要求可以作為流動性緩衝，滿足金融機構的日常流動性需求，緩解系統流動性危機。

逆週期資本金要求。這是《巴塞爾協議Ⅲ》中明確提出來的針對系統性時間維度的工具，指在經濟上行時提高（經濟下行時降低）資本金要求以削弱信貸的順週期性，這樣商業銀行就不必在整體信貸下降的條件下進一步減少信貸來滿足資本要求，從而減弱金融週期對經濟週期的影響。具體表現為在已經計提最低資本要求後，再計逆週期額外資本，系統性重要機構還要計提附加資本要求。

動態撥備。傳統的動態撥備是根據銀行損失的歷史數據進行校準的，這可以用來降低金融體系的週期性。新動態撥備制度鼓勵銀行預估經濟週期提前計提或衝減撥備，保障銀行的流動性和經營穩定性。動態撥備的前瞻性可以抑制銀行信貸的擴張衝動。除了利用基於銀行損失的歷史數據構建動態撥備外，還可利用固定公式或者決策者相機抉擇調整準備金要求，以逆週期方式影響銀行的貸款行為。

（2）宏觀審慎工具的組合及使用情況

以上宏觀審慎工具的組合方式可以有以下四個維度的選擇：①單獨（Single）使用還是多工具（Multiple）聯合使用；②是否針對具體目標（Broad-based or Targeted）；③中間目標固定（Fixed）還是時變（Time-varying）；④宏觀審慎工具的使用情況如下：基於統一規則（Rules）還是相機決策（Discretion）。

第一，使用多工具的優勢在於可從多個層次應對風險，現實中的風險源頭不是唯一的，因此需要可以針對各個源頭工具，避免風險「死角」。例如，LTV（針對借款者還款的第二來源）和 DTI（針對借款者還款的第一來源）的結合可以管控信貸增長，有效地抑制抵押貸款規模的週期性暴漲。當然，使用多工具的政策成本更高，會給銀行帶來效率損失，監管導致的市場扭曲也會帶來更大的副作用，而且如何促使多工具相互配合也考驗政策制定能力。因此，採用多工具方式應當是主流，但實際施行時要對成本和收益進行權衡。

第二，在實證中針對具體目標的工具普遍能更高效、更精確地針對風險，實施成本也相對較小。例如，針對房地產信貸規模目標的 LTV 工具對房價的管控效果明顯，可以遏制房地產價格爆發式上漲。針對具體目標的工具也有不足之處，針對性工具需要有更詳細的設計。要既能有效針對此類風險，又能控制政策外部性。另外，具體目標的工具存在套利的可能性，並且太強的針對性可能增加政策執行成本。

第三，對宏觀審慎工具的時變調整更利於應對金融體系週期性變化。有些宏觀審慎工具的設計初衷是作為金融週期的「自動穩定器」，如動態撥備和資本留存緩衝（有助於平抑週期）。至於其他工具，如 DTI 和準備金要求這類工具需要根據經濟發展要求而進行動態調整。由於經濟和金融形勢瞬息萬變，動態調整的宏觀審慎工具將更受歡迎，但是要明確調整原則，要合理透明，政策當局應盡力避免局部的、頻繁的調整，否則會擾亂金融活動，不利於金融穩定。

第四，基於規則的工具在某些方面具有明顯的優勢，這類工具可以克服政策當局能力不足、私欲、失誤等帶來的負面影響。因此，一些宏觀審慎工具基於規則而設定，例如，動態準備金和資本金緩衝。不過，在現實中其他大多數工具都基於相機決策而設定，如 LTV、DTI 等都需要決策者相機決策、審慎調整。這是因為宏觀審慎政策主要作為事前政策，這點與貨幣政策是事後調整不同。因此為達到更好的預測性，政策當局需要靈活變化。另外，使用多工具聯合時，出於政策設定難度的考慮也不太可能基於規則。使用相機決策方法意味著政策制定者要根據科學的、正規的分析方法做決策，必須公開解釋政策的理由，增強政策透明度和效果。

「相機決策」在擁有靈活性優勢的同時，也對政策制定者提出了更高的要

求，首先應當有一個一般性的宏觀審慎政策的制定規則。這個規則至少應該涉及事前的識別和監測系統性風險的預警機制、宏觀審慎工具要達到的具體目標。也應涉及事中的金融機構行業法規，如內部控制機制。最後應涉及事後的風險處置機制。此外，宏觀調控手段和機構還有很多，如財政政策和國家發展改革委員會，其他公共政策工具是否與宏觀審慎目標相協調是政策制定需要重點考慮的問題，有必要構建清晰的溝通機制和統一的政策原則，以便於提升宏觀審慎政策的透明度和有效性。

關於宏觀審慎政策工具的使用情況，根據 2011 年 IMF 的調查，各類宏觀審慎工具中各國使用最多的是 LTV 工具（20 個國家使用），其次是準備金要求和限制外匯淨敞口（19 個國家使用），使用最少的是利潤的分配限制及貸款規模或增長上限（7 個國家使用）。

Lim（2011）對工具的選擇做了全面統計，按 4 個維度分類宏觀審慎政策工具使用情況，具體情況如表 4-2 所示：

表 4-2　不同維度下對宏觀審慎工具使用偏好的影響

維度		工具類型		
		信用工具	流動性工具	資本工具
國家發達程度	發達國家	43.0%	19.0%	10.0%
	新興市場國家	68.0%	93.0%	68.0%
資本流動規模	資本流動規模大	56.0%	68.0%	56.0%
	資本流動規模小	58.0%	54.0%	29.0%
匯率制度	浮動匯率制	48.0%	55.0%	40.0%
	固定匯率制	100.0%	89.0%	56.0%
金融發展程度	金融部門規模大	48.0%	36.0%	20.0%
	金融部門規模小	67.0%	88.0%	67.0%

註：根據 Lim（2011）整理。

總體來說，各個國家偏好使用流動性工具，事實證明流動性工具也普遍取得了很好的政策效果。而使用信用工具僅次於流動性工具，對資本相關的工具應用最少，這說明在實踐中，流動性工具、信貸工具在針對系統性金融風險時應當發揮良好的效果，並且要在實際操作中便於使用。

對各個國家基於 4 類組合使用情況的統計表明，在關於工具針對特定的政策目標以及選擇採用固定或時變方式方面，較多的國家使用時變方式，這符合

前面的理論分析，即使用時變的方式可以更靈活地應對市場變化，能更有效地針對系統性風險。而在採用單一工具還是多工具，採用基於規則還是相機決策方面，大部分國家選擇聯合運用多工具針對系統性風險，而不僅僅採用單一工具，這也符合前面的分析。由於金融市場各主體各類交易的錯綜複雜，我們並不容易挖掘出這些金融交易的實質，更無法斷定哪一類因素導致金融系統性風險，甚至是多種因素的共同作用，因此選擇多種宏觀審慎工具更加保險。而對於政策選擇是基於規則還是相機決策，幾乎大部分國家選擇了相機決策。原因非常簡單，基於規則的宏觀審慎工具選擇方法雖然可以避免政策惰性，更便於政策透明，但由於金融體系的複雜性和時變性，基於預先固定的法則選用宏觀審慎工具必然會出現無法應對突發事件和新變化的情況。基於規則的宏觀審慎政策不如基於相機決策的宏觀審慎政策。

4.2.3 貨幣政策與宏觀審慎政策協調的可行性

（1）金融危機前的調控框架缺陷

黨的十九大報告將雙支柱調控框架的重要性上升至國家層面，雙支柱調控框架成為未來最重要的宏觀金融調控方式。金融危機暴露出原有微觀審慎監管思路的缺陷與短板，而這些因素成為系統性金融風險的主要來源，因此也凸顯出構建雙支柱調控框架的必要性。舊有監管思路的缺陷主要體現在以下幾個方面：

微觀審慎框架中，金融機構重視個體自我風險管理和針對個體風險的金融監管，低估了系統性風險的形成和爆發，忽視金融系統的整體穩定性。這促使監管思想由微觀審慎向宏觀審慎轉變。

資本質量下滑。由於信貸具有順週期性，在經濟上行期，缺乏對銀行信貸增速和規模的限制，銀行不良貸款風險增加。企業槓桿率飆升，不能保證企業資產質量。

金融創新導致金融產品的實質不清晰。金融創新的深化導致金融衍生工具濫用，金融衍生品的理論基礎、風險度量水準、合法合規性還有待檢驗。例如，相當一部分金融衍生產品將期限錯配作為主要盈利方式，風險溢價的估算難度導致市場價格可能不準確。更有諸多產品設計存在投機性，在面臨特別衝擊時可能導致巨額虧損。在國內，金融創新則表現為銀信合作、銀保合作等形成的通道業務，以及各式各樣的嵌套組合和槓桿操作。

低估金融系統的順週期反饋機制。舊版的《巴塞爾協議Ⅱ》主要側重監管資本質量、資本充足率、槓桿率和流動性，舊資本監管並沒有對順週期性反

饋的風險給予足夠重視，一方面，缺乏跨週期的平滑機制，如低估了銀行信貸對經濟週期波動的重要影響；另一方面，原監管政策會加劇順週期反饋，如「公允價值法」計價的會計準則，用於信用風險估值的內部評級法等。

忽視表外業務監管。表外業務並沒體現資產負債表中的銀行業務，銀行出於達成交易或維護自身聲譽的目的或多或少對這些業務提供隱性擔保，此時的表外風險會表內化處理，對銀行的盈利能力和償付能力產生潛在的威脅。另外，商業銀行的表外資產也是商業銀行的利潤增長點之一。雖然《巴塞爾協議Ⅱ》也將表外資產納入了監管範疇，但重視程度嚴重不足，不僅缺少對表外業務的甄別，缺乏對表外風險的常規披露機制，而且將表外資產的風險權重設置為低水準。

對影子銀行的監管缺位。金融創新會衍生大量的新型產品或業務組合，監管的不到位或金融機構的有意規避，都將促進這類影子銀行業務規模的不斷增加。正如前文分析，影子銀行深化了金融機構間的聯繫，而且影子銀行業務本身具有高風險特徵，這些都會加劇金融脆弱性。然而，在經濟危機爆發前後的相當長時間內，影子銀行都沒有被置於有效監管之下。

（2）雙支柱調控框架協調作用的優勢

雙支柱調控框架的提出，表明中國政府未來將積極面對貨幣政策的困境，中央銀行的金融調控要採用以宏觀層面、逆週期、風險防控為主的方式，宏觀調控政策工具的使用也將不局限於貨幣政策工具，還可以兼顧宏觀審慎工具。其主要目標是處理經濟中跨時間順週期波動和風險的跨市場傳播對國民經濟、金融市場等造成的不利影響，防範系統性金融風險。雙支柱調控框架理論上是基於貨幣政策與宏觀審慎政策可以協調的假設。一般認為政策協調配合的優勢如下：

第一，貨幣政策與宏觀審慎政策發揮各自優勢，彌補單一政策的缺陷。

首先，本章第一節從理論上證明數量型貨幣政策無法有效調控資產價格和信貸週期，因此對金融結構性問題無能為力，在維護金融穩定方面表現出明顯不足。但是穩健中性的貨幣政策可以修正金融市場環境的扭曲，提升宏觀審慎政策的有效性；而宏觀審慎政策在調控資產價格方面的優勢明顯，在防範和化解系統性風險的過程中彌補了貨幣政策的不足。在宏觀審慎思想的指導下對銀行和影子銀行的監管趨於完善，這意味著貨幣當局可以更準確地評估貨幣乘數並提高貨幣政策的有效性。貨幣政策和宏觀審慎政策實現各自的目標。可以發揮貨幣政策的作用，如穩定物價、促進增長等，也可以發揮宏觀審慎政策的作用，防範並化解系統性金融風險。在時間維度，宏觀審慎政策多採取「事前

控制」策略，而貨幣政策多採取「事後控制」，宏觀審慎政策彌補了貨幣政策的時滯問題。諸如 LTV、動態撥備之類的宏觀審慎工具的「事前控制」比貨幣政策更加及時，起到了自動穩定器的作用。在截面維度，舊觀點忽視了對物價穩定與金融穩定一致性的討論，因此將金融穩定與貨幣政策框架相聯繫會影響貨幣政策的基礎目標的實現。而宏觀審慎政策彌補了貨幣政策對金融穩定的調控不足，與應對通貨膨脹的貨幣政策形成互補。

第二，貨幣政策與宏觀審慎政策協調有利於同一宏觀調控目標的實現。

貨幣政策和宏觀審慎政策可以配合使用以完成同一個政策目標。貨幣政策對宏觀經濟進行總量調節，針對物價穩定目標；而宏觀審慎政策針對金融穩定目標。實踐中，物價穩定目標與金融穩定目標有時具有一致性，兩種政策的工具和手段的搭配可以促成同一目標的實現。

例如，貨幣政策通過緊縮和擴張政策的交替使用，實現逆週期調控目標；宏觀審慎政策通過逆週期的資本緩衝工具，管控金融市場的順週期問題。兩種政策分別使用總量方法和自動穩定機制的方法進行逆週期調節，抑制了系統性風險。貨幣政策目標與宏觀審慎政策目標在調控社會融資水準、控制槓桿率、去庫存和去產能等方面還有廣闊的協調空間。貨幣政策目標是實現宏觀審慎政策目標的基礎，為宏觀經濟運行提供了良好的政策大環境；宏觀審慎政策目標是實現貨幣政策目標的有力保障，可以為貨幣政策提供平穩有效的政策傳導渠道，有利於實現政策目標。

第三，貨幣政策與宏觀審慎政策搭配能增加政策靈活性。

貨幣政策作為總量政策，牽一髮而動全身，在穩定物價和總產出方面擁有得天獨厚的優勢，但是在具體實施方面缺乏靈活性，政策可能伴隨較高的外溢成本。比如經濟陷入衰退，總需求下降，購買力與產出雙雙走低，貨幣當局通常實施寬鬆的救助貨幣政策來救市，使物價迴歸到期望狀態，以達到穩定物價的目的。此時，由於市場的不健全，流動性經常流入個別行業，推高如房地產、股票等資產的價格。根據金融加速器理論，如果為「冷卻」過熱的資產價格施行緊縮貨幣政策，上調利率，不僅危害基本政策目標也有導致泡沫破裂的風險。正如裘翔（2014）的研究表明，上調利率促使影子銀行進行規模和業務上的擴張以及高風險企業提高槓桿率，反而會加劇系統性風險。影子銀行的發展呈現明顯的逆週期性特徵，而諸多文獻都實證表明影子銀行會削弱貨幣政策的有效性（呂思聰，2018；李建強，2018）。目前，世界上所有國家的市場機制都有不健全之處，而市場結構化問題將導致單一貨幣政策效果不佳，甚至可能適得其反。

出於對調控效果的要求，政策當局尋求貨幣政策與宏觀審慎政策的搭配。穩健中性的貨幣政策可以穩定物價、促進實體經濟的發展，選用靈活而有針對性的宏觀審慎政策還能抑制資產價格的泡沫化趨勢，維持金融體系的平穩發展。根據不同的經濟金融形勢採用相機決策和時變的方式調整。宏觀審慎政策可以適時選擇盯住資產價格、信貸規模、信貸增量等中間目標，同時配合使用恰當的貨幣政策工具進行調節；在經濟下行時，針對不同行業或者不同區域實施差額存款準備金政策，可以起到增加特定區域的信貸量的作用，達成扶持經濟發展的目的。宏觀審慎政策與貨幣政策靈活配合，可降低政策實施成本和溢出損失，不僅會提高金融系統的資源配置效率，還能管控系統性風險，維護金融穩定。

4.2.4 雙支柱調控框架的協調機制

雙支柱調控框架應秉承發揮政策的相對優勢的原則來討論其分工和協調模式。前 IMF 的首席經濟學家 Blanchard 認為，宏觀審慎政策的初衷是對傳統貨幣政策的補充，貨幣政策可以在防範系統性金融風險中發揮支持性作用。中央銀行和監管部門應該統籌貨幣政策和宏觀審慎政策的整體作用。研究者認為，至少貨幣政策和宏觀審慎政策的協調可以從目標、工具和傳導渠道的協調三個方面來解釋。

（1）貨幣政策與宏觀審慎政策目標的協調機制

貨幣政策的最核心目標是穩定物價，在特殊情況下要承擔經濟增長、穩定就業等額外目標。宏觀審慎政策可以被認為是微觀審慎思想與宏觀審慎思想的結合，其最核心的目標是維持金融穩定和平衡，需要防範金融市場的順週期波動，抑制風險跨市場、跨週期傳播。

首先，丁伯根原則明確了政策工具和政策目標的關係，政策工具不應面臨多重目標的權衡，政策當局應當針對物價穩定、經濟增長和金融穩定制定多個獨立而有效的政策。Suh（2012）在 DSGE 模型中引入金融摩擦機制來分析政策的目標和福利損失，結論認為社會福利最大化條件下最優宏觀審慎政策的目標是盯住穩定信貸增量，而最優貨幣政策的目標是抑制通貨膨脹，達成最優貨幣政策和最優宏觀審慎政策，其首要條件是政策相對獨立。

其次，在貨幣政策與宏觀審慎政策保持相對獨立的前提下，兩種政策應盡可能相互支持和補充。Angelini（2012）的研究指出當宏觀經濟的不穩定因素來源於金融衝擊時，宏觀審慎政策是有效的。此時，貨幣當局和宏觀審慎當局相互合作可以實現更廣泛的目標，改善社會福利，促進經濟增長，提高政策控

制的有效性。

參見表4-3，若商品與資本品價格同向變動（雙漲或雙跌）時，則兩種政策目標相同，工具疊加可以實現雙重調控目標。例如，當經濟衝擊來源於商品和服務總需求上升時，GDP 增加，物價受需求型通貨膨脹的影響而上漲，銀行信貸順週期擴張，資產價格也上漲。此時，可以同時採取增加逆週期資本、提高資本充足率、調控信貸規模的宏觀審慎政策和緊縮貨幣政策，使通貨膨脹率和資產價格逐漸平穩。隱性的融資渠道受到管控，理論上不會使影子銀行規模在正向利率衝擊下膨脹，會抑制系統性風險的滋生，貨幣政策和宏觀審慎政策效果相互疊加、互相促進。物價和資產價格出現反方向的漲跌時，應當根據調控目標的緊要程度和經濟形勢綜合判斷，避免兩種政策的對沖。當物價下降，經濟面臨下行壓力時，普遍採用擴張性貨幣政策，加強市場流動性，但由於經濟結構問題，信貸規模雖高但是難以平均地分佈於實體部門，資產價格可能進一步上漲，若採用逆週期的宏觀審慎政策，則二者目標相互「衝突」。因此，如果經濟中物價完全失衡，經濟工作的重心是穩定物價、恢復生產，那麼應當以寬鬆貨幣政策為主，根據需要輔助以逆週期緩衝，適度降低存款動態準備金要求，適度擴大信貸規模和有增速上限的宏觀審慎政策，盡力維持資產價格穩定；如果政策重心是降低系統性金融風險，促進金融結構改革，則以宏觀審慎政策為主，需要採取適度緊縮或中性的貨幣政策，適度犧牲經濟利益，提高信貸要求，控制信貸規模，完善金融機構的信貸結構，向實體經濟提供資金和服務支持，推進結構性改革。此時，需要用更加科學且精細的理論和模型設計各政策的調控程度，多政策的相互對沖或者超調同樣不利於經濟金融系統的穩定，對政策間的衝突要足夠重視。

表4-3　宏觀審慎政策與貨幣政策目標協調機制

經濟系統	金融系統		
	資產價格上升	資產價格穩定	資產價格下降
物價上升	互補	貨幣政策目標	衝突
物價平穩	宏觀審慎政策目標	獨立	宏觀審慎政策目標
物價下降	衝突	貨幣政策目標	互補

（2）貨幣政策與宏觀審慎政策工具的協調機制

貨幣政策的三大工具是法定存款準備金、再貼現政策和公開市場操作。但實際操作中還包括利率、匯率、短期流動性調節工具（SLO）、常備借貸便利

工具（SLF）和中期借款便利工具（MLF）等，常備借貸便利（SLF）和中期借款便利工具（MLF）是近年新創且比較常用的貨幣政策工具。

宏觀審慎政策大致可以分為如表4-4所示的三類：

表4-4 宏觀審慎政策工具的分類

風險類型	工具類型	工具名稱
風險類型	信用工具	LTV、DTI和信貸規模或增長率上限等
	流動性工具	限制期限錯配、貨幣錯配、外匯淨敞口等
	資本工具	動態撥備、逆週期資本金要求等
風險傳導類型	時間維度工具	逆週期資本要求、存款準備金要求、LTV、DTI、動態撥備等
	橫截面維度工具	流動性風險費用等
中間目標類型	價格型工具	動態撥備、金融機構稅等
	數量型工具	外匯風險敞口限制、銀行同業等

根據目前的相關文獻，貨幣政策和宏觀審慎監管工具的協調使用有助於雙重政策目標的實現，並能降低系統性風險。郭敏、趙繼志（2011）指出，貨幣政策在進行宏觀調控時，如果政策工具不足，那麼應當對宏觀審慎的政策工具進行必要的補充。Goodhart（2009）認為貨幣政策與宏觀審慎政策的相互協調可以較好地控制槓桿率週期。宏觀審慎政策的工具如逆週期資本緩衝工具能穩定信貸規模，弱化信貸的順週期性，在一定程度上降低了經濟蕭條週期的損失，此時可以逆週期貨幣政策工具輔助。準備金要求工具既可以作為宏觀審慎工具，也可以作為貨幣政策工具，要在經濟繁榮時期提高準備金要求，防止經濟過熱；在經濟下行時降低準備金要求，維持信貸規模，緩解經濟週期性波動的影響，緩解經濟週期對金融體系的衝擊。因此，政策當局可以根據政策目標選擇適當的貨幣政策和宏觀審慎政策工具組合。秉承工具選擇上相對獨立的原則，關注貨幣政策與宏觀審慎政策在同一目標上的可能性政策衝突，盡量規避對沖形式的搭配方法。為了規避政策制定的信息不對稱風險，政策當局應當連同監管機構共同建立健全的信息共享機制，要充分研究潛在衝突的出現方式，並做好配套協調工作，建立完善、合規的操作準則。

（3）貨幣政策與宏觀審慎政策傳導渠道的協調機制

貨幣政策對貨幣供應量的調節往往通過銀行信貸渠道、貨幣渠道等。傳統理論通常假設市場中商業銀行是唯一的信用主體，貨幣乘數與銀行存款準備金

存在倒數關係，貨幣政策通過對銀行信貸渠道進行傳導，調整貨幣供應量和利率，進而可以調節一些宏觀指標（如投資、消費、總產出等）。宏觀審慎政策的渠道是金融機構，現階段最成熟的、應用範圍最廣的宏觀審慎監管體系是「巴塞爾 III」，該協議主要的監管對象是商業銀行，因此可以認為宏觀審慎政策目前最有效的傳導渠道是銀行信貸渠道。所以二者在銀行信貸渠道上有可以協調之處。

在經濟上行時期，資產價格攀升（抵押物價值上升），銀行信貸供給擴張，從而順週期刺激經濟發展，銀行信貸渠道相對暢通，此時宏觀審慎政策僅需要管控資產價格和信貸的順週期問題。在經濟下行時期，資產價格下跌（抵押物價值下跌），銀行信貸政策收緊，經營狀況惡化，繁榮時期的信貸會有部分轉化為不良貸款，銀行會進一步收緊銀根，此時企業融資會轉而求助於影子銀行，這體現了影子銀行在正向利率衝擊和市場風險衝擊下的擴張性。影子銀行的擴張阻礙了貨幣政策的實施，此時，宏觀審慎政策可以發揮其主要調控作用。一些宏觀審慎政策也可以遏制影子銀行的無序擴張，宏觀審慎政策穩定了銀行的信貸規模，使得在經濟週期中，貨幣當局對貨幣乘數的預測更加準確，避免貨幣當局誤判，增強了貨幣政策的有效性。

4.3 包含影子銀行和雙支柱調控框架的 DSGE 模型

4.3.1 基本模型

模型經濟中包括四類行為人，即家庭、企業、銀行和中央銀行。家庭提供勞動、進行消費，充當經濟中的淨借出者。企業生產和提供產品給行為人。中央銀行根據利率規則制定利率政策。模型中存在兩種金融摩擦：第一種是高風險企業和影子銀行之間的金融加速器機制，第二種是低風險企業和商業銀行體系之間的借入約束。

（1）高風險企業與影子銀行

模型之所以如此設定，一方面是由於影子銀行可以規避金融監管，將銀行資產出表，利用利率雙軌制獲得利差收益。另一方面，銀行信貸規模有限，在管控風險方面自然偏好低風險企業。在中國經濟轉型期，一些如房地產、「兩高一低」行業受政策制約而貸款困難。

高風險企業購買資本品的資金部分來源於其淨資產，另一部分來自外源融

資。在時期 t 末，代表性的高風險企業擁有淨資產 N_{t+1}^H ，確定貸款數量 L_{t+1}^H 以使其能夠從資本生產企業處購得新資本量 $\bar{K}_{t+1}^H$ 。① 假定高風險企業無法向商業銀行借款，而只能向經濟中的影子銀行體系借款。高風險企業的貸款數量滿足式（4-1）：

$$L_{t+1}^H = P_t Q_{k',t} \bar{K}_{t+1}^H - N_{t+1}^H \tag{4-1}$$

若高風險企業履行債務合約，需在時期 $t+1$ 末為此貸款支付總利率 Z_{t+1}^H 。高風險企業的資產具有風險性，表現為在購買資本後會受異質性隨機生產率衝擊 ω 的影響，其有效資本將變為 $\bar{K}_{t+1}^H \omega$ 。假定 ω 具有單位均值，服從對數正態分佈，且對於所有高風險企業獨立分佈，$\ln(\omega)$ 的方差記為 σ^2 。

高風險企業在觀察到時期 t 的衝擊後，選擇資本利用率 u_t^H ，面對資本利用率的調整成本 $a(u_t^H)$ ，將資本以實際租金率 $r_t^{k,H}$ 租出，在期末將未折舊資本以資本相對價格 $Q_{k',t}$ 變現。對於每單位購買的物質資本，高風險企業得到的回報是 $R_t^{k,H} \omega$ ，平均資本回報率 $R_t^{k,H}$ 表示為式（4-2）：

$$1 + R_{t+1}^{k,H} = \frac{[u_{t+1}^H r_{t+1}^{k,H} - a(u_{t+1}^H)]P_{t+1} + (1-\delta)P_{t+1}Q_{k',t+1}}{P_t Q_{k',t}} \tag{4-2}$$

式（4-2）中，P_t 表示價格水準，δ 是物質資本折舊率。

高風險企業在變現資本後償還影子銀行的貸款。定義異質性衝擊在時期 $t+1$ 的一個臨界值水準 $\bar{\omega}_{t+1}$ ，使得式（4-3）成立：

$$\bar{\omega}_{t+1}(1 + R_{t+1}^{k,H})P_t Q_{k',t}\bar{K}_{t+1}^H = Z_{t+1}^H L_{t+1}^H \tag{4-3}$$

具有 $\omega < \bar{\omega}_{t+1}$ 的高風險企業宣告破產，影子銀行將得不到貸款的償還，但會在付出監督成本後接收這些企業的資產。假定影子銀行在完全競爭的環境下營運，零利潤條件要求影子銀行來自未破產企業的貸款本息加上來自破產企業的支付等於對儲戶的支付，如式（4-4）所示：

$$[1 - F(\bar{\omega}_{t+1}; \sigma_t)]Z_{t+1}^H L_{t+1}^H + (1-\mu)\int_0^{\bar{\omega}_{t+1}} \omega dF(\omega; \sigma_t)(1 + R_{t+1}^{k,H})P_t Q_{k',t}\bar{K}_{t+1}^H$$
$$= (1 + r_t^E)L_{t+1}^H \tag{4-4}$$

其中，$F(\bar{\omega}_{t+1}; \sigma_t)$ 是 $\bar{\omega}_{t+1}$ 的累積分佈函數，μ 是監督成本參數，r_t^E 是影子銀行支付給儲戶的利率。為反應儲戶參與影子銀行業務面對的風險，以及政策利率的不完全傳遞，本章跟隨 Funke 等（2015）的假定，假設影子銀行支付給其儲戶的利率 R_t^E 高於經濟中的無風險利率，因為影子銀行有著正的違約概率。高風險企業淨資產 V_t^H 的運動規則如式（4-5）所示：

---

① 若非特別說明，變量均以名義值表示。

$$V_t^H = (1 + R_t^{k,H})P_{t-1}Q_{k',t-1}\bar{K}_t^H - (1 + r_{t-1}^E)L_t^H - \mu \int_0^\omega \omega dF(\omega; \sigma_{t-1})(1 + R_t^{k,H})P_{t-1}Q_{k',t-1}\bar{K}_t^H \qquad (4-5)$$

假定高風險企業以概率 $1 - \gamma^H$ 離開經濟並向家庭部門出售其淨資產。高風險企業的淨資本由式（4-6）給出：

$$N_{t+1}^H = \gamma_t^H V_t^H + W^H \qquad (4-6)$$

式（4-6）中，W^H 是來自家庭部分的初始轉移支付參數。

（2）低風險企業

低風險廠商在模型中扮演的角色與高風險企業類似，從資本生產企業手中購買資本，租賃給中間產品企業。與後者不同的是，低風險企業能夠以向商業銀行貸款的方式進行外源融資。在時期 t 末，低風險企業家出售未折舊的資本給資本生產者，支付貸款利息給商業銀行，低風險企業的選擇資本利用率 u_t^L 和商業銀行貸款量 L_{t+1}^L，如式（4-1）所示：

$$\Pi_t^L = [u_t^L r_t^{k,L} - a(u_t^L)]P_t\bar{K}_t^L + (1-\delta)P_tQ_{k',t}\bar{K}_t^L - (1+r_t^L)(P_{t-1}Q_{k',t-1}\bar{K}_t^L - N_t^L) \qquad (4-7)$$

式（4-7）中，r_t^L 是商業銀行貸款的名義利率。① 本章在此處以借入約束的方式引入金融摩擦，假定低風險企業家面對如式（4-8）所示的借入約束：

$$L_{t+1}^L \leq \rho^L L_t^L + (1-\rho^L)m^L A_t^L E_t \frac{1}{1+r_t^L} P_{t+1}Q_{k',t+1}\bar{K}_{t+1}^L \qquad (4-8)$$

其中，ρ^L 是隨時間緩慢調整的借入約束，用以刻畫現實中無法每時期（季度）調整的借入限制，A_t^L 表示對低風險企業家借入能力的外生衝擊。

（3）商業銀行

商業銀行部門由分佈在單位區間上的銀行連續、系統地構成。② 每一家商業銀行 $z \in [0, 1]$ 由批發分行和零售分行組成，零售分行包括存款零售和貸款零售分行。家庭和低風險企業直接面對差異性的零售存款 z 和零售貸款 z，由商業銀行 z 的存、貸款分行提供。存款零售分行 z 以無風險利率 r_t^D 從家庭處獲得存款 $d_{z,t}$，以不變替代彈性方式組合為總存款 d_t，向批發分行提供這些存款，從中獲得的利息為 R_t^D。零售貸款分行 z 以利率 R_t^L 從批發分行處獲得批發貸款 $L_{z,t}^L$，將其差異化後貸放給低風險企業。由成本最小化問題可得到差異性存貸款的需求函數（4-9）：

---

① 此處的貸款利率指商業銀行貸款零售分行的貸款利率。將在後文中進一步論述。
② Gerali 等（2010）使用「批發-零售銀行」框架刻畫銀行的利率設定行為，在一個抵押品約束形式的中型 DSGE 模型中刻畫政策利率的不完全傳遞特徵。

$$d_{z,t} = \left(\frac{r^D_{z,t}}{r^D_t}\right)^{-\varepsilon^d} d_t , \quad L^L_{z,t} = \left(\frac{r^L_{z,t}}{r^L_t}\right)^{-\varepsilon^l} L^L_t \qquad (4-9)$$

式（4-9）中，ε^d 和 ε^l 表示差異性存貸款間的替代彈性，平均貸款存貸款利率滿足式（4-10）：

$$r^D_t = \left[\int_0^1 (r^D_{z,t})^{1-\varepsilon^d} dz\right]^{1/(1-\varepsilon^d)} , \quad r^L_t = \left[\int_0^1 (r^L_{z,t})^{1-\varepsilon^l} dz\right]^{1/(1-\varepsilon^l)} \qquad (4-10)$$

零售存款分行在設定存款利率時面對二次型的利率調整成本，後者與貸款總回報成正比，其目標函數為式（4-11）：

$$E_0 \sum_{t=0}^{\infty} \beta^t \lambda^P_t \left[R^D_t D_{z,t} - r^D_{z,t} d_{z,t} - \frac{\kappa_d}{2}\left(\frac{r^D_{z,t}}{r^D_{z,t-1}} - 1\right)^2 r^D_t d_t \right] \qquad (4-11)$$

受約束於需求函數（4-9）以及 $D_{z,t} = d_{z,t}$，$D_{z,t}$ 表示批發分行 z 得到的存款。零售貸款分行 z 的問題是選擇 $r^L_{z,t}$ 最大化目標函數（4-12）：

$$E_0 \sum_{t=0}^{\infty} \beta^t \lambda^P_t \left[r^L_{z,t} L^L_{z,t} - R^L_t L_{z,t} - \frac{\kappa_l}{2}\left(\frac{r^L_{z,t}}{r^L_{z,t-1}} - 1\right)^2 r^L_t L^L_t \right] \qquad (4-12)$$

模型受約束於需求函數（4-9）以及 $L_{z,t} = L^L_{z,t}$，$L_{z,t}$ 表示批發分行 z 的批發貸款。

在模型中，商業銀行批發分行作為資金融通媒介，吸收存款、發放貸款、調整超額備付金並進行同業往來業務，面對貸款、存款和準備金的管理成本，在其貸款偏離中央銀行的目標時也存在成本（Chen，2012）。商業銀行也在存款貨幣創造中發揮作用（Funke & Paetz，2012）：批發分行獲得總存款 D_t 後，按照貨幣乘數 $1/v_t$ 創造新的存款。商業銀行批發分行的資產負債表表示為表 4-5。

表 4-5 商業銀行批發分行的資產負債表①

資產		負債	
法定準備金	$\eta_t D_t$	創造的存款貨幣	D_t/v_t
超額備付金	E_t		
低風險企業的貸款	L_t	銀行間市場淨借入	IB_t

假定批發分行在完全競爭環境下營運，給定各種利率，選擇存貸款數量、超額備付金以最大化其實際收益流的現值和，如式（4-13）所示：

---

① 模型中未包含銀行資本，因此銀行權益資本沒有包含資產負債表中的負債方。

$$E_0 \sum_{t=0}^{\infty} \beta_{wb}^t [(1+R_t^L)L_t + (1+R_t^E)E_t + (1+R_t^R)\eta_t D_t - (1+R_t^{IB})IB_t - (1+R_t^D)$$
$$\frac{D_t}{\nu_t} - (L_{t+1} + E_{t+1} + \eta_{t+1}D_{t+1} - IB_{t+1} - \frac{D_{t+1}}{\nu_{t+1}})\pi_{t+1} - CE_t - CL_t] \quad (4\text{-}13)$$

式（4-13）中，β_{wb} 是批發分行的貼現因子，R_t^E、R_t^R 和 R_t^{IB} 是超額備付金、法定準備金利率和銀行間市場拆入利率，CE_t 表示貸款、存款和準備金的管理成本，CL_t 表示貸款偏離中央銀行目標值產生的成本，滿足式（4-14）、式（4-15）：

$$CE_t = \frac{1}{2Y}\{c_d[(\frac{D_t}{\nu_t})^2 - (\frac{D}{\nu})^2] + c_l[(L_t)^2 - L^2] + c_e(E_t^2 - E^2)\} \quad (4\text{-}14)$$

$$CL_t = \frac{\kappa^w}{2}(L_t - L_t^{CB})^2 \quad (4\text{-}15)$$

上述問題的一階條件如式（4-16）至式（4-18）所示：

$$R_t^L = R_t^{IB} + \frac{c_l}{Y}L_t + \kappa(L_t - L_t^{CB}) \quad (4\text{-}16)$$

$$R_t^D = \eta_t \nu_t R_t^R + (1 - \eta_t \nu_t)R_t^{IB} - \frac{c_d}{Y}\frac{D_t}{\nu_t} \quad (4\text{-}17)$$

$$R_t^E = R_t^{IB} + \frac{c_e}{Y}E_t \quad (4\text{-}18)$$

這表明，貸款和超額準備金的機會成本由銀行間利率、管理成本和偏離中央銀行貸款目標的成本給出，存款的機會成本是準備金收益、銀行間利率和存款管理成本的加權平均。

（4）生產企業

假定經濟中存在競爭性的最終產品企業，生產可以自由轉換為消費品、投資品、政府支出（或用於各種成本消耗）的最終產品。代表性最終產品企業使用 Dixit-Stiglitz 技術將中間產品 $Y_{i,t}$ 轉換為最終產品 Y_t，如式（4-19）所示：

$$Y_t = [\int_0^1 Y_{i,t}^{1/\lambda_f} di]^{\lambda_f} \quad (4\text{-}19)$$

其中，$\lambda_f \geq 1$ 表示中間產品廠商的加成。由利潤最大化問題可得到 $Y_{i,t}$ 的需求函數（4-20）：

$$Y_{i,t} = (\frac{P_{i,t}}{P_t})^{\lambda_f/(1-\lambda_f)} Y_t \quad (4\text{-}20)$$

其中，$P_t = [\int_0^1 P_{i,t}^{1/(1-\lambda_f)} di]^{1-\lambda_f}$。假定每種差異性的中間產品由特定的中間產

品廠商 $i \in [0, 1]$ 以如式（4-21）所示的生產技術生產：
$$Y_{i,t} = z_t K_{i,t}^{\alpha} H_{i,t}^{1-\alpha} \qquad (4-21)$$

其中，$K_{i,t}$ 和 $L_{i,t}$ 是資本服務和勞動投入，α 是資本收入份額，z_t 是服從一階自迴歸過程的生產率衝擊。假定資本投入由高風險和低風險資本服務 $K_{i,t}^H$ 與 $K_{i,t}^L$ 組合得到，如式（4-22）所示：
$$K_{i,t} = [\eta^{1-\rho}(K_{i,t}^H)^{\rho} + (1-\eta)^{1-\rho}(K_{i,t}^L)^{\rho}]^{1/\rho} \qquad (4-22)$$

其中，$K_{i,t}^H = u_{i,t}^H \bar{K}_{i,t}^H$，$K_{i,t}^L = u_{i,t}^L \bar{K}_{i,t}^L$，$\rho$ 表示兩種類型資本間的替代程度。由中間產品廠商的成本最小化問題可得邊際成本 mc_t 與工資 W_t、高風險和低風險資本租金率 $r^{k,H}$ 和 $r^{k,L}$ 之間的關係式。

假定中間產品廠商以 Calvo（1983）交錯定價的方式設定價格。每個時期，僅有比例為 $1-\xi_p$ 的廠商能夠重新定價，無法重新設定價格的廠商的價格以如式（4-23）所示的方式進行部分指數化運動：
$$P_{i,t} = P_{i,t-1}\pi^{\iota}\pi_{t-1}^{1-\iota} \qquad (4-23)$$

其中，$\pi_t = P_t/P_{t-1}$ 表示通貨膨脹率，ι 表示價格隨穩態通貨膨脹指數化調整的程度。① 能重設價格的中間產品廠商的問題是在需求函數的約束下，選擇最優價格 $P_{i,t}^*$ 以最大化預期利潤。由於所有廠商選擇相同的最優定價 $P_{i,t}^*$，總價格水準滿足式（4-24）：
$$P_t^{1/(1-\lambda_f)} = (1-\xi_p)(P_{i,t}^*)^{1/(1-\lambda_f)} + \xi_p(P_{i,t-1}\pi^{\iota}\pi_{t-1}^{1-\iota})^{1/(1-\lambda_f)} \qquad (4-24)$$

物質資本由資本生產廠商生產，資本存量的運動規則服從 Christiano 等（2013）的形式，如式（4-25）所示：
$$\eta\bar{K}_{t+1}^H + (1-\eta)\bar{K}_{t+1}^L = (1-\delta)[\eta\bar{K}_t^H + (1-\eta)\bar{K}_t^L] + Y_t[1 - S(\frac{I_t}{I_{t-1}})]I_t \qquad (4-25)$$

式（4-25）中，假定在將投資品轉換成新資本時存在二次型的調整成本 $S(\cdot)$，滿足 $S''(1) > 0$, $S(1) = S'(1) = 0$，Y_t 是平穩的投資專有技術衝擊。

（5）家庭

家庭是經濟中貼現因子高於其他行為人的家庭，充當著經濟中的儲蓄者。耐心家庭選擇消費 C、個別勞動 h、理財產品 Eq_t 和存款 D，最大化其一生期望效用②，如式（4-26）所示：

---

① 在不造成混淆的前提下，忽略時間下標的變量表示該變量的穩態值。
② 若非特別說明，變量均為實際值。

$$E_t \sum_{t=0}^{\infty} \beta^t [\ln(C_t - bC_{t-1}) - A_L \frac{h_t^{1+\sigma_L}}{1+\sigma_L}] \tag{4-26}$$

模型受約束於預算約束，如式（4-27）所示：

$$P_t C_t + E_{t+1} + D_{t+1} \leq (1-\varphi_{t-1})(1+r_{t-1}^E) E_t$$
$$+ (1+r_{t-1}^D) D_t + W_t h_t + (1-\gamma^L) V_t^L + (1-\gamma^H) V_t^H + \pi_t^{ig} + \pi_t^{rb} + \pi_t^{sb} - t_t \tag{4-27}$$

其中，β 是家庭的貼現率，b 表示習慣形成程度，A_{nP} 是勞動在效用中的權重，σ_h 是勞動供給 Frisch 彈性的倒數，r_t^E 是影子銀行權益的回報率，r_{t-1}^d 是上一期帶入存款的利率，$(1-\gamma^H) V_t^H$ 是來自高風險廠商的轉移支付，π_t^{ig}、π_t^{rb} 和 π^{sb} 是來自中間產品廠商、零售銀行和影子銀行的股息，t_t 是一次總付稅。令 λ_t 表示預算約束（4-29）對應的現值拉格朗日乘數，家庭關於 C_t、E_{t+1} 和 D_{t+1} 一階條件如式（4-28）至式（4-30）所示：

$$\lambda_t = \frac{1}{C_t - bC_{t-1}} - E_t \frac{\beta b}{C_{t+1} - bC_t} \tag{4-28}$$

$$\lambda_t = \beta E_t \lambda_{t+1} \frac{1+r_t^D}{\pi_{t+1}} \tag{4-29}$$

$$1 + r_t^E = \frac{1+r_t^D}{1-\varphi_t} \tag{4-30}$$

其中，影子銀行的違約率 φ_t 假定為服從一階自迴歸過程。

模型以 Erceg 等（2000）的方式引入工資黏性。每個家庭出售其勞動 $h_{j,t}$ 給廠商，廠商使用如下形式的生產函數將勞動轉換為同質的投入品 H_t，如式（4-31）所示：

$$H_t = \left[\int_0^1 (h_{j,t})^{1/\lambda_w} dj \right]^{\lambda_w} \tag{4-31}$$

其中 λ^w 是工資加成。每個家庭面對的勞動需求函數為（4-32）：

$$h_{j,t} = \left(\frac{W_{j,t}}{W_t} \right)^{\lambda_w/(1-\lambda_w)} H_t \tag{4-32}$$

無法重設工資的家庭的工資服從式（4-33）：

$$W_{j,t+1} = W_{j,t} \pi_t^{\iota_w} \pi_t^{1-\iota_w} \tag{4-33}$$

其中，ι_w 是工資指數化的程度。總工資指數的運動規則如式（4-34）所示：

$$W_t^{1/(1-\lambda_w)} = (1-\xi_w)(W_t^*)^{1/(1-\lambda_w)} + \xi_w (\pi_{t-1}^{\iota_w} \pi_t^{1-\iota_w} W_{t-1})^{1/(1-\lambda_w)} \tag{4-34}$$

(6) 資源約束

經濟的總資源約束如（4-35）所示：

$$Y_t - \eta\mu G(\bar{\omega}_t;\ \sigma_{t-1})(1+R_t^{k,H})\frac{Q_{K',t-1}\bar{K}_t^H}{\pi_t} = G_t + C_t + I_t + \eta a(u_t^H)\bar{K}_t^H + (1-\eta)a(u_t^L)\bar{K}_t^L \quad (4-35)$$

式（4-35）左端第二項表示銀行監管高風險企業家的最終產出，式（4-35）右端最後兩項是資本利用率調整成本，政府支出 G_t 由家庭的一次總付稅籌資。

最後，模型共存在全要素生產率 z、政府支出 G、違約率衝擊 φ、投資專有技術衝擊 Υ、偏好衝擊 ζ^h、異質性生產率衝擊 σ、淨資產衝擊 γ^H、LTV 衝擊 A^L、存款利率加成衝擊 ε^d、貸款利率加成衝擊 ε^l、利率衝擊 ε^R、窗口指導衝擊 ε^{wg}、準備金要求衝擊 ε_η^r 等衝擊。①

4.3.2 貨幣政策和宏觀審慎政策工具

首先，對傳統貨幣政策工具進行描述，假定中央銀行以泰勒規則的形式設定短期名義利率②：

$$R_t = \rho_R R_{t-1} + (1-\rho_R)[R + \varphi_\pi(\pi_t - \pi) + \varphi_y(Y_t - Y_{t-1})] + \varepsilon_t^R \quad (4-36)$$

式（4-36）中，ρ_R 是利率平滑係數，φ_π 和 φ_y 是通貨膨脹缺口和產出缺口反應係數，ε_t^R 是貨幣政策衝擊。

其次，參照 Funke 等（2015）的設定，假定窗口指導以如式（4-37）所示的規則演進：

$$\hat{L}_t^{CB} = \rho_l^{cb}\hat{L}_{t-1}^{CB} - (1-\rho_l^{cb})[\varphi_l^l\hat{L}_t + \varphi_l^\pi\hat{\pi}_t + \varphi_l^y\hat{Y}_t] + \hat{\varepsilon}_t^{WG} \quad (4-37)$$

再次，假定貨幣乘數 ν_t 服從式（4-38）所示的運動規則：

$$\nu_t = \rho_\nu\nu_{t-1} + (1-\rho_\nu)\varphi_\nu^\eta\eta_t^r \quad (4-38)$$

最後，在宏觀審慎政策工具方面，我們跟隨 Glocker 和 Towbin（2012）的建議，設定 LTV 和準備金要求為兩個宏觀審慎政策工具，如式（4-39）、式（4-40）所示：

$$\hat{A}_t^L = \rho_{A^l}\hat{A}_{t-1}^L + \hat{\varepsilon}_t^{A^l} \quad (4-39)$$

---

① 這些衝擊中，一部分屬於外生過程，一部分屬於新息，為便於表述，將其統稱為外生衝擊。還未定義的衝擊將在下文中介紹。

② 陳師等（2015）利用中國 1996—2013 年的宏觀數據，研究得出對名義匯率作出直接反應的泰勒規則和數量規則模型變體有著最高的邊際似然。因此，中國的貨幣政策可以用泰勒規則來描述。

$$\eta_t^r = \rho_{\eta'}\eta_{t-1}^r + (1-\rho_{\eta'})[\varphi_\eta^l(L_t - L_t^{CB}) + \varphi_\eta^\pi(\pi_t - \pi) + \varphi_\eta^y(Y_t - Y_{t-1})] + \varepsilon_{\eta, t}$$

(4-40)

4.3.3 參數校準與模型估計

(1) 數據與校準

本章使用1996年Q1至2018年Q2的數據，包括消費、投資、總產出、就業、通貨膨脹率、名義利率與資本利用率等可觀測變量。[①] 對原始數據進行季節調整（X-12 ARIMA方法），對非平穩變量使用Hodrick-Prescott濾波器處理。本章採用Calvo方式來解決中國統計數據中總工作時間缺失的問題（Smets & Wouters，2003）。

數據時間跨度選擇是基於數據的完善性，1996年，中國首次公布季度數據，從1996年Q1到2018年Q2的數據比較全面。雖然中國在2010年前後才明確將宏觀審慎政策提升到戰略位置，但是中國人民銀行於1995年8月頒布了《商業銀行自營住房貸款管理暫行辦法》，要求借款人必須有相應的存款作為保證，金額不低於房價的30%，這已經可以被視為貸款價值比工具；中國法定存款準備金制度的建立更是早在1984年，此時中國人民銀行已經可以專門行使中央銀行職能。

(2) 貝葉斯估計

將季度通貨膨脹率設定為1.042，用以匹配樣本期間CPI的季度增長率。將M1與M2之比設定為其樣本均值0.359。王彬（2010）將勞動供給彈性σ設為0.818。根據王君斌、王文甫（2010）和王文甫、王子成（2012）的測算，將穩態資本折舊率δ設為0.025，實際貨幣彈性餘額μ設定1，資本份額α設為0.5，主觀貼現因子β設為0.98，行為人穩態工作時間為每天8小時。

假定部分參數不變，將其校準，使其匹配樣本矩。

模型中校準的參數如表4-6所示。

表4-6 模型中校準的參數

變量	符號	取值
穩態通貨膨脹率	π	1.010,2

[①] 利率為年化利率，經轉換變為季度值，通貨膨脹率與資本回報率亦同。資本利用率使用發電量衡量，利率使用銀行間7天內同業拆借加權平均利率衡量。該數據主要來源於《中國統計年鑒》《中國稅務年鑒》、商務部、海關總署、國家外匯管理局網站、聯合國商品貿易統計數據庫與國際貨幣基金組織統計數據庫。

表4-6(續)

變量	符號	取值
資本租金率	$r^{k,H}$	0.035
資本折舊率	δ	0.025
監督成本比例	μ	0.3
企業退出率	γ^H	0.95
淨資產轉移支付	w^H	0.01
生產率門檻	$\bar{\omega}$	0.575,1
高風險企業資本存量	$\bar{K}^H$	0.810,2
高風險企業淨資產	n^H	0.340,4
異質性生產率標準差	σ	0.206,5
穩態法定存款準備金率	η	0.35
高低風險資本替代彈性	ρ	0.78
影子銀行違約率	ϕ	0.01
資本收入份額	α	0.5
穩態工作時間	H	0.25
投資-產出比	I/Y	0.417,2
政府支出-產出比	G/Y	0.177,2
商業銀行貸款-產出比	L^L/Y	1.26
影子銀行信貸-產出比	L^H/Y	0.46
貸款利率彈性	ε^l	389
存款利率彈性	ε^d	−222
名義利率	R	0.915%
工資先行份額	v	0.2
法定存款準備金率	η'	0.2

先驗分佈和各模型變體的後驗分佈（DSGE-VAR 估計）如表4-7所示。

表 4-7 先驗分佈和各模型變體的後驗分佈（DSGE-VAR 估計）

參數		先驗分佈			後驗分佈			
		類型	均值	標準差	眾數	均值	\multicolumn{2}{c}{90% 置信區間}
價格黏性	ξ_p	Beta	0.750	0.075	0.955,8	0.951,9	0.939,8	0.962,5
工資黏性	ξ_w	Beta	0.750	0.075	0.837,0	0.854,7	0.826,2	0.876,3
價格指數化	ι	Beta	0.160	0.050	0.897,9	0.718,4	0.622,5	0.826,2
工資指數化	ι_w	Beta	0.290	0.050	0.552,9	0.564,1	0.508,7	0.638,2
價格加成	λ_f	Inv Gamma	1.200	2	3.801,9	2.628,5	1.719,7	3.263,8
工資加成	λ_w	Inv Gamma	1.050	2	8.736,8	4.827,3	3.736,9	6.002,2
投資調整成本	S''	Normal	29.300	5.000	29.582,4	24.302,4	21.663,8	26.591,9
習慣形成	b	Beta	0.800	0.100	0.555,3	0.835,6	0.756,9	0.885,8
利用率調整成本	σ_a	Normal	18.900	2.000	18.778,7	20.086,8	19.222,7	20.890,0
偏好衝擊	ρ_{ξ^h}	Beta	0.900	0.050	0.985,9	0.948,8	0.925,0	0.972,6
利率衝擊	ρ_R	Beta	0.729	0.050	0.662,2	0.685,8	0.658,7	0.710,9
生產率衝擊	ρ_z	Beta	0.900	0.050	0.993,6	0.975,5	0.962,2	0.988,4
政府支出衝擊	ρ_g	Beta	0.900	0.050	0.917,5	0.906,2	0.882,1	0.927,6
風險溢價衝擊	ρ_φ	Beta	0.900	0.050	0.971,0	0.958,9	0.948,0	0.971,0
投資專有技術衝擊	ρ_Y	Beta	0.900	0.050	0.829,4	0.850,1	0.817,1	0.883,4
異質性生產率衝擊	ρ_σ	Beta	0.950	0.025	0.959,9	0.959,9	0.949,8	0.969,2
淨值衝擊	ρ_{γ^H}	Beta	0.900	0.050	0.883,5	0.922,9	0.898,9	0.947,9
貸款替代彈性	ρ_{ε^l}	Beta	0.700	0.100	0.782,8	0.658,4	0.597,1	0.740,9
存款替代彈性	ρ_{ε^d}	Beta	0.700	0.100	0.786,0	0.713,6	0.673,8	0.752,0
Frisch 彈性倒數	σ_L	Normal	1.000	0.200	1.204,5	1.092,1	0.996,0	1.200,1
銀行存款成本參數	c^d	Normal	0.100‰	0.05‰	0.161‰	0.156‰	0.145‰	0.165‰
銀行貸款成本參數	c^l	Normal	0.158‰	0.05‰	0.122‰	0.115‰	0.085‰	0.145‰
工資指數化	κ^w	Normal	0.400	0.100	0.074,9	0.100,8	0.065,0	0.135,7
通脹反應	φ^π	Normal	1.781	0.100	1.802,0	1.850,0	1.807,7	1.892,9
產出反應	φ^y	Normal	0.093	0.020	0.094,9	0.116,7	0.101,4	0.133,1
中央銀行貸款衝擊	ρ_l^{cb}	Normal	0.800	0.020	0.797,0	0.768,3	0.758,8	0.778,0
貸款反應	φ_l^l	Normal	0.300	0.100	0.246,3	0.367,5	0.343,6	0.399,9
通脹反應	$\varphi_l^{\bar{\pi}}$	Normal	1.800	0.100	2.122,5	1.996,0	1.911,1	2.078,3
產出反應	φ_l^Y	Normal	0.100	0.020	0.093,8	0.085,6	0.079,1	0.091,5
家庭借入反應	φ_A^L	Normal	0.900	0.100	0.718,3	0.790,8	0.753,7	0.831,5
法定準備金率衝擊	ρ_{η^r}	Normal	0.600	0.100	0.346,5	0.518,3	0.439,9	0.605,2
通脹反應	$\varphi_{\eta^r}^\pi$	Normal	10.000	2.000	5.750,7	6.993,6	5.942,3	8.190,5
廠商貨幣需求	ρ_ν	Normal	0.600	0.100	0.887,5	0.803,0	0.749,9	0.848,7
法定準備金率反應	$\varphi_\nu^{\eta^r}$	Normal	0.800	0.100	0.707,1	0.800,3	0.772,5	0.836,9

表4-7(續)

參數		先驗分佈			後驗分佈			
		類型	均值	標準差	眾數	均值	\multicolumn{2}{c}{90% 置信區間}
借入約束持續	ρ_L	Beta	0.800	0.100	0.606,6	0.632,4	0.611,7	0.660,4
貸款價值比參數	m^L	Normal	1.750	0.100	1.831,3	1.822,8	1.771,1	1.864,5
貸款黏性	ξ_l	Normal	9.510	0.500	9.454,5	9.143,5	8.892,9	9.338,5
存款黏性	ξ_d	Normal	3.630	0.500	3.042,6	3.251,4	3.104,3	3.467,4
就業 Calvo 參數	ξ_n	Beta	0.675	0.100	0.477,9	0.558,1	0.505,1	0.615,1
生產率衝擊	σ_z	Inv Gamma	0.250	2	0.029,8	0.030,8	0.029,6	0.032,4
政府支出衝擊	σ_G	Inv Gamma	0.250	2	0.055,8	0.054,8	0.044,7	0.064,3
利率衝擊	σ_R	Inv Gamma	0.250	2	0.066,6	0.074,1	0.058,1	0.089,6
風險溢價衝擊	σ_φ	Inv Gamma	0.250	2	0.123,5	0.222,3	0.061,9	0.395,7
投資專有技術衝擊	σ_Y	Inv Gamma	0.250	2	0.240,8	0.170,2	0.112,8	0.230,3
勞動偏好衝擊	σ_{ξ^h}	Inv Gamma	0.250	2	0.291,7	0.431,9	0.243,2	0.632,4
異質性生產率衝擊	σ_σ	Inv Gamma	0.250	2	3.022,0	2.971,5	2.466,4	3.560,5
企業退出衝擊	σ_{γ^H}	Inv Gamma	0.050	2	0.122,7	0.078,5	0.045,2	0.114,0
家庭借入衝擊	σ_{A^L}	Inv Gamma	0.250	2	0.047,2	0.048,6	0.038,3	0.058,8
存款利率衝擊	σ_{ε^d}	Inv Gamma	0.250	2	0.174,3	0.237,4	0.058,0	0.446,8
貸款利率衝擊	σ_{ε^l}	Inv Gamma	0.250	2	1.653,4	0.191,0	0.059,6	0.326,3
窗口指導衝擊	σ_{wg}	Inv Gamma	0.250	2	0.336,9	0.236,5	0.063,4	0.474,5
存款準備金率衝擊	σ_{η^r}	Inv Gamma	0.250	2	0.114,2	0.205,0	0.059,9	0.376,3
最優 DSGE 權重	λ_{DSGE}	Uniform	10.000	—	—	0.492,8	0.446,5	5.773,5

4.3.4 脈衝回應分析

本節通過脈衝回應分析，考察如技術衝擊（生產率衝擊）、貨幣政策衝擊、金融風險衝擊（異質性衝擊）、宏觀審慎工具衝擊（LTV、法定準備金衝擊）對整個宏觀經濟和金融體系的影響，並以宏觀經濟指標的改善作為對有效性的測度。

（1）貨幣政策衝擊

如圖 4-1 所示，在緊縮性貨幣政策的單位衝擊下，投資 I、消費 C 和產出 Y 表現出持續地向下偏離趨勢的特徵，這些變量的脈衝回應符合宏觀經濟數據中相關的經驗特徵和人們的通常認知，也和中型 DSGE 模型的基本表現相符。雖然投資對貨幣政策衝擊的反應比消費的反應持續時間短，但反應強度更大，這說明中國投資對產出的影響也比消費的影響大，且中國投資利率彈性較大。通貨膨脹率 π 在衝擊下直接向下偏離了穩態，在第 10 期左右才向穩態迴歸，

通貨膨脹率在整個反應過程中的變動幅度也相對較小。這表明模型中引入的多種名義摩擦和實際摩擦，以及設定的貨幣政策和宏觀審慎政策工具發揮了良好的作用，貨幣政策工具能夠通過費雪關係式，較好地從名義利率的變化傳導到實際利率的變化上。此外，緊縮型貨幣政策也使得儲蓄利率 r^D 提高，較高的存款利率增加了儲蓄，減少了消費，這使得消費的衝擊反應出現得較為滯後。總體而言，從圖4-1可以得知，在模型中增加宏觀審慎工具，貨幣政策的利率渠道在整體上有效，傳統的貨幣政策能夠有效地防止總體經濟波動。

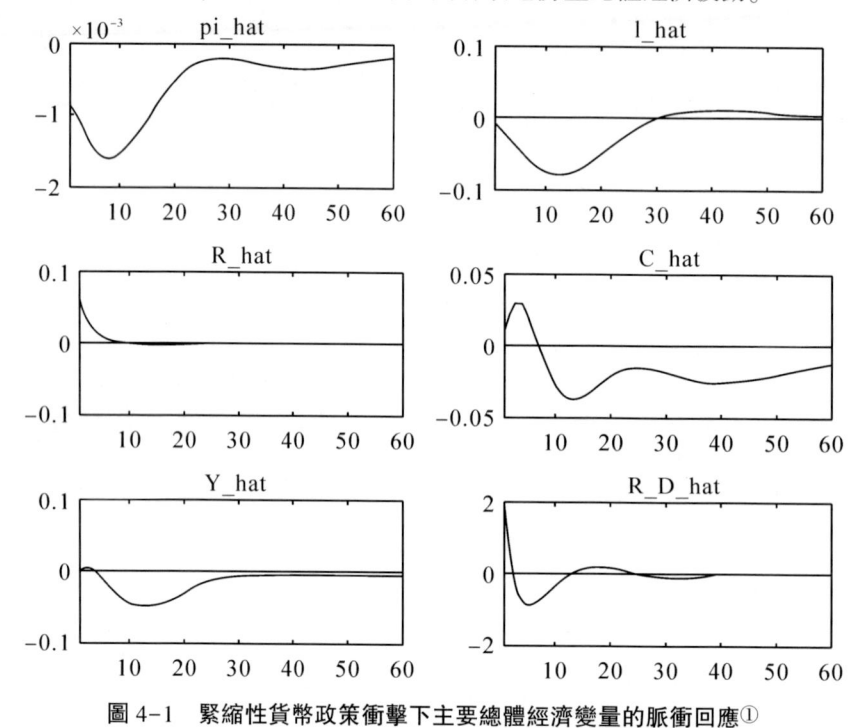

圖4-1 緊縮性貨幣政策衝擊下主要總體經濟變量的脈衝回應①

由圖4-2可知，緊縮性貨幣政策使得資產價格下跌，導致高風險企業的淨資產 n^H 下降，在此過程中產生了金融加速器機制。為分析影子銀行部門和高風險企業的存在對宏觀經濟及貨幣政策效應的影響，圖4-2顯示影子銀行貸款利率 r^E 確實會對貨幣政策的變化做出反應，緊縮性的貨幣政策顯著地影響了影子銀行部門的貸款利率。但是，與Funke等（2015）的分析不同的是，高風險企業面對的貸款利率提高，顯著地減少了其從影子銀行貸款的需求。Funke等（2015）指出，在面對緊縮性貨幣政策衝擊時，商業銀行的借貸反應

---

① 此處的總體經濟變量依次是通貨膨脹率、投資、政策利率、效費、產出和存款利率。

和影子銀行的反應是截然不同的，商業銀行在緊縮開支，影子銀行的借貸行為卻在不斷激增，原因是影子銀行作為金融仲介體系的一部分，干擾了傳統貨幣政策的傳導，從而抑制了中央銀行緊縮性貨幣政策發揮效果，緊縮性貨幣政策直接提高了企業融資成本，在降低通貨膨脹率的同時減少了企業投資需求。但是，此時高風險企業由於不能從商業銀行獲得貸款，只能向影子銀行進行借貸。由於影子銀行遊離於金融監管之外，一旦存款利率上限受到約束，影子銀行對商業銀行的替代效應開始出現，影子銀行會利用資產負債表外業務進行監管套利，進而擴展自己的資產負債表和槓桿率。① 在本章的估計模型中，由於模型中不存在利率管制，影子銀行行為得到抑制，而商業銀行同樣面對著由抵押品約束帶來的信貸約束，這使得在全面實施緊縮的貨幣政策後，貸款利率上升，總信貸規模下降，但影子銀行部門的信貸反而被商業銀行部門替代，這從側面說明利率自由化進程能夠降低影子銀行在信貸中的占比。

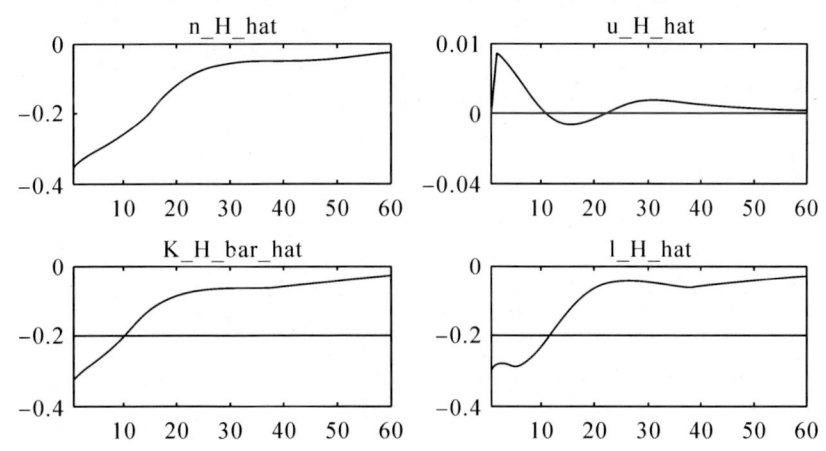

---

① Funke 等（2015）的研究表明，當存在利率管制時，對商業銀行利率的更嚴格監管導致了影子銀行放貸的增加，原因是一旦存款利率上限具有約束力，就會產生額外的替代效應，「信託」行為開始通過表外工具進行監管套利。換句話說，「信託」利用了利率和貸款限制不能適用於影子銀行的漏洞，這使得它們能夠提供更高的存款利率，從而誘使影子銀行擴大資產負債表和槓桿率。此外，相對於從影子銀行部門借款，商業銀行融資變得更加昂貴，這就產生了表外影子銀行貸款，並為影子銀行業提供了部分填補這一缺口的機會。因此，商業銀行和影子銀行對緊縮貨幣政策衝擊的反應是相反的，即在商業銀行緊縮開支的同時，影子銀行卻在激增。Funke 等（2015）的分析說明，進一步放開利率是抑制影子銀行擴張的重要措施。

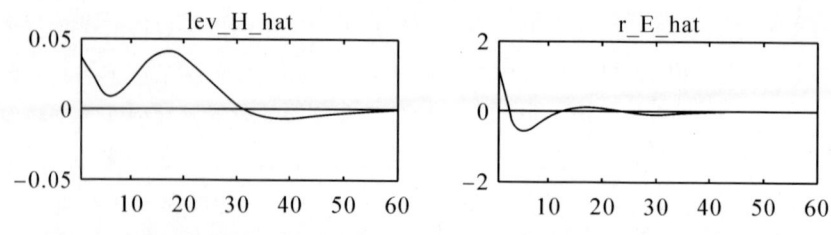

图 4-2 緊縮性貨幣政策衝擊下高風險企業和影子銀行部門的脈衝回應①

在圖 4-2 中，面對緊縮性貨幣政策的衝擊時，高風險企業的淨資產向下偏離穩態，最大偏離幅度達到 0.35% 左右。與之不同的是，在圖 4-3 中，低風險企業的淨資產向上偏離穩態，最大偏離幅度達 0.10% 左右。儘管模型對高風險企業（影子銀行部門）和低風險企業（商業銀行部門）設置不同的金融摩擦機制（即金融加速器和抵押品約束），但借入者淨資產價值的變化將對其借入量產生顯著影響。因此，貨幣政策對經濟中的價格因素（例如存貸利率）產生影響，金融摩擦和影子銀行的存在會對從價格因素到數量因素的傳導形成阻礙；放鬆利率管制能通過降低影子銀行在信貸中的占比，疏通貨幣政策的傳導。

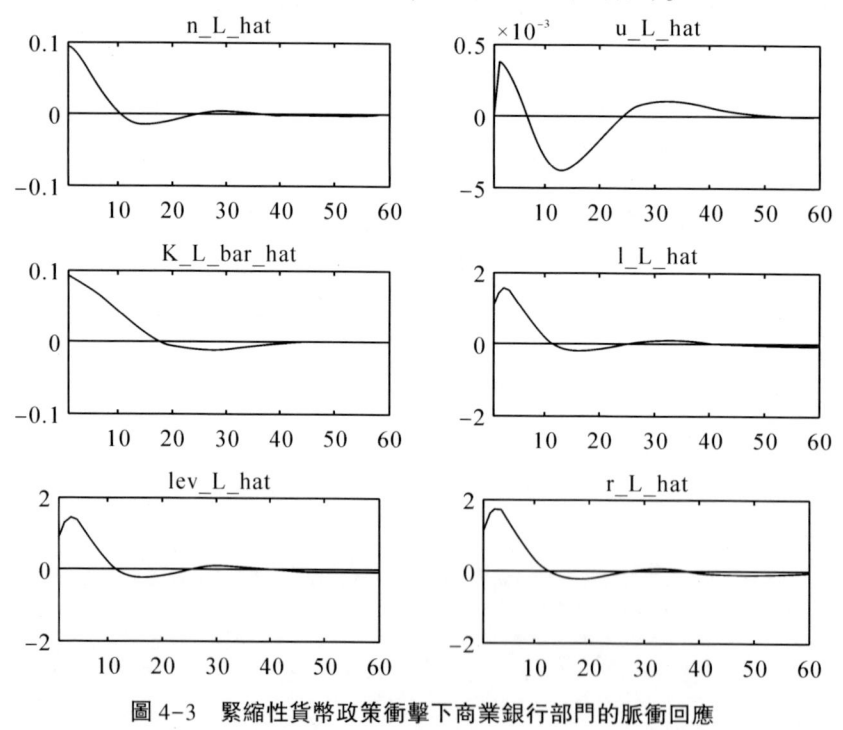

圖 4-3 緊縮性貨幣政策衝擊下商業銀行部門的脈衝回應

---

① 變量依次是高風險企業的淨資產、資本利用率、資本存量、信貸量、槓桿率和貸款利率。

（2）全要素生產率衝擊

如圖4-4所示，在全要素生產率單位衝擊下，消費C、投資I、產出Y、就業em和資本利用率u都向上偏離穩態，這和通常的預期及經濟現實相吻合。其中，生產率的持續提高對投資有很大的正向影響，投資對沖擊的反應相較於其他變量也最強烈，向上偏離穩態超過0.2個單位。雖然投資對沖擊的反應比消費反應的持續時間短，但是反應強度更大，這說明投資利率彈性較大，投資對產出的影響也比消費的影響大。儘管就業對沖擊的反應大於通貨膨脹率的反應，但是二者對沖擊反應的變化趨勢相對一致。在衝擊對利率的影響方面，全要素生產率的提高，使得人均資本增加，資本供給的增加又使得政策利率下降，因此可以從圖4-4中看出，存款利率r^D對沖擊的反應先呈現出向上偏離穩態，然後在震盪後又逐漸迴歸穩態，這可能是影子銀行提高存款利率以吸引存款所致。另外，全要素生產率的正向衝擊可能伴隨著前沿技術的進步和資源配置的優化，這都將提高資本利用率。

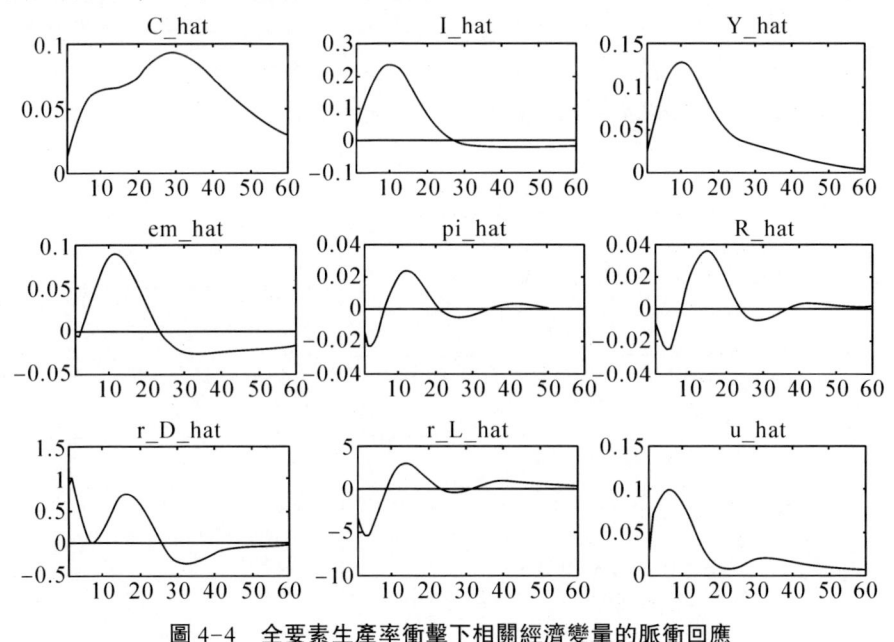

圖4-4 全要素生產率衝擊下相關經濟變量的脈衝回應

（3）異質性生產率衝擊

企業異質性是指企業在規模、資本密集度、所有權、人力資本、組織方式、技術選擇等方面特徵的差異，綜合體現為企業的生產率差異。本章的異質性假設針對的是高風險企業，這類企業對於經營風險和市場風險更為敏感，所以異質性生產率的衝擊可以是一次風險聚集的衝擊，從圖4-5可以看出，在正向異質性生

產率 ω 的衝擊下，高風險企業有效資本變為 $\bar{K}^H_{t+1}\omega$，產生了寬鬆的貨幣政策條件。存貸款利率在大多數時間裡仍然呈現出向下偏離穩態的狀態。投資在受衝擊後向下偏離穩態，這是因為正向異質性生產率衝擊使得資本成本相對於利潤有了提升，導致資本實際價格下降和資產淨值下降。在金融加速器機制運行下，資產淨值下降使企業抵押品價值下降，銀行部門代理成本增加，因此銀行會要求企業支付更高的利息費用以彌補自身成本的增加，這就提高了企業的外部融資成本，最終導致企業現金流的減少和投資的下降。而企業現金流和投資的減少會進一步降低企業的資產淨值，惡化企業的資產負債情況，使得企業抵押品價值下降，這又會提高企業的外部融資成本，降低企業的投資支出。因此在金融加速器機制的作用下，企業投資支出在受到異質性生產率衝擊後，出現了明顯向下偏離穩態的趨勢，其偏離程度相比消費和產出等其他宏觀經濟變量在衝擊後的偏離程度也更大。投資的下降使得經濟資源中的資本沒有得到充分的利用，因此資本利用率在衝擊後向下偏離穩態。而生產中的經濟資源沒有得到充分利用會導致失業的增加和產出的下降，進而引發消費和通貨膨脹率的下降。企業由於無法從商業銀行獲得融資，只能轉而求助於影子銀行部門，最終體現風險聚集過程，影子銀行的規模也在上升，而由於貸款企業的資質不良，影子銀行風險與企業經營風險同時存在。異質性生產率衝擊下相關經濟變量的脈衝回應如圖 4-5 所示。

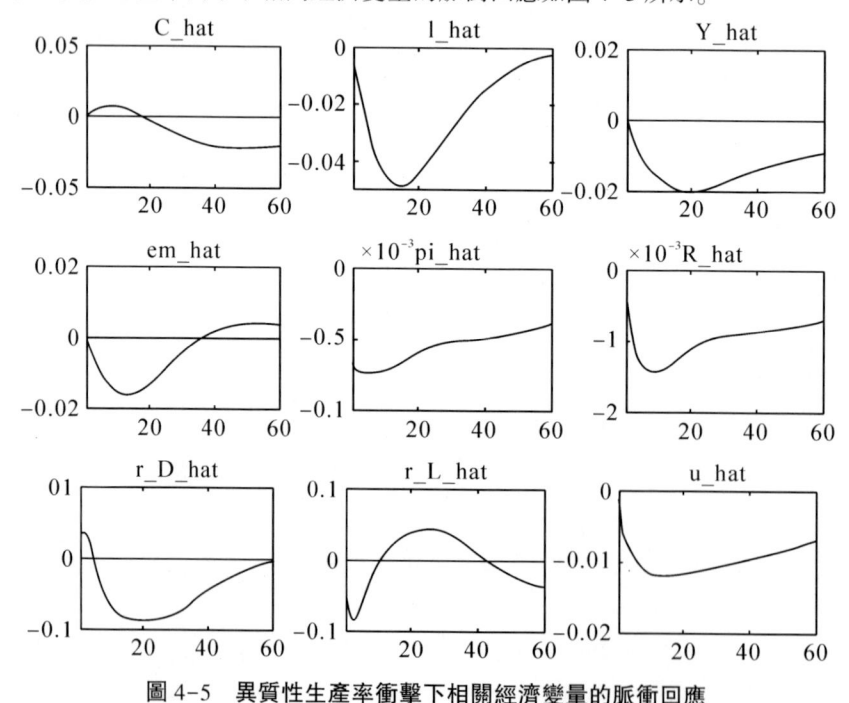

圖 4-5　異質性生產率衝擊下相關經濟變量的脈衝回應

（4）準備金要求與窗口指導衝擊（如圖4-6所示、圖4-7所示）

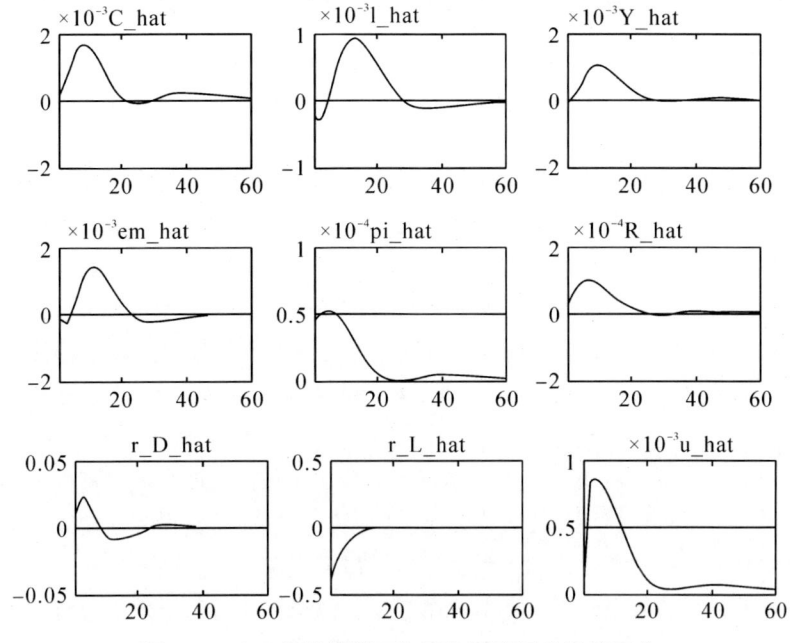

圖4-6 窗口指導衝擊下相關經濟變量的脈衝回應

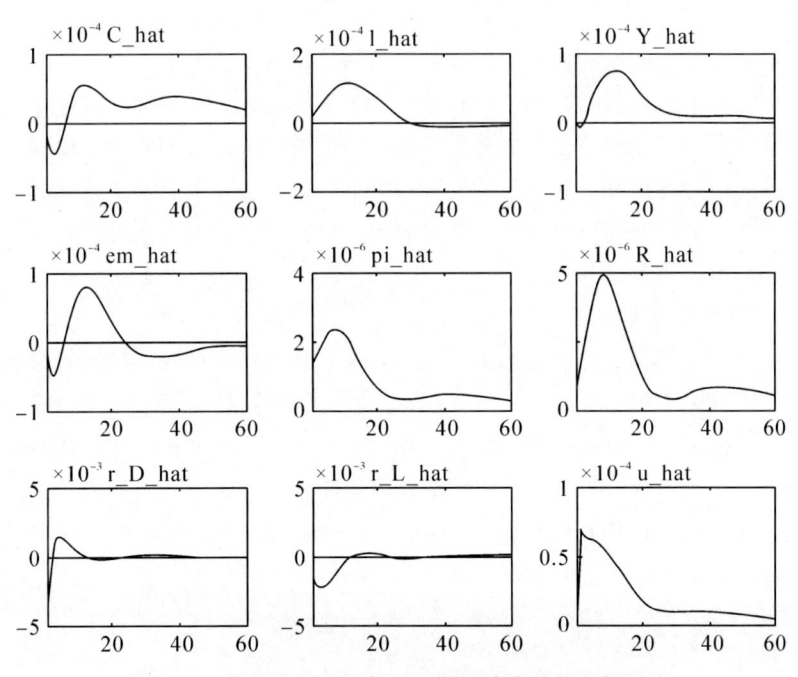

圖4-7 準備金要求衝擊下相關經濟變量的脈衝回應

圖4-6展示了窗口指導衝擊下相關經濟變量的脈衝回應，圖4-7展示了準備金要求衝擊下相關經濟變量的脈衝回應。本章分析了窗口指導的防範系統性風險的作用。窗口指導是監管機構利用其在金融體系中特殊的地位和影響，引導金融機構主動採取措施防範風險，進而實現監管目標的監管行為，可以是指導性政策，也可以是指令性政策。付俊文、趙紅（2008）認為，窗口指導貨幣政策工具是傳統三大貨幣政策工具的有益補充，它有益於彌補其他貨幣政策的時滯效應，從而有利於貨幣政策的有效執行，貫徹國家宏觀調控意圖。中國人民銀行認為，利用窗口指導來增強政策透明度，不但可以降低貨幣政策的操作成本，而且有助於中央銀行順利實現既定的政策目標，提高貨幣政策的有效性。[1] 此外，準備金要求因具有限制銀行可放貸規模和作為流動性緩衝的作用，可以防範系統性風險，現實中的流動性覆蓋率也是宏觀審慎政策工具的一種。

從圖4-6中可以看出，產出、投資和消費在衝擊後均向上偏離穩態，說明擴張性窗口指導衝擊對經濟有實際效應。但是，就業和通貨膨脹率在衝擊後卻呈現出先向下偏離穩態，後向上偏離穩態，最後逐漸收斂於穩態的趨勢。這可能因為影子銀行的存在干擾了傳統貨幣政策的傳導，使得經濟變量短暫地出現和預期變化方向相反的趨勢，削弱了窗口指導的有效性。準備金要求衝擊效果與窗口指導效果基本相同，但從圖4-6和圖4-7的對比可以看出，大多數變量對窗口指導衝擊的反應程度較準備金要求對衝擊的反應要強很多，這一方面說明準備金要求對經濟的影響相對較小[2]，另一方面也說明窗口指導這種非傳統貨幣政策存在一定的價值，能夠很好地彌補傳統貨幣政策的不足。準備金要求工具的作用更為複雜，在本章的模型設定下並不顯著。由於衝擊是同時發生的，所以準備金要求和窗口指導的衝擊表現可以在一定程度上對沖貨幣政策引起波動。

（5）貸款價值比衝擊

圖4-8展現了家庭面對貸款價值比（LTV）衝擊時主要宏觀經濟變量的脈衝回應。當實施宏觀審慎政策工具（LTV）放鬆對抵押品的約束後，意味著家庭部門可以從銀行部門獲得更多借款。如圖4-8所示，一個標準差的貸款價值比被衝擊後，消費、投資、產出、就業和通貨膨脹率都向上偏離穩態，這與通常的預期和經濟現實相符合。其中，投資的反應持續時間雖然比消費的時間

---

[1] 參考中國人民銀行《2006年第四季度貨幣政策執行報告》。
[2] 林仁文和楊熠（2014）也認為，對於總體經濟，存款基準利率和存款準備金率的作用將在改革前期起較大作用，在改革後期其作用逐漸減弱。

短，但是反應強度比消費大，對產出的影響也更大。企業投資的增加使得更多的資本得到充分利用，資本利用率提高。儘管就業對沖擊的反應大於通貨膨脹率的反應，但是二者對沖擊反應的變化趨勢還是相對一致的。政策利率、存款利率和貸款利率總體上均向上偏離穩態，其中貸款利率偏離的幅度最大。三種利率在衝擊後都出現上升的主要原因是，家庭借入的上升增加了對貨幣的需求，使得資金成本上升。值得注意的是，貸款利率在衝擊後先是向下偏離穩態，在 10 期左右的時候才開始向上偏離穩態。這是由於影子銀行的存在造成了市場上的金融摩擦，干擾了傳統的貨幣政策傳導機制，使得在家庭借入衝擊後的初期，把資金出借給家庭部門變得有利可圖，於是金融市場上資金供給增加，進而引起貸款利率的下降。因此，可以認為宏觀審慎政策中的 LTV 工具的實施可以調節家庭部門信貸的資金供給，宏觀審慎政策工具可以成為解決金融結構性問題的方案之一。

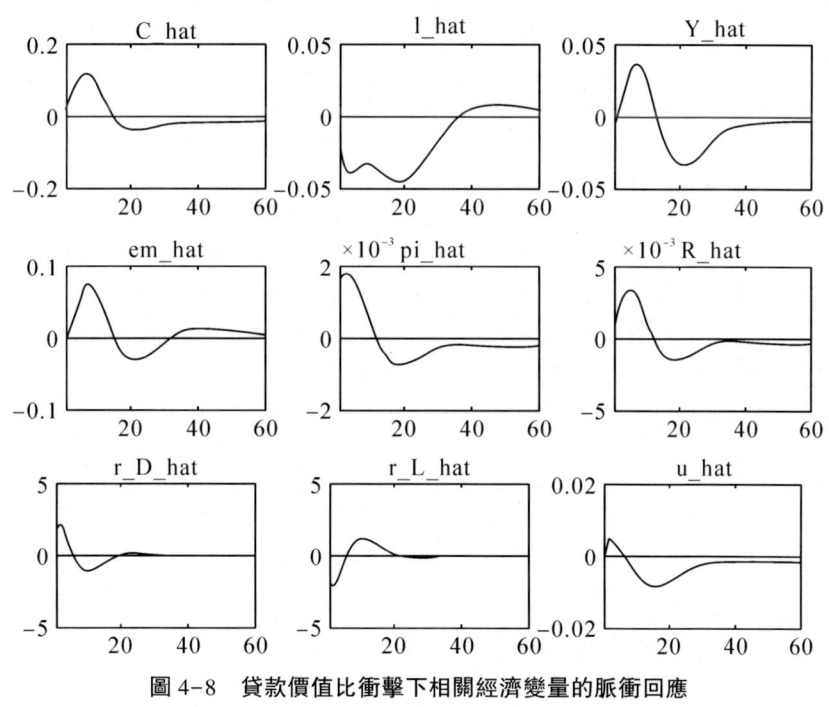

圖 4-8　貸款價值比衝擊下相關經濟變量的脈衝回應

4.4　最優貨幣政策與宏觀審慎政策的有效性分析

宏觀審慎政策目標的建模比較複雜，Angelini（2012）假設宏觀審慎當局

的職能是針對信貸的變化調整政策，即可以在設計宏觀審慎政策損失函數時將貸款產出比的方差納入其中，這意味著槓桿率會降低社會福利。

本節設計了三種不同的最優政策規則，計算在各自情形下宏觀經濟指標的波動和社會福利損失，以社會福利損失作為政策有效性的測度。

中央銀行的貨幣政策目標是盯住產出缺口和通貨膨脹缺口，將貨幣政策的社會福利損失函數設定為式（4-41）：

$$L^{cb} = \sigma_\pi^2 + \kappa_{Y,cb}\sigma_Y^2 + \kappa_R\sigma_{\Delta R}^2 \qquad (4-41)$$

其中，σ^2 是方差，κ 代表相對權重，本章參照 Angelini 等（2012）將 $\kappa_{Y,cb}$ 和 κ_R 分別設定為 0.5 和 0.1。對於宏觀審慎政策，其目標是盯住產出與準備金要求工具的變化，宏觀審慎政策福利損失函數設定為式（4-42）：

$$L^{mp} = \kappa_{l^l, mp}\sigma_{l^l/Y}^2 + \kappa_{Y, mp}\sigma_Y^2 + \kappa_\eta\sigma_\eta^2 \qquad (4-42)$$

式（4-42）中，$\kappa_{l^l, mp}$、$\kappa_{Y, mp}$ 和 κ_η 分別取 0.1、0.5 和 0.1。將中央銀行的社會福利損失函數設定為兩種政策損失函數的加總，如式（4-43）所示：

$$L = L^{cb} + L^{mp} = \sigma_\pi^2 + \sigma_{l^l/Y}^2 + (\kappa_{Y,cb} + \kappa_{Y,mp})\sigma_Y^2 + \kappa_R\sigma_{\Delta R}^2 + \kappa_\eta\sigma_\eta^2 \qquad (4-43)$$

本章假設了三種不同的最優政策規則，第一種被稱為「最優貨幣政策規則」，即中央銀行以泰勒規則（4-36）設定的貨幣政策，如式（4-44）所示：

$$R_t = \rho_R R_{t-1} + (1-\rho_R)[R + \varphi_\pi(\pi_t - \pi) + \varphi_y(Y_t - Y_{t-1})] + \varepsilon_t^R \qquad (4-44)$$

第二種被稱為「擴展的最優貨幣政策規則」，這一規則表現為貨幣政策中增加了金融穩定目標，模型的設定表現為貨幣政策在關注通貨膨脹和產出缺口的同時，加強了對信貸規模的反應，如式（4-45）所示：

$$R_t = \rho_R R_{t-1} + (1-\rho_R)[R + \varphi_\pi(\pi_t - \pi) + \varphi_y(Y_t - Y_{t-1}) + \varphi_l l_t^L] + \varepsilon_t^R \qquad (4-45)$$

第三種被稱為「雙支柱政策」，在泰勒規則下的貨幣政策中引入兩種宏觀審慎政策工具，即 LTV 工具、準備金要求，如式（4-46）至（4-48）所示：

$$R_t = \rho_R R_{t-1} + (1-\rho_R)[R + \varphi_\pi(\pi_t - \pi) + \varphi_y(Y_t - Y_{t-1})] + \varepsilon_t^R \qquad (4-46)$$

$$\hat{A}_t^L = \rho_{A^l}\hat{A}_{t-1}^L + \hat{\varepsilon}_t^{A^l} \qquad (4-47)$$

$$\eta_t^r = \rho_{\eta^r}\eta_{t-1}^r + (1-\rho_{\eta^r})[\varphi_\eta^l(L_t - L_t^{CB}) + \varphi_\eta^\pi(\pi_t - \pi) + \varphi_\eta^y(Y_t - Y_{t-1})] + \varepsilon_{\eta,t} \qquad (4-48)$$

其中，「雙支柱政策 I」是貨幣政策疊加 LTV 工具的最優政策規則，而「雙支柱政策 II」是在雙支柱政策 I 的基礎上再疊加準備金要求工具的最優政策規則。

表 4-8 中，本章將社會福利損失的大小作為判定政策效果的準則，而以方差度量各宏觀指標的穩定性，由表 4-8 可知，四種最優貨幣政策規則下，擴展

的最優貨幣政策規則較最優貨幣政策規則在福利損失上有一定提高，這意味著盯住多目標的貨幣政策效果並不好，這點也符合丁伯根法則的定義，貨幣政策應當避免對多目標進行權衡。本模型在雙支柱政策上的表現符合預期，當單一貨幣政策每多疊加一個宏觀審慎政策工具，社會福利都有所增進，這也證明了雙支柱政策的優越性。

表 4-8　不同政策的福利損失

	最優貨幣 政策規則	擴展的最優 貨幣政策規則	雙支柱政策 I	雙支柱政策 II
通貨膨脹率	0.013,4	0.012,8	0.013,7	0.013,6
貸款產出比	3.640,1	3.664,4	3.656,3	3.622,3
產出	0.568,8	0.584,9	0.551,2	0.551,3
利率變化	0.007,1	0.003,9	0.010,5	0.010,7
準備金率變化	0.076,3	0.072,7	0.078,0	0.124,0
福利損失	1.649,2	1.685,6	1.641,5	1.617,7

在雙支柱調控框架下，產出和信貸波動有明顯下降，通貨膨脹和利率的波動沒有明顯改善，這說明雙支柱最優政策規則可以穩定信貸和產出。對通貨膨脹率和利率的調節是貨幣政策的主要目標，雙支柱調控框架下雖然沒有展現出有效的改進，但是宏觀審慎政策工具的使用也沒有嚴重影響貨幣政策的實施，本模型並未體現出政策的衝突，相反從社會福利的角度，雙支柱政策在降低產出、抑制信貸波動、穩定通貨膨脹方面的效果明顯，而且可以明顯增進社會福利。

4.5　本章小結

本章構建了包含影子銀行和雙支柱調控框架的 DSGE 模型，引入豐富的實際和名義摩擦，研究在影子銀行條件下雙支柱調控框架的有效性。模型經濟中包括四類行為人，即家庭、企業、銀行和中央銀行。對影子銀行的刻畫表現為模型中存在兩種金融摩擦，第一種是高風險企業和影子銀行之間的金融加速器機制，第二種則反應為低風險企業和商業銀行體系之間的借入約束。對雙支柱調控框架的刻畫表現為，貨幣規則是服從泰勒規則設定的貨幣政策，而對宏觀

審慎政策的設定是引入了與信用相關的工具和與流動性相關的工具，分析雙支柱調控框架的有效性。

本章的主要結論包括：第一，在模型中增加宏觀審慎工具，貨幣政策的利率渠道在整體上有效，傳統的貨幣政策能夠有效地穩定總體經濟波動。第二，本章的模型中沒有假設利率管制，實際表現為影子銀行行為得到抑制，而商業銀行同樣將會面對由抵押品約束帶來的信貸約束，這使得在全面實施緊縮的貨幣政策後，貸款利率上升，總信貸規模下降，但影子銀行部門的信貸反而被商業銀行部門替代，這從側面說明利率自由化進程能夠降低影子銀行在信貸中的占比，進而疏通貨幣政策的傳導。第三，在本章引入的兩種宏觀審慎工具中，LTV 工具的效果十分明顯，可以有效調節家庭部門信貸的供給，這類宏觀審慎政策工具可以作為解決金融結構性問題的方案之一。準備金要求工具對宏觀變量存在一定影響，但相比之下，窗口指導可能是一個更為有效的選擇，中央銀行可以評估這一工具的應用效果。

貨幣政策與宏觀審慎政策的並行使用是中央銀行可行的政策選擇，從模型的表現可以得出雙支柱調控框架在穩定通貨膨脹、降低產出和抑制信貸的波動方面效果明顯，並且可以增進社會福利。更加細緻地研究雙支柱調控框架，對於更好地發揮宏觀審慎政策工具的作用、補充完善貨幣政策的不足、促進金融體系的穩定和宏觀經濟穩定具有重要意義。

5 結論與政策建議

5.1 研究結論

5.1.1 銀行信貸在宏觀審慎政策中的作用

銀行部門本身就有信用創造的功能，眾多學者也普遍認為銀行信貸在宏觀審慎政策工具中具有重要的作用。為判斷模型引入的銀行部門及其信貸行為是否能為模型提供重要的衝擊傳導機制，本文通過使用 DSGE 框架下的建模技術，在模型中引入家庭、銀行、企業、貨幣政策等，並利用校準得到的基準模型與模型變體的脈衝回應函數進行對比分析。考察銀行信貸與政策工具之間的影響機制以及宏觀經濟效應，具體結論如下：

（1）銀行部門在經濟衝擊中具有重要的傳導作用

本書通過研究宏觀經濟變量面對正向生產率衝擊以及緊縮性貨幣衝擊時的反應，發現銀行部門增強了衝擊的內生傳導。

首先，銀行部門以及正向生產率衝擊的雙重作用、抵押品約束渠道與法定存款準備金率的存在，都會引起貸款利率更大幅度的下降，促使信貸擴張。但是債務通貨緊縮效應、貸款利率加成、法定存款準備金率又會對投資產生抑制作用，且這種抑制作用大於前述的擴張作用，這也直接導致模型中引入銀行部門時的信貸量、信貸產出和投資相比忽略銀行部門時的反應更小。這對中國實施逆週期信貸調控以及銀行部門自身信貸管理提供了理論依據。

其次，在面對緊縮性貨幣政策衝擊時，在關閉銀行部門，設定銀行的信貸模型之後，政策利率在通貨膨脹和產出的較低持續性影響下會持續性降低。相比銀行部門的不完全競爭和交錯利率設定，銀行在改變包括存款、準備金、超額準備金在內的資產負債表項目時面對的成本才是政策利率傳遞機制發生作用的主要來源，這說明加強銀行監管會對政策利率的傳遞產生負面影響。

(2) 抵押品約束對信貸的影響

在研究主要宏觀經濟變量對緊縮性貨幣政策衝擊以及家庭面對的貸款價值比衝擊的反應時，我們發現信貸約束的變化相比貨幣政策對社會信貸以及投資的影響更加明顯。

由於銀行壟斷競爭性和利率設定行為的共同存在，貨幣政策對貸款利率的傳導是較為緩慢的；與貨幣政策的價格效應相比，抵押品價值變化對貸款數量的影響更為明顯。那麼如果政策利率存在不完全傳導，在貨幣政策的傳導過程中，抵押品渠道對消費者和投資者行為產生的的作用更加明顯。此外，當放鬆對銀行部門的監管或者說銀行部門更接近於完全競爭時，家庭面對更加寬鬆的信貸約束（或者更高的住房價格時），社會信貸明顯增加，尤其是家庭信貸。而加強銀行監管，總體信貸規模的增加量會減少，這對投資和產出可能會有負面影響。

(3) 窗口指導對傳統貨幣政策工具的重要補充作用

在研究法定準備金率與窗口指導衝擊時，我們發現銀行部門的壟斷競爭和銀行監管的存在，使得在實施貨幣政策時，窗口指導這種數量性的非傳統貨幣政策工具相對法定準備金率更具潛在價值，可以作為傳統貨幣政策工具的有益補充。而法定準備金率對經濟的影響並非實質性的，更多的要用到預期等本章模型設定之外的因素，作用也比較複雜，在本章的模型設定下並不顯著。

(4) 信貸總量作為政策反應變量的價值意義

本章研究政策工具對通貨膨脹和產出變化的反應，擴展引入其對貸款總量的反應，設定貸款價值比和法定準備金率為兩個宏觀審慎政策工具，同時假定貸款價值比對貸款目標和資產價格做出反應，通過計算不同政策規則中能夠產生最高穩定性（最小損失）的反應系數值，我們發現對比最優貨幣政策規則，對信貸總量作出反應的擴展的貨幣政策規則對社會福利有一定改善。也就是說，如果把金融穩定作為政策當局政策目標的一部分，那麼把信貸總量等金融總量作為考察政策工具效應的反應變量是有意義的。

(5) 宏觀審慎政策的優越性

近年來，基於 DSGE 模型的貨幣政策評價與設計框架展示了它在研究宏觀審慎政策方面的優越性。本章對損失函數的設定表明，如果政策當局將貸款產出比、準備金率變化等金融變量的穩定性納入政策設計和評價的視角，則只針對通貨膨脹和產出變動作出反應的傳統貨幣政策規則難以得到合意的結果。從福利分析的角度來看，將宏觀審慎政策工具作為經過擴展的貨幣政策的補充，會更有利於平穩通貨膨脹、產出、利率和金融變量的波動，進而增進社會福

利。也就是說，將宏觀審慎政策作為貨幣政策的補充，有利於平穩經濟波動，增進社會福利，在一定程度上能改進傳統貨幣政策的不足。

5.1.2 新興市場經濟體特徵與中國貨幣政策傳導

（1）開放經濟條件下的中國貨幣政策傳導

本文將新一代的中型 DSGE 開放經濟模型應用於中國的經濟週期和貨幣政策設計研究中。我們為模型引入一系列名義剛性和摩擦，用以擬合開放經濟下中國宏觀經濟數據的經驗特徵。貝葉斯估計和模型對比結果顯示，國內和進出口部門中的黏性價格、黏性工資、投資調整成本、消費習慣形成、可變資本利用率等名義與實際摩擦得到了中國宏觀經濟數據的支持。模型對比同樣顯示，中國在開放經濟條件下存在一定程度的、新興市場經濟體中普遍存在的特徵，包括貨幣替代、金融市場不完善與負債美元化等，這些機制的存在能顯著增加模型的邊際似然。在貨幣政策方面，估計顯示，中國的貨幣政策規則和匯率制度在經驗上可用一個一般性的「有管理的浮動匯率制」形式的簡單規則來描述。反事實實驗和脈衝回應分析表明，在面對國內生產率和風險溢價衝擊時，貨幣替代、金融加速器和負債美元化將降低貨幣政策在穩定產出和消費方面的效率。

（2）新興市場經濟體特徵對中國貨幣政策傳導的影響

為進一步判斷不完全匯率傳遞、貨幣替代、金融加速器和負債美元化將如何影響中國貨幣政策的傳導機制、經濟易變性和社會福利損失，本章對中央銀行的損失函數進行估計，對不同模型變體的比較表明，由於貨幣替代、金融加速器和負債美元化等一系列因素的存在，為了達到更好地穩定經濟的目的，政策制定者將採取更為積極的貨幣政策干預經濟的運行。此外，這些因素的存在導致經濟中一些實際變量在經濟受到衝擊時更容易產生波動，進而導致社會福利損失的增加。

5.1.3 影子銀行對中國貨幣政策傳導的影響

影子銀行本質上具有信用仲介創造的內涵，國內外學者已廣泛認識到此類金融機構在金融市場中的仲介作用，普遍認為貨幣政策的傳導在包含影子銀行體系的宏觀經濟運行環境中是受到不利影響的。本章對此進行考察，將影子銀行體系引入宏觀經濟模型，探討影子銀行對貨幣政策的影響。為了實現上述目標，本章建立了一個包含多種名義和實際摩擦、金融加速器和抵押品約束的DSGE 模型，在此基礎上引入影子銀行和商業銀行，將其應用於分析影子銀行

對貨幣政策傳導的影響。

此前，包含影子銀行的 DSGE 框架常常被用於分析美國經濟中的影子銀行，投資銀行投資高風險的證券化項目，商業銀行進行低風險的信貸活動，影子銀行體系通常被認為是與高風險相伴的金融創新，參與主體通常是監管套利下進行證券化融資的金融企業。本章通過 DSGE 框架下的建模技術和貨幣政策評價與設計方法，考察了影子銀行體系對貨幣政策的影響機制，該方法模擬具有理論價值的可預期政策路徑以及更具現實意義的不可預期的政策路徑。本章還創新性地在模型中擴展引入了更多金融摩擦，試圖論證在影子銀行體系存在的前提下，利率政策的波動會引起發行企業槓桿以及債券的波動，結果與可預期以及不可預期的貨幣政策路徑息息相關。

儘管 DSGE 模型並不能完美準確地預估現實世界的經濟運行，但是模型卻為討論中國金融市場改革的宏觀經濟效應提供了一個較完備的概念框架。金融市場改革和最優制度安排是宏觀經濟中較為複雜的課題，該模型運用的 DSGE 框架中包含了影子銀行、家庭部門、不同類型企業、貨幣政策以及金融摩擦等，模型對各信貸渠道涉及的多個市場中存在的金融摩擦進行了詳細刻畫，廣泛引入家庭和廠商面對的多種借入約束探討這一複雜的宏觀經濟問題。分析推理的結果反應出一些有意義的結論，諸如對企業按照風險屬性分類設定後，通過模型可以看出影子銀行的逆週期的特性以及其對貨幣政策有效性的影響，且其影響程度受到政策的預期性影響，具體結論如下。

（1）影子銀行體系的存在對貨幣政策形成影響

為了方便研究，本文進行了如下界定：在信貸市場裡，根據企業的資產負債狀況可以將企業分類為高風險企業與低風險企業，這一假設主要考慮到的是中國商業銀行發展的現實因素。中國商業銀行長期處於金融抑制的環境中，在新一輪商業銀行改制完成並成功剝離壞帳之後，監管層對商業銀行進行了更加嚴苛的管控，更為重要的是商業銀行作為中國金融市場中體量最大的參與主體，關乎整個金融市場的安全，完善的防火牆隔離制度是必然的措施。一系列的金融管制維護了金融市場的穩定，規避了系統性金融風險的發生，但在一定程度上造成了中國中小企業融資難的困境，也即商業銀行風險規避的市場行為。本章基於以上考慮，假定中國商業銀行在信貸市場中僅向低風險企業提供融資，影子銀行作為商業銀行信貸的補充向高風險企業提供融資。

本章通過研究發現，影子銀行體系的存在將對貨幣政策形成影響。傳統意義上認為緊縮的貨幣政策將抑制利率環境，貨幣當局加息的政策一旦開始發生作用，商業銀行的惜貸行為也隨之產生，經濟中的企業面臨著高昂的融資成

本，高風險企業資產負債表開始惡化。截至目前，這一貨幣政策的傳導過程與未包含影子銀行體系時是一樣的，但現在，市場中存在以高風險企業為融資服務對象的影子銀行體系的加息過程中，高風險企業更多的槓桿化融資需求成為影子銀行的市場基礎，並成為其規模不斷擴大的動力，這在貨幣當局施行緊縮的貨幣政策週期中更為明顯，預期的收緊信貸的貨幣政策目標在影子銀行體系的信貸擴張下受到影響，貨幣政策效果被削弱。

(2) 影子銀行對貨幣政策的影響受制於政策的預期性

當政策可預期時，該模型預測總信貸、投資以及資本價格上升，甚至高於最優化時的模型，然而，儘管在可預期的政策環境下，資本價格出現了波動，但其波動並沒有與經濟繁榮以及經濟衰退相關。當政策路徑不可預期時，模型呈現了繁榮和衰退的動態機制，產出、投資、總信貸呈現駝峰式增長，資本價格在利率水準較低時穩定增長，然後劇烈下降至平均水準以下。這個結論給出了啟示，即影子銀行對貨幣政策的預期效果的影響在一定程度上受到預期因素的影響。

(3) 影子銀行體系生長的逆週期性

貨幣政策的擴張或緊縮在很大程度上影響商業銀行的信貸行為，一般而言，擴張的貨幣政策帶來商業銀行信貸的繁榮。在緊縮的貨幣政策下，商業銀行收緊信貸業務，影子銀行與此不同，帶有逆週期的特點。

貨幣當局加息週期一旦開始，商業銀行信貸開始變得敏感，與國外以金融衍生品為主體的金融創新形式的影子銀行體系不同，中國式影子銀行實質是對商業銀行信貸規模的擴充，仍是一種信用仲介行為，融資成本的變化使高風險企業開始轉為影子銀行體系，造成其規模開始膨脹，表現出緊縮性貨幣政策情形下影子銀行的逆週期擴張。在降息週期中，尤其是持續的低利率情形下，社會總體融資成本下降，社會信貸總量提升，此時，一個顯而易見的事實是信貸規模的擴張主要是商業銀行信貸業務的持續增加，而影子銀行規模則受到了抑制，表現出擴張性貨幣政策下的逆週期性。

(4) 利率自由化可以有效抑制影子銀行擴張，實現更有效的貨幣政策傳導

目前，中國利率自由化取得了巨大的成果，對商業銀行和農村合作金融機構等不再設置存款利率浮動上限，標誌著中國利率市場化基本完成，但在中國的案例中，利率自由化不僅包括取消利率調控，也包括取消窗口指導和對銀行貸款數量上的限制。在這個意義上，研究者認為中國現在取消存款利率的上限和貸款利率的下限，即已經代表中國完成了利率自由化改革的觀點是不正

確的。

在構建包含影子銀行體系的 DSGE 模型下，利率自由化將會促使更有效的貨幣政策傳導機制產生，在利率自由化之後，經濟活動對不同衝擊的回應更加易變。中國影子銀行最初支持了利率自由化，影子銀行是一種雙軌制的改革策略，這種策略的目的是發展銀行系統外的、基於市場的存貸款利率。也就是說，在中國推行利率自由化的進程中，影子銀行起到了重要作用，在利率自由化完成之前，影子銀行的擴張在一定程度上承擔著促進利率自由化的作用。相應地，在利率自由化完成的條件下，存款將被吸引回商業銀行部門，這也就抑制了影子銀行部門的擴張。

（5）影子銀行規模擴張帶來監管的必要性

本章認為經濟的週期性波動由三種因素引起，即長期低利率的政策環境、積極樂觀的市場心態以及金融仲介機構在宏觀經濟中的作用，影子銀行體系中很大一部分可以看作是金融仲介機構，當金融仲介部門的規模足以影響政策傳導路徑的時候，金融和宏觀變量的反應更快且更大。影子銀行規模的擴張以及對貨幣政策的影響，已經引起了貨幣管理當局和政府的足夠重視，其大幅擴張與市場參與主體的過度自信、低估風險、過度使用槓桿和破產可能性的增加相關。當影子銀行體系過度使用槓桿和市場參與主體無法有效識別風險的時候，政策制定者或是政府監督管理機構應以盡可能透明的制度進行規範性監管，規避系統性金融風險的發生。

5.1.4　影子銀行對「雙支柱」宏觀調控框架的影響

本章通過構建包含影子銀行和雙支柱調控框架的 DSGE 模型，引入豐富的實際摩擦和名義摩擦，研究在影子銀行條件下雙支柱調控框架的有效性。模型經濟中包括四類行為人，即家庭、企業、銀行和中央銀行。對影子銀行的刻畫表現為模型中存在兩種金融摩擦，第一種是高風險企業和影子銀行之間的金融加速器機制，第二種是低風險企業和商業銀行體系之間的借入約束。對雙支柱調控框架的刻畫表現為，貨幣規則是服從泰勒規則設定的貨幣政策，而對宏觀審慎政策的設定是引入了與信用相關的工具和與流動性相關的工具，以分析雙支柱調控框架的有效性。

這一部分的主要結論有：第一，在模型中增加宏觀審慎工具，貨幣政策的利率渠道在整體上有效，傳統的貨幣政策能夠有效地穩定總體經濟波動。第二，本章模型中沒有假設利率管制，實際表現為影子銀行行為得到抑制，而商業銀行同樣將會面對由抵押品約束帶來的信貸約束，這使得在全面實施緊縮的

貨幣政策下，貸款利率上升，總信貸規模下降，但影子銀行部門的信貸反而被商業銀行部門替代，這從側面說明利率自由化進程能夠降低影子銀行在信貸中的占比，進而疏通貨幣政策的傳導。第三，本章引入的兩種宏觀審慎工具中，LTV工具的效果十分明顯，可以有效調節家庭部門信貸的供給，這類宏觀審慎政策工具可以成為解決金融結構性問題的方案之一。準備金要求工具對宏觀變量存在一定影響，但相比之下，窗口指導可能是一個更為有效的選擇，中央銀行可以評估這一工具的應用。

貨幣政策與宏觀審慎政策的並行使用是中央銀行可行的政策選擇，從模型的表現可知雙支柱調控框架在穩定通貨膨脹、降低產出和信貸的波動方面效果明顯，並且可以增進社會福利。更加細緻地研究雙支柱調控框架，對於更好地發揮宏觀審慎政策工具的作用、完善貨幣政策的不足、促進金融體系的穩定和宏觀經濟穩定具有重要意義。

5.2 政策建議

5.2.1 充分發揮銀行信貸在宏觀審慎政策中的積極作用

隨著人民幣與中國銀行業國際化進程的不斷加快，中國銀行業全面、深入地融入世界經濟活動，幾大商業銀行已經被列入全球系統中的重要性銀行，其對全球金融穩定和全球金融標準的制定都會具有更大的影響力。同時，金融業務、政策等方面在不斷地相互滲透和擴張，參考危機帶來的啟示，國家的金融監管也在日益完善、成熟。宏觀審慎政策框架的提出與完善，在指導銀行規避交叉性業務風險、提高風險管理能力的同時，對銀行行為，尤其是信貸業務的開展不可避免地形成了一定的約束。

中國第五次全國金融會議強調服務實體經濟、防控金融風險和深化金融改革。金融強監管時代已經到來，監管部門應強化金融監管模式，繼續完善宏觀審慎政策框架，從根源上防範系統性風險，保證銀行部門以及銀行信貸的規範管理、運作，繼續發揮銀行部門銀行信貸在中國信貸市場宏觀調控中的重要功能與作用。同時，隨著宏觀審慎政策框架不斷更新、完善，銀行部門應抓住機遇，借鑑互聯網金融思維，強化資產的監督、管理方式，提高資產的質量與安全性。本章的剩餘部分將基於理論和實證分析，結合中國當前國情，從促進銀行信貸的規範發展與中國金融監管、宏觀審慎政策進一步完善兩個角度提出政策建議。

(1) 提高銀行自身的風險應對能力

面對互聯網金融帶來的巨大衝擊，銀行部門也在不斷進行理財業務、同業業務以及表外業務等創新。但是這些創新背後掩蓋著眾多風險點，如影子銀行、交叉金融、房地產泡沫以及地方政府債務等。雖然中國在監控銀行業金融風險方面已經做了大量工作，包括禁止銀行業資金進入房地產市場、從事信託投資、規範銀行同業業務與信貸業務等。但是，目前，銀行部門內部風險管理意識淡薄，缺乏風險管理人才，且風險管理體系不健全，風險管理方法不能與時俱進。此外，銀行部門之間的同業存單依存度較高，增速較快，資金鏈過長，期限錯配，層層嵌套，這種行為不僅使得資金脫實向虛，同時也容易產生系統性金融風險並加深金融系統的脆弱性。

維護金融安全是每個金融機構的責任與義務，需要依靠金融機構與監管部門的共同努力。銀行部門應以身作則，提升自身應對風險的能力，主動承擔堅守信用和穩定金融的責任。第一，銀行部門應當提高風險管理意識，完善現有的風險管理部門。將所經營的所有業務、環節納入風險管理範疇，做好不同類別風險的識別與歸類工作，並提前做好風險評估分析工作，及時採取措施以防範、化解風險。第二，不斷完善風險管理組織架構，逐步形成由銀行董事會及其高級經理直接領導，以專門的風險管理部門為中心、各個業務部門單獨的風險管理崗位為基礎的全面風險管理體系。第三，培養專業風險管理人才，建立高素質專業風險管理隊伍，定期組織培訓和對外交流學習，尤其需要注意的是，培養計劃不僅要覆蓋中、低層管理人員，更是要將高層決策管理人員納入其中，從上到下全面提升銀行管理人員素質，樹立內控人人有責的觀念。

對於監管部門來說，第一，繼續完善信息披露制度，盡可能避免信息不對稱帶來的問題。立法部門要積極借鑑國外經驗，繼續做好完善信息披露制度的工作，加強對信息披露的責任追究，同時補充並調整銀行信息披露內容，保證有法可依。第二，加強監督管理能力。雖然中國的市場機制、法律法規等在不斷完善，但是銀行間市場仍具有盲目性、自發性與滯後性。對此，國家相關部門要嚴格做好金融仲介機構審查、登記工作，嚴格執業標準、流程，建立公平、公正的仲介市場；同時，加大對銀行資產負債、投資情況的監督管理，進一步完善聯通存貸款的融資渠道；加大對違法違規行為的懲處力度，從總體層面保證行業健康有序發展。第三，中央銀行繼續履行好最後貸款人的責任。商業銀行具有追求利潤最大化的逐利心理，這就使得銀行行為帶有不理性的因素，加劇了信用風險。所以，中央銀行應當根據國民經濟高漲或者萎靡情況，適度劃分銀行存貸款利率範圍。

（2）靈活搭配使用貨幣政策與宏觀審慎政策

2008年的經濟危機使得各國對整個金融體系的穩定性與金融監管的重視提高到了空前的高度。黨的十九大報告提出要「健全貨幣政策與宏觀審慎政策雙支柱」。十九大代表、中國人民銀行行長易綱也表示，金融危機發生前，主流中央銀行的政策框架以貨幣政策為核心，穩定物價是政策目標，只調控政策框架難以應對系統性金融風險，無法適應後金融危機時代的金融市場，甚至可能增加資產泡沫與金融風險（易綱，2017）。而宏觀審慎政策不僅有助於穩定價格，而且有助於抑制宏觀經濟的波動，增進福利。我們的研究表明，引入宏觀審慎政策可以部分彌補貨幣政策的不足。

建立「貨幣政策+宏觀審慎政策」雙支柱調控框架可以彌補原有調控框架的不足與缺陷，有效兼顧經濟的穩定增長和風險的長效化管控，滿足中國經濟「減速增質」的發展需求。穩健的貨幣政策的著力點在於物價穩定、經濟增長和充分就業，為當前提出的供給側結構性改革提供了合理的金融環境；而日益成熟的宏觀審慎政策直接作用於金融體系，既有效地保證了貨幣政策的實施，也在一定程度上防範並化解了金融風險，維護了金融安全。

雙支柱策略在保持中國幣值穩定的基礎上，穩定了金融市場，並提高金融調控的有效性，是適應中國特色社會主義實踐的歷史抉擇。具體來說，①繼續堅持將差別準備金動態調整升級為宏觀審慎評估的政策，將更多金融行為、資產擴張活動以及表外理財納入宏觀審慎管理範疇。同時，加快將銀行同業存單納入宏觀審慎評估體系同業負債占比指標考核的進程，多方面、多維度指導金融機構經濟活動。②加快推進資本流動的監管調控工作，從外匯市場和跨境融資兩個角度，以公開、透明、市場化為原則，採取多樣化手段對外匯流動性進行逆週期動態調節，並適當擴大試點範圍。③針對當前房地產市場「上升的流通期」的現狀，在國家大政策的範圍內，不同城市可以因地制宜地實施信貸市場調控措施，加強住房金融管理。④繼續完善貨幣政策與宏觀審慎政策框架，不斷發掘新的貨幣政策工具，繼續堅持走利率、匯率市場化道路，充分發揮金融槓桿在有效配置資源中的作用；同時針對金融市場的不斷創新發展，擴大宏觀審慎政策的覆蓋範圍，爭取做到監管每個金融市場、金融機構和金融活動，不留空白監管區。⑤進一步完善信息溝通、共享機制。在研究中，我們看到宏觀審慎政策和貨幣政策均會對銀行信貸行為產生影響，對此，相關部門如貨幣政策制定部門、金融監管部門、宏觀審慎政策制定部門等應加強彼此之間的溝通交流，並充分考慮到兩種政策同時實施時可能產生的疊加或者抵消效果，保障政策制定的有效性和及時性。

(3) 規範抵押品制度框架

金融監管在防範金融風險、保證金融市場與國民經濟穩健運行以及社會穩定方面發揮著舉足輕重的作用。但是，我們也應該看到監管在保證秩序的同時，也在某種程度上也限制了市場的靈活性。在本書的模型中，研究發現抵押品約束變化與貨幣政策的利率效應相比，前者對消費者和投資者行為的作用更加重要。加強銀行監管，總體信貸規模的增加量會減少，對投資和產出可能會有負面影響。

研究證明，規範抵押品制度框架對於調控銀行信貸業務具有重要的意義。首先，能進一步完善抵押品法律制度。結合抵押品的流動性、安全性、獨立性以及金融市場發展水準，對抵押品類別、標準、適用範圍、風險控制以及折損比例等做進一步的補充完善，規範抵押品操作，引導市場主體的行為。其次，積極推進抵押品風險評價體系的構建。具體包括建立交易對手的評價機制，對交易對手的資本充足率、資產質量與管理水準等進行評價；建立抵押品評價機制，做好抵押品市場價值、流動性以及小信用風險的評價機制；建立雙評級機制，積極推動外部評級機構的發展，以付費模式引入第三方評級機構對抵押品進行客觀評級，增加評估的合理性與準確性。最後，引入逆週期調控機制。在市場信用週期低谷或經濟蕭條時期，適當放寬抵押品標準、擴大抵押品範圍；在市場信用高漲或經濟過熱時適當上調抵押品標準，以此調整貸款以及投資規模，進一步達到抑制經濟波動、促進經濟更好發展的目的。

(4) 加強對不良貸款的監督管理

在互聯網金融與中國經濟下行的雙重壓力下，尤其是在房地產去庫存、去槓桿的條件下，銀行信貸規模縮小，行業利潤增速下滑，銀行不良貸款率攀升。這不僅使得銀行信貸能力減弱，企業貸款難度增加，更對中國實體經濟發展帶來較大的負面影響。2017年，中國證券監督管理委員會發布的監管指標數據顯示，2017年年底，商業銀行不良貸款餘額為1.71萬億元，不良貸款率為1.74%，關注類貸款餘額為3.41萬億元，關注類貸款率為3.49%。總體上，中國銀行業不良貸款有向好趨勢，但是也有部分地區不良貸款餘額與不良貸款率不降反升，山東更是取代浙江成為不良貸款第一大省（郭子源，2017）[①]。面對不良資產潛在的風險，我認為可以從以下幾個方面來加強監督管理。

首先，對於銀行部門來說，在依靠國家監管的同時，銀行自身更應該強化風險防控的主體意識，堅持審慎經營和穩健發展，自主承擔起防控風險的責

[①] 郭子源. 銀行資產質量向好趨勢進一步顯現 [N]. 經濟日報, 2017-11-02.

任。第一，健全貸款管理體系。在審批過程中，嚴格調查貸款用戶個人信息與資金需求，堅決杜絕以虛假信息或虛假工程項目套取資金的可能性；在貸款過程中，密切關注企業的經營情況與還款能力，當發現企業不能按時還本付息時，及時調查企業不能正常還本付息的主、客觀原因，從而進行分類管理，實施差別對待的政策；在損失確認時，積極採用法律手段保全資產，通過訴訟或者拍賣抵押品等方式爭取最大化保障自身合法權益。第二，審慎採用多種不良貸款處置方式。如引入資產證券化，通過打包出售不良資產，以提升資金的回收速度；合理利用債轉股，提高不良資產處置的靈活性，增強自身服務實體經濟的能力。第三，加強自身的風險抵補能力。雖然目前中國銀行業整體的風險抵補能力依舊相對穩定，但是面對當前經濟下行的趨勢以及互聯網衝擊時，銀行依舊要繼續做好堅守緩釋、撥備與資本這三道風險防線的工作。

其次，在宏觀監管方面。第一，提高不良資產的處置效率。目前，有數據表明，通過司法途徑處置不良貸款的情況占比明顯提高。但是在處置過程中依舊存在著法律制度不夠健全、時限較長等問題。對此，要加快金融法治改革，不斷完善相應法律法規，同時，加強金融機構、監管部門以及合法部門的溝通協調，實現對不良貸款案件的高效處置。第二，積極推進不良資產證券化市場的構建。當前，由於受規模、品種、定價等因素的影響，目前的不良資產證券化市場存在活躍度不夠、機構參與度低等問題。但是不良資產證券化這一舉措對於處置不良資產的作用是不容小覷的。對此，可以通過進一步擴大不良資產證券化試點機構範圍，以及完善相關的政策法規，來進一步提升銀行業處置不良資產的能力。

（5）繼續完善逆週期信貸調控機制

有學者分析次貸危機爆發的一個重要原因是金融系統中槓桿行為和資本約束的順週期性，金融系統包含的順週期因素進一步加大了經濟的同向推動力量，導致系統性金融風險日益增大。在這種情況下，引入合理的逆週期政策措施是適應當前經濟金融形式的必然選擇。在中國，銀行信貸依舊是投放貨幣的重要方式，是銀行資產的重要構成部分，同時也是產生系統性風險的一個重要來源。當前，中國金融體系依舊面臨著防範系統性風險的艱鉅任務。在互聯網金融的推動下，跨市場、跨行業金融機構組織的結構日益複雜，交叉性金融產品不斷更新換代，這就可能導致宏觀風險顯著上升，金融業資產質量和抗風險能力則面臨嚴峻考驗。

鑒於此，加快完善逆週期信貸調控機制，實現對順週期性的有效預警和監控，限制系統性金融風險的積聚，維護金融系統穩定，是當前中國實施宏觀審

慎政策的工作重點。首先，中國人民銀行作為中國進行宏觀經濟調控、維護金融穩定的部門，應與其他相關部門協調合作，注重科學性與合理性。在明晰中國宏觀經濟形勢的前提下，可以不斷創新貨幣政策工具，靈活地進行逆風向調控，健全並完善動態撥備要求與額外資本要求，通過逆週期的資本緩衝，平滑信貸投放，引導信貸規模、結構與增長速度，達到總量調節與防範系統性金融風險的目的。其次，完善現有激勵約束機制，促使商業銀行主動貫徹落實國家信貸調控政策。就銀行部門來說，它們並不會在經濟繁榮時期收縮信貸，也不會在經濟蕭條時期忽視潛在風險，擴大信貸規模。這就需要監管部門完善現有激勵約束機制，在經濟發展的不同時期，通過一些指標限制，或者政策優惠，在經濟蕭條時期，增加對戰略性新興產業的信貸投資，優化資源配置，調整中國產業結構，釋放市場活力。在經濟繁榮階段，限制銀行信貸規模，緩解產能過剩、銀行信貸資產質量下降的問題。最後，進一步規範抵押品制度框架，強化「窗口指導」手段的運用。我們的研究表明，窗口指導衝擊對信貸量的影響遠較信貸利率的影響明顯，並且考慮銀行部門的壟斷競爭和銀行監管的存在，在實施貨幣政策時，窗口指導這種數量性的非傳統貨幣政策工具有一定的潛在價值。所以，通過勸告和建議說明政府的政策意圖，引導金融機構主動採取措施防範風險，進而實現監管目標。此外，加快抵押品制度框架的建設與完善對於逆週期信貸調控也可以起到較為顯著的作用。

（6）加大對銀行信貸結構的調整力度

商業銀行和一般的工商企業一樣，股東價值最大化決定了商業銀行資本的逐利性，是商業銀行生存和發展的原始動力，這就導致銀行行為帶有一定的盲目性，存在一定的風險偏好。面對日益激烈的競爭，如果不從外部監管角度對銀行部門尤其是銀行信貸加強規範，銀行很可能會忽視資本的道德性與安全性，所以加大對銀行貸款結構的監管調控，對於銀行部門貫徹落實國家經濟政策，承擔相應社會責任具有重要的現實意義。

首先，適度優化調整調控與監管政策。從國際經驗來看，利率市場化導致銀行利差收窄，銀行信貸膨脹和資產泡沫往往相伴而生。雖然國家在政策上對信貸規模進行調控可以抑制可能產生的泡沫，但是銀行出於追求利潤最大化的本能也會不斷通過創新加以規避。對此，在政策上可以適度放鬆對銀行表內信貸的數量控制，積極推動部分因數量限制而轉向同業投資或表外項目的信貸業務歸入原來正常的信貸科目。其次，加強對銀行產業貸款的調整。面對目前中國提出的供給側結構性改革，應加強對銀行信貸結構的調控對於去產能以及更好服務實體經濟具有重要意義。鑒於此，監管部門應加大對銀行部門在高能

耗、高污染、產能過剩產業以及高風險行業的貸款額度限制；同時，通過一些財稅政策工具以及貨幣政策工具，鼓勵銀行部門加大對高科技、綠色、環保等產業的貸款數量。最後，鼓勵銀行開拓中小企業的貸款市場。中小企業不管是在緩解就業難的問題方面還是技術創新方面都發揮著重要的作用，但是中小企業融資難也一直是中國致力於解決的一個難題。針對這個難題，監管部門要積極推動中小企業信用體系建設，通過貨幣政策工具以及財稅政策工具，鼓勵銀行進行產品業務創新，發掘適合中小企業的金融工具，加大對中小企業的貸款力度。

5.2.2 正確應對影子銀行體系對宏觀審慎政策形成的挑戰

現階段，影子銀行體系對貨幣政策形成挑戰已基本成為共識，與國外影子銀行體系一樣，中國影子銀行以其獨有的運行機制遊離於監管之外，對貨幣政策形成影響。與國外以資產證券化及金融衍生產品等金融創新為基礎的影子銀行體系不同的是，中國影子銀行體系是在金融管制時期商業銀行信貸受限的情況下逐步形成的，其主要職能仍是一種信用仲介行為，將商業銀行不願意接受的高風險貸款包裝銷售，完成信貸投放業務，貨幣管理當局無法控制和有效監管這一信貸市場規模，從而直接對信貸市場控制這一貨幣工具形成挑戰。

自2015年10月24日開始，中央銀行放開了對商業銀行和農村合作金融機構的存款利率浮動上限的限制，中國利率市場化進入一個新的階段。當前，中國影子銀行體量巨大，龐大的影子銀行體系不但蘊含著一定的金融風險，而且對中國貨幣政策的實施形成了一定程度的影響，本書基於理論和實證的分析表明，影子銀行的存在的確削弱了貨幣政策的傳導效果。本書從規範影子銀行發展與完善中國貨幣政策兩個角度出發提出如下政策建議。

（1）健全立法，完善影子銀行的法律法規體系

目前，中國金融市場的法律法規正處於不斷完善的階段，但金融市場因其產品形態的多樣化、普遍存在的可嵌入性，為金融工具的創新提供了良好的環境，導致金融產品大多存在易變性的特點，從而增加了監管和立法的難度。影子銀行根植於中國資本市場不斷完善、金融創新層出不窮的時代，其結構的複雜性、遊離於貨幣當局監管之外的天然屬性，使得對其立法十分困難。現階段，中國政府、經濟學界以及各高校智庫對影子銀行問題已經有了足夠的重視，就其存在可能引發的系統性金融風險已經有了較多的識別，諸如影子銀行信貸規模的爆發式增長蘊含潛在的信貸風險、影子銀行對貨幣政策傳導機制的干擾等已成為共識，這在一定程度上可以減弱立法機構制定相應法律規範的

壓力。

影子銀行的規模和商業銀行信貸的外溢效應可能引發系統性風險。一方面，立法層面應捕捉問題的根源，即識別影子銀行的隱密性，在法律角度需針對影子銀行的各類參與主體進行規範，制定強制性的信息披露管理辦法等。另一方面，影子銀行體系的參與主體眾多，有針對性地制定相應法律規範，明確參與主體的邊界，梳理中國影子銀行的參與機構，分類設立標準規範十分必要。此外，就影子銀行的統計追蹤來看，目前尚沒有專門法律法規對其進行規範，統計數據多為非官方機構的測算，其統計口徑、統計標準均存在一定的差異，這對影子銀行的規範問題造成了參照不規範的操作難題，立法機構可有針對性地制定該類金融產品的標準化測算依據，起到進一步規範市場、推動影子銀行透明化運行的作用。

（2）並行推進影子銀行參與主體的整體監管與分類監管

與美國式影子銀行參與主體多為私募管理基金、投資銀行不同的是，根植於中國現實土壤發展起來的中國式影子銀行的參與機構眾多，且多數是商業銀行信貸業務發展的外延，目前來看，雖然立法上沒有明確的界定，社會較為認可的參與主體包括商業銀行自身的表外業務部分、信託機構、證券公司資產管理部門、基金子公司資產管理部門、財務公司以及一些民間借貸機構等，參與主體眾多，給監管帶來了一定的壓力。

整體監管與分類監管並行的思路是對健全影子銀行體系立法的有力補充，影子銀行體系的參與主體涉及銀行業、證券業、基金業以及保險業等，中國原有的「一行三會」的監管主體均在影子銀行的監管中起到一定的作用，但現階段，銀行和銀行業監督管理委員會的主要職能是監管商業銀行，商業銀行中的理財業務屬於影子銀行體系的重要組成部分，但在銀行業卻屬於表外業務，並沒有被納入資本充足率、風險儲備等核心的監管指標中。證券業監督管理委員會對現行的證券公司設置一定的風險指標，影子銀行體系中涉及的資產管理業務受到一定的監管，但隨著此類業務尤其是資產證券化的快速發展，急遽膨脹的業務體量在一定程度上擾亂了市場的穩定性，集聚著市場風險，近期，監管層已對此高度關注，並出抬了相應的細則予以規範。信託公司在影子銀行中屬於規模較大的一類，但現階段中國並未設置專門的監管機構對信託公司的行為進行控制，信託行業壓力主要來自市場的自發行為，與國家整體經濟環境有關。

銀行與證券分業經營的模式以及影子銀行體系參與主體的龐雜，需要受中國中國政府的整體監管，即需要在整體層面上加強「一委一行三會」的相互

協作，轉換監管思維，成立專門的影子銀行監督機構，明確影子銀行行為細則，在追蹤市場動態的同時制定標準化的監管指標，用於控制商業銀行表外業務、證券公司資產管理業務以及信託公司貸款業務的風險集聚，保證影子銀行體系健康運行，形成全鏈條監管體系。分類監管一方面應形成對整體監管的補充，自由化的市場並非不需要監管，而是體現在放開准入、加強事後監管等方面，廣義上的影子銀行體系包含一些市場上的財務公司、民間借貸機構等，此類機構並未在出現在「一行三會」的監管清單上，市場准入標準並不高，專業化監管制度和監管機構的設置成為必要；另一方面，分類監管需要加強信息披露制度的實施，影子銀行業務的不透明性在一定程度上對貨幣政策的實施造成超預期的干擾，分類監管既在於參與主體機構的分業監管，也在於不同業務鏈條上的分類監管，相應信息披露制度需在兩條主線上被細化，積極籌備相應的信息管理平臺，強化信息披露的準確性與及時性。

（3）建立影子銀行體系行業准入標準，構建信用評級體系

影子銀行業務本質上帶有金融創新的屬性，中國式影子銀行雖然在一定程度上是對金融抑制背景下商業銀行信貸的補充，但其業務模式的創新也層出不窮，如資產證券化近年來的快速發展已經引起了監管層的注意。值得注意的是，金融創新產品可以在一定程度上成為多層次資本市場的一部分，並在資源配置及金融改革中充當重要角色。就中國的影子銀行體系而言，規範的影子銀行參與主體在加息週期中確實為高風險企業解決了一定的融資問題，一定程度上刺激了企業的投資與產出，雖然對貨幣政策形成影響，但也是中國金融體系的有力補充，因此在立法和監管並行的規範體系中，行業標準以及一定的外部評級機構是規範影子銀行參與主體的保障。

影子銀行行業准入機制應是涵蓋影子銀行機構、投資者以及資金需求方三位一體的標準化設計，研究者認為資金需求方的標準僅需滿足合法、合規以及財務標準上的最低要求即可，這與自由市場以及風險收益對稱的邏輯相符。主要的准入機制包括參與機構和投資者兩方面，目前來看，上述兩種參與主體是在市場自發條件下形成的，為規範影子銀行體系，一方面，監管機構可以從機構管理能力、管理經驗、資產規模、信用狀況等多個角度改善目前的機構准入標準；另一方面，監管機構可從資產狀況、相關投資經歷以及風險承受能力三個維度設計投資者的准入標準。

在構建信用評級體系方面，信用評級體系在中國債券市場中較為完善，影子銀行體系尚處於初步發展階段，對於影子銀行體系的部分業務如資產證券化，監管機構已明確規定只有符合一定標準的評級機構才可以參與其中，這類

措施旨在促進業務發展，防範系統性金融風險的發生。中國式影子銀行業務主要是對商業銀行信貸業務的補充，存在信息不對稱與違約問題，為降低交易成本、促進影子銀行體系的健康發展，信用評級體系的建設十分有必要。此外，信用評級條件下，影子銀行產品將形成規範化的市場分層，產品風險將呈現在市場參與主體面前，這種對風險的認識有利於形成市場化的定價機制，使影子銀行產品的收益與其風險相匹配，這在某種程度上可以疏導資金的流向，如追求高收益產品的資金可能在高風險面前止步不前，轉而投向傳統商業銀行業務中。

(4) 擴大貨幣政策工具的作用範圍

從中國貨幣政策工具的構成來看，其主要包括法定存款準備金、再貼現及公開市場業務操作。其中，中國貨幣管理當局採用較多的貨幣工具為法定存款準備金，中國式影子銀行的發展也受益於此前一個時期法定存款準備金率的提高。通常，法定存款準備金率的提高可抑制市場的流動性，商業銀行惜貸現象通常在中央銀行提高法定存款準備金率時出現，市場中，高風險企業的融資需求無法在商業銀行體系中得到滿足，遊離於監管體系之外的影子銀行的信貸行為滿足了該類融資需求。此外，影子銀行資金並未被納入法定存款準備金體系中，商業銀行逐利性的驅動，帶來商業銀行表外資產的繁榮，這與貨幣政策收緊信貸的預期目標相悖，貨幣政策執行效果受到影響。

為提升中國貨幣政策的有效性，嘗試擴大貨幣工具的作用範圍，法定存款準備金範圍的擴大成為可行且有意義的嘗試。影子銀行本質上屬於信用仲介行為，且體量巨大，將影子銀行體系納入存款準備金範圍成為有意義的探索。考慮到貨幣乘數的存在，存款準備金範圍的擴大對貨幣政策的影響是巨大的，此時，形成一個完善的影子銀行監測體系十分有必要，適時的動態數據追蹤需要完備的政策引導和技術支持。從影子銀行體系參與主體多元化的角度看，其主體涉及商業銀行表外業務、證券公司、信託公司以及財務公司等，不同主體參與的市場環節和核心的金融產品不同，其產品的風險狀態與統計口徑也有所不同，在將不同主體納入法定準備金的微觀層面上，可以嘗試差異化或是指數權重化的準備金計提標準。此外，從影子銀行產品形態角度考慮，主要包括表外對接資產、信託貸款、委託貸款以及資產管理產品等，不同產品的流動性不同，在貨幣政策工具層面上，可以有針對性地將其納入貨幣管理體系，創新貨幣政策工具。

(5) 優化貨幣供應量的統計口徑

貨幣當局在擇機使用貨幣政策工具時，一個重要的參考變量是貨幣供應

量，中國從1994年開始採用貨幣政策進行統計，經過幾次修正，已接近真實的貨幣供應量。現階段，規模化的影子銀行體系對中國貨幣供應量指標的統計造成干擾，從中國貨幣供應量的主要統計口徑如流通中的現金、狹義貨幣供應量以及廣義貨幣供應量上看，其並不包含影子銀行體系衍生出的流動性，影子銀行本質上屬於信用仲介，其信用創造能力不容忽視，而貨幣政策的傳導效果在很大程度上依賴於參照貨幣供應量擇機選擇的政策工具，相應地，更為準確的貨幣供應量統計應涵蓋影子銀行體系。

貨幣管理當局應積極地將影子銀行體系中的信貸成分納入流動性監管中，並作為貨幣供應量的統計指標，但值得注意的是，影子銀行體系包含表外對接資產、信託貸款、委託貸款以及資產管理產品等具有不同風險特性的產品，在流動性創造上也有很大的差異，差異化的統計口徑將使統計結果更加有效。

（6）推行納入影子銀行體系的宏觀審慎管理政策

全球金融危機發生以來，完善和強化宏觀審慎政策框架已成為全球金融監管體制改革的基本方向與核心內容。中國人民銀行前行長周小川指出，中國新一輪金融監管體制改革的目標之一是強化宏觀審慎政策框架。宏觀審慎管理的核心規則是站在系統性金融風險的角度看待金融市場，一般而言，宏觀審慎的監管措施要求從宏觀的、逆週期的視角出發進行貨幣工具的選擇和貨幣政策的擇機使用。次貸危機以後，宏觀審慎監管也越來越受到監管層的重視，全球多數金融市場較發達的國家均將宏觀審慎管理政策納入貨幣政策籃子，並在實際的宏觀調控中開始運用宏觀審慎管理政策，以維護金融市場安全。宏觀審慎管理將監管的焦點集中於系統性金融風險，旨在維護整體金融市場的穩定性，影子銀行體系的快速擴張雖在一定程度上改善了中國金融抑制的現實狀況，對完善中國多層次資本市場起到重要作用，但因其遊離於監管之外，且體量龐大，也蘊含著一定的系統性金融風險。

宏觀審慎監管正是應對系統性金融風險的一種貨幣政策創新，在宏觀審慎監管的政策方面，應結合中國金融市場現況進行充分的考量，在考慮商業銀行等傳統金融機構，應將影子銀行體系納入考量，定制化設計包含影子銀行流動性、槓桿化程度以及動態參數等方面的監管目標，建立更加透明的監測機制和監管制度，降低潛在的系統性風險，可以起到優化貨幣政策執行效果的作用。通過一系列的規範影子銀行發展和完善貨幣政策的舉措，一方面可以抑制影子銀行體系的快速膨脹，理順影子銀行體系參與主體的行為，推動影子銀行透明化、規範化運作，為進一步推進中國金融市場改革以及多層次資本市場建設提供保障；另一方面，在立法、監管以及行業准入層面規範影子銀行體系，在貨

幣政策工具、管理體系上優化和完善中國貨幣政策，是針對影子銀行體系宏觀效應的一種雙向舉措，這項政策安排可以有效平衡中國影子銀行體系對貨幣政策的負面影響或是潛在的政策衝擊，為中國貨幣政策傳導的有效執行、經濟的平穩發展提供合理的策略、具體的路徑及明確的步驟安排。

5.2.3　建立健全「雙支柱」宏觀調控政策框架

（1）堅持穩健、中性的貨幣政策，重視政策協調

穩健中性的貨幣政策意味著對貨幣供應量的精細化管理，強化貨幣政策穩定物價的職能，是貨幣政策由數量型向價格型轉變的重要一步。前文論證了中央銀行應當堅持穩健、中性的貨幣政策，控制信貸總量和社會融資的穩定增長，重視貨幣政策傳導機制的理論研究，在實踐中疏通貨幣政策的傳導渠道，保證貨幣政策的有效性，穩定市場流動性，穩定物價，為深化改革創造良好的金融環境，促進經濟平穩較快發展。改革開放以來，中國的經濟由高速度增長轉為高質量增長，當前最主要的問題已不是總量問題而是結構問題，因此，貨幣政策目標應著眼於總體性的去槓桿、防控系統性風險，宏觀審慎政策可以展現其結構性，針對不同的行業、地區做出差別化管理，調節企業信貸的風險權重比例、信貸規模和增長速度上限，根據區域或行業設置不同動態撥備或準備金要求等，通過對信貸進行精細化管理來調節資金流向，引導經濟良性發展。

目前，中國還處在供給側改革階段，「去產能、去庫存、去槓桿、降成本、補短板」是中國經濟改革的主要任務，貨幣政策需要解決資金配置的結構性難題，針對產能過剩的行業和部門（如鋼鐵和煤炭）、結構性失衡的行業（房地產）應當嘗試定向政策的創新。

（2）影子銀行背景下貨幣政策的改進

根據我們的分析，影子銀行嚴重影響了貨幣政策的傳導機制，緊縮性貨幣政策的衝擊下尤為明顯，裘翔（2014）的研究也表明，緊縮性貨幣政策會促使影子銀行進行規模擴張以及高風險企業提高槓桿率，從而影響貨幣政策的有效性。因此應當對現有貨幣政策進行改進。

第一，將影子銀行納入法定存款準備金的計提範圍。影子銀行在金融市場上行使信用創造的職能，但是普遍缺乏對法定存款準備金的要求，給貨幣當局對貨幣乘數的估計增添了不小的麻煩。更低的準備金要求意味著更高的資金使用效率，使得影子銀行從更多的渠道吸納資金，這對貨幣政策的有效性造成更大的威脅。因此應當對系統內重要影子銀行機構計提額外準備金，並出抬相關法律法規來規範影子銀行業務。第二，提高再貼現政策的有效性。再貼現政策

是商業銀行和中央銀行之間通過票據買賣實現流動性交換的過程。影子銀行的存在使得金融機構有了新的流動性來源，對中央銀行的依賴程度下降，這將大大削弱再貼現政策的效果。中央銀行應當規範票據市場，放寬對貼現票據的限制，降低商業銀行的貼現成本。並且，再貼現政策可以考慮覆蓋到更多的金融機構，加深中央銀行的參與程度。中央銀行可以發揮引領作用，優先特定行業票據設計的再貼現權，引導資金向特定行業集中，扶植行業發展。第三，注重公開市場操作調控流動性。影子銀行的存在會影響貨幣政策的有效性，由於法定準備金政策的不完善會造成對貨幣乘數的低估，使得市場流動性超出預期。中央銀行應當重視公開市場操作的調節作用，建立更加完善而有效的通貨膨脹和產出指標體系，對市場上過高的流動性作出快速反應，回籠資金，預防政策超調的危害。

（3）適時採用利率政策工具和非常規貨幣政策工具

短期利率在20世紀90年代還被作為主要的貨幣政策工具使用。但是在金融危機發生後，通過調節短期利率不再有效。特別是依照發達國家的經驗，發達經濟體的短期利率本就保持在低位甚至是零利率（美國聯邦基金利率常年保持在0%~0.5%），在這一區間內，利率缺乏彈性。張亦春、胡曉（2010）引用了美聯儲的研究報告，根據通貨膨脹缺口和產出缺口算出的美國合理利率為-5%。利率調控這種傳統的刺激經濟的方式的有效性大打折扣。由於各國經濟發展的程度不同，其利率調控的作用不能一概而論。根據李娟（2018）的研究，中國利率還沒有達到零利率水準，在利率市場化完成之前，利率調控工具仍然可以被利用。貸款利率對物價水準和資本價格的影響有時比貨幣供應量調節更有效。應在貨幣政策工具庫中適當增加利率間接調控工具，配合國家發展戰略和產業政策，合理配置信貸資源，促進中國產業結構的轉型升級。

非常規貨幣政策的手段主要是一種預期管理。中央銀行以提供宏觀經濟預測或者未來政策行為等前瞻性信息的方式，引導人們形成對未來的貨幣政策以及利率變化的預期。英格蘭銀行的研究將非常規貨幣政策分為三類：第一類是對政策路徑做出定性描述；第二類是給出政策變化的時間節點；第三類是給出政策變化的經濟指標門檻。其中，最為人熟知的非常規貨幣政策是美聯儲實施的量化寬鬆政策，屬於第一類非常規貨幣政策。非常規貨幣政策是各發達國家為應對零利率約束而使用的貨幣政策，雖然政策的有效性沒有得到有力證明，但是就非常規政策在經濟危機中的表現而言，政策確實對經濟和金融系統產生了正面的影響，在穩定市場利率、降低利差方面的作用尤為顯著。

發達國家與新興國家根據各自的經濟環境習慣，採用不同的貨幣政策。發

達經濟體注重非常規貨幣政策的創新，而新興經濟體則更加重視傳統的貨幣政策。鑒於中國目前的經濟形勢，一方面我們可以考慮在特定時期和特定領域使用非常規貨幣政策。通過發布關於利率、預期、流動性、信貸規模和外匯市場等方面的前瞻性信息，提高貨幣政策的靈活性和有效性。其中，特別重視預期對經濟調控的重要性，利用中央銀行的權威和信譽，通過窗口指導和公開承諾手段進行預期管理和宏觀調控。另一方面，有必要建立非常規貨幣政策的退出機制。由於非常規貨幣政策的不確定性，風險和政策溢出成本需要中央銀行的權衡和學術研究的後續跟進。

（4）建立宏觀審慎政策工具箱，明確政策工具的使用原則

宏觀審慎政策對於預防系統性風險的重要性已得到廣泛認可，並已被寫入《「十三五」現代金融體系規劃》和黨的十九大報告當中。然而，中國的宏觀審慎政策框架和監管體系仍處於起步階段，宏觀審慎政策工具箱並不健全。既沒有明確宏觀審慎政策工具的具體內容和分類，也沒有相應的使用規則。因此，中國應盡快推進宏觀審慎政策工具箱的建設，確立政策工具的設計思路、使用原則。

在政策工具的設計和使用上，應當秉承有效性、可行性、宏觀性、針對性四大原則。第一，有效性。為防控系統性風險，使用的工具必須可以消減或抑制風險的累積，應當具備逆週期或阻斷跨市場傳播的特徵。而且該政策工具的溢出成本應當較低且可控，而且不會引發其他類型的風險，不會與其他調控政策的作用相違背。第二，可行性。政策工具必須簡單易行，適應當前國情和政策框架，對問題有足夠的解釋力而且易於得到公眾的理解和支持。第三，宏觀性。宏觀審慎政策突出了政策的宏觀性，因此政策工具的設計應當有宏觀思維，政策工具立足於對系統性風險的防範，不應僅僅關注局部個體風險。而且政策工具的運作應當由國家層面統一施行，統籌規劃。第四，針對性。政策工具要滿足中國金融穩定的訴求，與中國經濟發展的階段相匹配。政策工具的設計與中國現行的監管架構相適應，確保政策的有效性。

（5）構建新金融監管格局，提升宏觀審慎政策效率

目前，中國監管框架已經逐步擺脫原來的分業監管、微觀監管的局面，逐步建立起宏觀審慎監管體系。2018年4月，原中國銀行業監督管理委員會（中國銀監會或銀監會）與中國保險監督管理委員會（中國保監會）合併成中國銀行保險監督管理委員會（銀保監會），中國的金融監管進入混業監管時代，尤其以大機構監管為核心。2017年7月，國務院金融穩定發展委員會（金穩會）正式掛牌，將會發揮統籌規劃金融改革與監管金融系統的「大總

管」作用，國家正著力推進建設新的宏觀審慎監管體系，新的監管格局正逐步形成。現行的「一委一行兩會」監管架構較「一行三會」有在宏觀層面審慎監管的意味，未來甚至可能會再度整合。由於混業經營已經是未來金融發展的方向，施行混業監管，能提升監管資源配置效率，通過頂層設計統籌政策實施、協調各監管主體，可以避免監管空白、監管套利和交叉監管，力爭守住不發生系統性風險的底線。

在中國有更廣泛實施宏觀審慎政策的需要和條件，「一委一行兩會」的監管架構比較成熟，但是不能忽視財政部和國家發展改革委員會（發改委）的影響。因此，進行框架設計時應當考慮財政部和發改委的職能，從而構建共同的協調機制。新建立的金融穩定委員會或其他頂層機構應當承擔相應的協調責任，其主要包括四個方面：第一，明確各監管部門的角色，設計協調運行機制。第二，建立專門的風險監督部門，向監管層匯報商業銀行、影子銀行等金融機構風險情況。第三，建立權威的宏觀審慎管理數據共享庫，降低信息不對稱帶來的福利損失，降低政策協調的成本，提高政策效率。第四，構建及時、準確的系統性金融風險預警體系。依託先進的金融科技、監管科技手段，收集、處理、挖掘數據信息，建立系統性風險預警機制，監測引發系統性金融風險的主要因素，選擇科學、合理的指標，設計合理的判斷模型，構建防範系統性風險的預警體系。

（6）利用宏觀審慎政策工具強化對影子銀行的監管

近年來，銀證合作和銀保合作的新模式促進了影子銀行的興起，通過同業業務、委外業務、通道業務等多種業務模式進行資產管理合作。嵌套、槓桿和擔保等複雜工具的使用形成了跨期和跨市場的業務關係。複雜的交易網絡、不透明的信息以及難以追蹤的交易使得舊式監管既不清楚資金來源也不知道最終投向，致使監管作用缺位，影子銀行的無序擴張擾亂了金融市場秩序。對影子銀行的監管思路完全可以借鑑宏觀審慎的方法。

第一，對內強化對影子銀行的內部控制監管，建立健全影子銀行機構的內部控制制度，並保證其高效運行，增強對機構的風險管理，處置現階段累積的風險。在組織架構上，明確董事會、監事會及下設各個委員會的責任與義務，制定有效的內部流程管理，建立權力制衡和互相監督機制。保證股東的知情權，建立內部問責機制和外部監督機制。其次，對外建立動態有效的系統性重要影子銀行識別，在影子銀行背景下，系統性金融風險多聚集隱藏在影子銀行系統內，而且在現今的金融格局中，一些大型的金融財團也對整個金融體系有著重要影響，對一些重要影子銀行機構進行重點監管，有必要借鑑《巴塞爾

協議Ⅲ》，提升重要影子銀行機構的額外資本充足率等，對於資本規模不足的影子銀行機構，監管當局有權限制其經營範圍。最後，對於重要的影子銀行也需要建立嚴格的信息披露制度，要保障股東、投資者的知情權，以便他們及時獲悉金融機構的經營風險，而且要求金融產品的風險不能完全轉移，發行人必須持有一定量的風險資產。針對風險披露，中央銀行和銀保監會已經明確要求上市的商業銀行必須及時披露其財務狀況和經營狀況，其內容包含資產規模、資產組合情況、現金流量表、資本充足率等關鍵數據。在未來，重要的影子銀行必須定期強制披露其經營狀況，並接受監管當局的檢查，信息披露制度的建立可以使影子銀行機構管控其自身的資產安全和經營穩健性，杜絕資產不良率的快速增長；也可以使客戶對金融機構進行有選擇的投資，使經營不善的金融機構自覺退市。

　　第二，對外建立有效的產品和業務監管制度，樹立「穿透式監管」的理念。「穿透式監管」理念應當秉承「實質重於形式」的監管原則。監管機構不應僅僅核查業務的形式，還要層層穿透，明晰業務的實質，有效地識別業務的真實投資標的、資金來源、槓桿率水準、實際資金使用者的相關資質等，防範金融機構監管套利。穿透式監管應當被廣泛應用於各金融領域，該理念已經成為監管工作的指導理念。中國人民銀行在 2016 年 4 月發布了《互聯網金融風險專項整治工作實施方案》，對互聯網金融進行整頓，提出穿透式監管的要求，監管機構應當明晰監管職責、判定業務實質和遵守行為規範。監管部門一再強調滲透監管和實質導向的監管原則和理念，要求產品必須有標的資產的支撐。2018 年 4 月，《關於規範金融機構資產管理業務的指導意見》落地，更是明確提出了「對於已經發行的多層嵌套資產管理產品，向上識別產品的最終投資者，向下識別產品的底層資產」的穿透式監管要求。

（7）重視金融市場價格機制建設，推進利率市場化改革

　　易憲容（2018）認為，宏觀審慎政策對於防控系統性金融風險十分重要，但是宏觀審慎政策的存在始終是金融市場價格機制不健全的產物，在完善的金融市場價格機制下，這些結構性問題都將不復存在。正如易綱（2018）所認為的那樣，推動貨幣政策由數量型向價格型轉變，發揮價格機制的調節和傳導作用，這將成為中央銀行未來金融改革的主要方向。因此，構建雙支柱調控框架還應該立足於金融市場價格機制的建設，推進利率和匯率的市場化進程，建立基於價格規則的貨幣政策體系。健全的金融市場定價機制可以反應各部門資源的稀缺性和需求，引導資本合理流動，提高經濟資源的配置效率。因此建立統一、開放、競爭、有序、有價格機制導向的金融市場，市場利率便能更準確

地反應資金的供求關係。宏觀審慎政策的作用可以由貨幣政策代替，此時以利率規則為基礎的貨幣政策將既可維持金融穩定，也可促進經濟增長。

鑒於中國目前的發展階段，資本是最重要和最稀缺的經濟資源。金融市場的發展補足了資本流動性的不足，為儲蓄轉變為投資提供了轉化通道，提高了資金流通速度。因此，雙支柱調控框架的未來還將著眼於金融市場價格機制（利率及匯率）的市場化改革。中國利率市場化改革的重點是建立起法定的基準利率體系及市場的基準利率體系。這樣，雙支柱調控框架才具有科學性、穩健性及前瞻性，才能真正完成其歷史使命。

（8）重視宏觀審慎政策與貨幣政策的協調，建立健全宏觀經濟調控框架

根據本書的研究，雙支柱政策的協調是可行的，但也要防範政策衝突。具體建議如下：

第一，兩種政策的協調立足於發揮其各自政策的優勢，達成其各自的政策目標，貨幣政策對價格穩定負責，宏觀審慎政策對金融穩定負責。政策具體實施方向和力度取決於金融週期與經濟週期是否一致，當二者一致時，僅需協調實施過程中的政策力度，避免政策疊加和政策對沖；當二者不一致時，此時的情況比較複雜，政策可能會伴隨嚴重的外溢效應，造成十分嚴重的後果，需要政策當局相機決策，防止產生政策衝突，削弱政策的有效性。李義舉（2018）的研究認為，貨幣政策對經濟週期和金融週期具有更廣泛的影響，當經濟週期與金融週期相背離時，此時可以採取以貨幣政策為主、宏觀審慎政策為輔的調控組合。

第二，我們應該考慮與其他各種政策相協調，並按照一定的規則行事，更好地解決系統性風險。使用不同政策類型的工具需要與當時的宏觀經濟和金融穩定情況相一致，特別是在當前經濟處於衰退階段時。與貨幣政策類似，宏觀審慎政策的有效性是不對稱的。在經濟下行週期中，也不能將遏制經濟下滑並防範系統性風險的責任完全寄希望於宏觀審慎政策。宏觀審慎政策應基於盯住具體目標的具體政策原則，並與貨幣政策和財政政策等其他監管措施相協調。

因此，建立一套完善而全面的政策使用規範是必要的，具體規範的設計可以基於國外的實踐，也可以基於學者的理論研究。對兩種政策之間和各自政策的組合效果都應進行論證和評價，將其擇優納入雙支柱調控常備工具當中，對於效果衝突的政策應當考慮對其進行改進或者規避對其使用。

（9）雙支柱調控框架對經濟轉型和改革的支持

中國目前處於經濟轉型的關鍵時期，2011年以來，中國經濟增長速度持續下降，在2017年有平穩的跡象，經濟穩定在中高速增長水準上，在此輪經

濟增速下滑的過程中，經濟運行的動力、結構和國際國內形勢都有顯著變化。供給側結構性改革、適度擴大總需求、促進創新驅動發展、保障和改善民生等重大政策措施，取得了一定成效，但是要完全解決「三去一降一補」五大任務任重而道遠。雙支柱調控框架的提出，為問題的解決提供了新方法，充分利用貨幣政策與宏觀審慎政策的配合可以推進五大任務的完成。中央銀行、商業銀行、各金融機構都將參與其中。應重視貨幣政策與宏觀審慎政策工具在「三去一降一補」任務中的作用。

第一，去產能任務中雙支柱政策工具的作用。去產能是為解決傳統領域的產品競爭能力弱等問題，對落後行業進行轉型升級的重要舉措，是供給側改革的任務之一。它需要使用更多基於市場的合法化方法來推動鋼鐵、煤炭和電力等行業的去產能。貨幣政策應在產業結構轉型升級進程中起到積極作用。為了達到減少對產能過剩行業的政策資金支持，增加對戰略性新興產業的資金支持，支持發展特色優勢產業，中央銀行可以對信貸進行定向調節，如調整貨幣供應量，用利率間接調配資源，引導資金流向。要推進老舊產業轉型，甚至要求行業逐漸退出。對於改造難度較大的行業，可以通過如差別準備金等貨幣政策提供一定支持。

本書論述了中央銀行貨幣政策的主要渠道是銀行信貸渠道，去產能也是金融任務，涉及資金的有效調配。注重宏觀審慎政策工具的配合可以提升兩種政策的有效性。對於重點去產能地區，商業銀行等金融機構面臨更大的經營風險和業績壓力。實施增強流動性相關的宏觀審慎政策可以為銀行解決燃眉之急，使之可以調配更多資源以應對自身的風險。與信貸相關的工具可以直接發揮去產能的指導作用。如對產能過剩的行業，應當直接限制商業銀行對其的信貸規模或信貸增長上限，配合貨幣供應量和利率等貨幣政策工具，直接遏制產能的盲目增長，為清理和整頓違規產能、淘汰落後產能提供支持。

第二，去庫存任務中雙支柱政策工具的作用。去庫存是對過剩產能的消化，這將是一個長期而複雜的過程，結構問題引發的投資過度和消費不足，使這一問題變得更加棘手。除了傳統製造業（汽車、家電）和傳統工業（鋼鐵、煤炭）等存在較重的去產能任務外，最受公眾關注的是房地產行業的去庫存問題。房地產行業的去庫存問題比較特別，房地產作為重要資本品，對國民經濟的影響至關重要。貨幣政策的使用要慎重，貨幣供應量的增加將提升資產價格，中央銀行對貨幣供應量這類關鍵變量應進行精細化管理。宏觀審慎政策可以成為央行的主要工具，結合房地產信貸控制等選擇性貨幣政策工具的使用，嚴格限制房地產類貸款的最高金額、最長期限、首付比例和月還款額等。

對於具體的房地產去庫存問題，可以採用行政管控和審慎政策工具配合的方式。針對房地產商，對於房地產庫存超標的城市和地區，設立開發商購地的准入機制，清退資質不良的劣質開發商，提高對開發商的流動性要求，加強槓桿率限制，從庫存源頭進行管制。在政策工具方面，可以利用差別利率等工具進行調節，控制信貸規模和房地產資金來源。針對購房者，合理使用現成的針對住戶部門的宏觀審慎工具，如貸款價值比（LTV）、債務價值比（DTI）工具，強化對貸款購房者的還款來源核查，管控不良貸款風險。對房地產庫存多、價格高的熱點地區，通過限購限貸、提高首付比等措施，限制房價持續上升，穩定資產價格。政府有責任抑制房地產投機行為，政府也在努力削弱房地產的投機屬性。2017年2月，在中央財經領導小組會議上，習近平總書記重點強調「房子是用來住的、不是用來炒的」。建立更加健全的金融市場，培養公眾的理性投資意識，引導公眾投資有益於國民經濟發展的領域。

　　第三，去槓桿任務中雙支柱政策的作用。降低金融機構的槓桿率。首先，應當穩定市場流動性，中央銀行謹慎釋放流動性，增強模型建設以便更加有效地計算和控制貨幣乘數，發揮貨幣政策的作用。對商業銀行的可貸資金去向實施嚴格監管，提倡向實體經濟投資，推進普惠金融，避免資金脫實向虛。控制銀行和金融機構的信貸鏈條長度，通過控制嵌套層數等措施，降低金融機構主體的槓桿率。在未來，需要完善金融市場的利率傳導機制，增強公開市場調控力度，促使金融市場利率提高，倒逼金融機構去槓桿，明確金融服務於實體經濟的角色定位，推動實體經濟的健康持續發展。其次，制定金融行業自律標準，著力引導業內有序地去槓桿，行業自律組織需要配合監管機構協同監管，力爭杜絕業內違法套利與尋租行為。在行業內實行優勝劣汰，使高風險企業自動退出，從而達到穩定金融行業、金融市場的目的。

　　降低房地產行業的信貸槓桿率。中國房地產價格呈現出階段性上升的態勢，在金融危機發生後，房地產價格不斷提升。房地產行業的高額收益受到各資金方的青睞，國盛證券2018年的研究報告顯示，64家代表性房地產企業平均資產負債率高達74.08%，其中24家超過80%的紅線。考慮到資產泡沫風險和槓桿操作經營風險的雙重壓力，再加上日本經濟「失去十年」的前車之鑒，政府對房地產風險十分警覺，政府已經出抬多輪限購、限貸等行政調控措施，但是從長期來看效果一般，這反應了房地產市場的調控機制並不健全。因此，對房地產市場的管控應當被納入宏觀審慎框架當中，具體可以採取因城、因人施策，以及實施差別化的信貸政策等，嚴控房地產市場的槓桿率，控制房地產企業的融資渠道。

(10) 雙支柱調控框架中中央銀行的角色

中央銀行是執行貨幣政策的核心，這一點是毋庸置疑的。對雙支柱調控框架的研究最重要的是要明確宏觀審慎政策由誰擔負領導責任，其現階段的研究一般有以下三種思路：第一類是由中央銀行同時承擔宏觀審慎職責；第二類是在中央銀行內部建立專門的宏觀審慎部門；第三類是新設宏觀審慎機構專職以承擔宏觀審慎職責。中國目前的金融改革表明中國將採用第一種思路。在2017年的金融工作會議中，習近平總書記強調，「金融是國家重要的核心競爭力，金融安全是國家安全的重要組成部分，金融制度是經濟社會發展中重要的基礎性制度，必須加強黨對金融工作的領導」以及「設立國務院金融穩定發展委員會，強化人民銀行宏觀審慎管理和系統性風險防範職責，落實金融監管部門監管職責，並強化監管問責」。這明確了中央銀行將同時肩負制定和落實宏觀審慎政策職責和貨幣政策職責。

貨幣政策與宏觀審慎政策是地位並列的宏觀調控政策，有著完全不同的政策目標和工具，二者不是替代關係，而是補充關係。在具體執行中，中國人民銀行將擁有制定、實施貨幣政策和宏觀審慎政策的雙重職能。

就貨幣政策職能而言，中國人民銀行要保證貨幣政策有效執行，並維持政策的穩定、連續。當經濟處於失衡狀態且不確定性增加時，貨幣政策應能夠及時、準確地進行調控，穩定物價。根據宏觀經濟發展，中國人民銀行應及時調整貨幣供應量，調節利率，支持經濟增長。在必要時，應按需求利用貨幣政策的前瞻性和指導性，進行非常規調節。就宏觀審慎政策的職能而言，中國人民銀行的職責至少包括構建宏觀審慎政策框架，監控、識別、預警系統性金融風險，設計和使用宏觀審慎政策工具，建立健全政策使用規章制度，維護政策工具傳導渠道等。在中國人民銀行的領導下，各類宏觀審慎監管部門（銀保監會、證監會等）可以履行監管職責，識別潛在的金融風險，靈活且及時調整宏觀審慎政策工具。中國人民銀行應建立與各分支機構及其他部門的溝通、對接和信息共享機制，對整個宏觀審慎管理進行全流程控制。

参考文献

[1] ADRIAN T, SHIN H S. The Shadow Banking System: Implications for Financial Regulation [J]. Banque de France Financial Stability Review, 2009 (13): 1-10.

[2] ANGELINI PAOLO, NICOLETTI-ALTIMARI SERGIO, IGNAZIO VISCO. Macroprudential, Microprudential and Monetary Policies: Conflicts, Complementarities and Trade-Offs [J]. Questionidi Economia e Finanza (Occasional Papers), 2012: 140.

[3] AOKI K, PROUDMAN J, VLIEGHE G. House Prices, Consumption, and Monetary Policy: A Financial Accelerator Approach [J]. Journal of Financial Intermediation, 2004, 13 (4): 414-435.

[4] ANGELINI P, NERI S, PANETTA F. The Interaction between Capital Requirements and Monetary Policy [J]. Journal of Money, Credit and Banking, 2014, 46 (6): 1073-1112.

[5] ANGELINI P, NERI S, PANETTA F. Monetary and macroprudential policies [J]. Temi di Discussione (Economic Working Papers), 2011 (801).

[6] ADOLFSON M, LASéEN S, LINDE J et al. Bayesian Estimation of an Open Economy DSGE Model with Incomplete Pass-Through [J]. Working Paper Series, 2005, 72 (2): 481-511.

[7] ADOLFSON M, LASéEN S, LINDé J, et al. Optimal Monetary Policy in an Operational Medium-Sized DSGE Model [J]. Journal of Money, Credit and Banking, 2011, 43 (7): 1287-1331.

[8] ANDREW SHENG. The Erosion of U. S. Monetary Policy Management Under Shadow Banking [R]. Thailand: International Conference on Business and information, 2011.

[9] BAILY M N, ELMENDORF D W, LITAN R E. The Great Credit Squeeze:

How It Happened, How to Prevent Another [R]. Washington, D C: Brookings Institution, 2008.

[10] JOHNSTON R B, CHAI J, SCHUMACHER L. Assessing Financial System Vulnerabilities [J]. IMF Working Papers, 2013 (76).

[11] BERNANKE B, GERTLER M. Agency Costs, Net Worth, and Business Fluctuations [J]. American Economic Review, 1989, 79 (1): 14-31.

[12] BLANCHARD O, ARICCIA G, MAURO P. Rethinking Macroeconomic Policy [J]. Journal of Money, Credit and Banking, 2010, 42 (1): 199-215.

[13] BORIO C. Towards A Macroprudential Framework for Financial Supervision and Regulation? [J] CESifo Economic Studies, 2003, 49 (2): 181-215.

[14] CALMèS C, ThéORET R. The Rise of Shadow Banking and the Hidden Benefits of Diversification [J]. Repad Working Paper, 2011: 88-125.

[15] CETORELLI N, PERISTIANI S. The Role of Banks in Asset Securitization [J]. Federal Reserve Bank of New York Economic Policy Review, 2012, 18 (2): 47-64.

[16] COVAL J D, JUREK J W, STAFFORD E. Economic Catastrophe Bonds [J]. American Economic Review, 2008, 99 (3): 628-666.

[17] CALVO G, MISHKIN F. The Mirage of Exchange Rate Regimes for Emerging Market Countries [J]. Journal of Economic Perspectives, 2003, 17 (4): 99-118.

[18] CASTILLO P, MONTORO C, TUESTA V. An Estimated Stochastic General Equilibrium Model with Partial Dollarization: A Bayesian Approach [J]. Open Economies Review, 2013, 24 (2): 217-265.

[19] CALVO G. Staggered Prices in a Utility-Maximizing Framework [J]. Journal of Monetary Economics, 1983, 12 (3): 383-398.

[20] CHEN Q, FUNKE M, PAETZ M. Market and Non-Market Monetary Policy Tools in a Calibrated DSGE Model for Mainland China [J]. BOFIT Discussion Papers, 2012 (16): 2-37.

[21] CARRERA C, VEGA H. Interbank Market and Macroprudential Tools in a DSGE Model [J]. Working Papers, 2012 (14).

[22] CLAESSENS S, GHOSH S R, MIHET R. Macro-Prudential Policies to Mitigate Financial System Vulnerabilities [J]. Journal of International Money and Finance, 2013, 39 (C): 153-185.

[23] DANIELSSON J, ZIGRAND J P. Equilibrium Asset Pricing with Systemic

Risk [J]. Economic Theory, 2008, 35 (2): 293-319.

[24] DUCA J. What Drives the Shadow Banking System in the Short and Long Run? [J]. Working Papers, 2014: 1401.

[25] FSB. Shadow Banking: Scoping the Issues [EB/OL]. [2011-04-12]. http://www.fsb.org/up-content/uploads/r_110412a.pdf.

[26] IMF. Global Financial Stability Report: Meeting New Challenges to Stability and Building a Safer System [M]. Washington: IMF Publications, 2010.

[27] KAUFMAN G G, SCOTT K E. What Is Systemic Risk, and Do Bank Regulators Retard or Contribute to It? [J]. The Independent Review, 2003, 7 (3): 371-391.

[28] KILEY M T, SIM J. Optimal Monetary and Macroprudential Policies: Gains and Pitfalls in a Model of Financial Intermediation [J]. Journal of Macroeconomics, 2017, 54: 232-259.

[29] LIM C H, COSTA A, COLUMBA F, et al. Macroprudential Policy: What Instruments and How to Use Them? Lessons From Country Experiences [J]. IMF Working Papers, 2011.

[30] MICHAEL FUNKE, PETAR MIHAYLOVSKI, HAIBIN ZHU. Monetary Policy Transmission in China: A DSGE Model with Parallel Shadow Banking and Interest Rate Control [J]. BOFIT Discussion Papers, 2015 (9).

[31] SINGH MANMOHAN, AITKEN JARNES. The Sizable Role of Rehypoyhecation in the Shadow Banking System [J]. IMF Working Paper, 2010 (7).

[32] SMETS FRANK, RAFAEL WOUTERS. Shocks and Frictions in US Business Cycle: A Bayesian DSGE Approach [J]. American Economic Association, 2007, 97 (3): 586-606.

[33] SUH HYUNDUK. Macroprudential Policy: Its Effects and Relationship to Monetary Policy [J]. FRB of Philadelphia Working Paper, 2012: 12-28.

[34] UNSAL D. Capital Flows and Financial Stability: Monetary Policy and Macroprudential Responses [J]. International Journal of Central Banking, 2013, 9 (1): 233-285.

[35] VERONA F, MARTINS M M F, DRUMOND I. Unanticipated Monetary Policy in a DSGE Model with a Shadow Banking System [J]. International Journal of Central Banking, 2013, 9 (3): 78-124.

[36] SHENG A. Financial Crisis and Global Governance: A Network Analysis [R]. Globalization and Growth: Implications for a Post-Crisis World, 2010: 69-

93.

[37] UEDA K, HIRAKATA N, SUDO N. Chained Credit Contracts and Financial Accelerators [J]. Economic Inquiry, 2017, 55 (1): 565-579.

[38] MEH C A, MORAN K. The Role of Bank Capital in the Propagation of Shocks [J]. Journal of Economic Dynamics and Control, 2010, 34 (3): 555-576.

[39] GERALI A, NERI S, SESSA L, et al. Credit and Banking in a DSGE Model of the Euro Area [J]. Journal of Money, Credit and Banking, 2010, 42 (S1), 107-141.

[40] DIB A. Banks, Credit Market Frictions, and Business Cycles [J]. Staff Working Papers, 2010, 6 (3): 20-23.

[41] VAN DEN HEUVEL S. The Welfare Cost of Bank Capital Requirements [J]. Journal of Monetary Economics, 2008, 55 (2): 298-320.

[42] GERTLER M, KIYOTAKI N. Financial Intermediation and Credit Policy in Business Cycle Analysis [J]. Unpublished manuscript, 2009.

[43] GERTLER M, KARADI P. A Model of Unconventional Monetary Policy [J]. Journal of Monetary Economics, 2011, 58 (1): 17-34.

[44] HILBERG B, HOLLMAYR J. Asset Prices, Collateral, and Unconventional Monetary Policy in a DSGE Model [J]. Social Science Electronic Publishing, 2011, 27 (6): 697-711.

[45] BOISSAY F, COLLARD F, SMETS F. Booms and Systemic Banking Crises [J]. Frédéric Boissay, 2013, 42 (4): 551-574.

[46] HAFSTEAD M, SMITH J. Financial Shocks, Bank Intermediation, and Monetary Policy in a DSGE Model [J]. Unpublished Manuscript, 2012.

[47] MEDINA J P, ROLDóS J. Monetary and Macroprudential Policies to Manage Capital Flows [J]. IMF Working Paper, 2014, 14 (30).

[48] RUBIO M, CARRASCO-GALLEGO J A. Macroprudential and Monetary Policies: Implications for Financial Stability and Welfare [J]. Journal of Banking and Finance, 2014, 49: 326-336.

[49] BERNANKE B S, GERTLER M, GILCHRIST S. The Financial Accelerator in a Quantitative Business Cycle Framework [M]. Amesterdam: Elsevier Science, 1999: 1341-1393.

[50] IACOVIELLO M. House Prices, Borrowing Constraints, and Monetary

Policy in the Business Cycle [J]. American Economic Review, 2005, 95 (3): 739-764.

[51] BEATON K LALONDE R, SNUDDEN S. The Propagation of U.S. Shocks to Canada: Understanding the Role of Real Financial Linkages [J]. Canadian Journal of Economics, 2014, 47 (2): 466-493.

[52] QUINT D, RABANAL P. Monetary and Macroprudential Policy in an Estimated DSGE Model of the Euro Area [J]. International Journal of Central Banking, 2014, 10 (2): 169-236.

[53] CúRDIA V, WOODFORD M. Credit Spreads and Monetary Policy [J]. Credit and Banking, 2010, 42 (1): 3-35.

[54] CúRDIA V, WOODFORD M. The Central-Bank Balance Sheet as an Instrument of Monetary Policy [J]. Journal of Monetary Economics, 2011, 58 (1): 54-79.

[55] DE FIORE F, TRISTANI O. Optimal Monetary Policy in a Model of the Credit Channel [J]. Economic Journal, 2013, 123 (571): 906-931.

[56] CHRISTIANO L, EICHENBAUM M, EVANS C. Nominal Rigidities and the Dynamic Effects of a Shock to Monetary Policy [J]. Journal of Political Economy, 2005, 113 (1): 1-45.

[57] SMETS F, WOUTERS R. An Estimated Dynamic Stochastic General Equilibrium Model of the Euro Area [J]. Journal of the European Economic Association, 2003, 1 (5): 1123-1175.

[58] ERCEG C, HENDERSON D, LEVIN A. Optimal Monetary Policy with Staggered Wage and Price Contracts [J]. Journal of Monetary Economics, 2000, 46 (2): 281-313.

[59] FUNKE M, PAETZ M. Financial System Reforms and China's Monetary Policy Framework: A DSGE-Based Assessment of Initiatives and Proposal [J]. Social Scierce Electronic Publishing, 2012, 90 (347): 401-412.

[60] GLOCKER C, TOWBIN P. Reserve Requirement for Price and Financial Stability: When Are They Effective? [J]. International Journal of Central Banking, 2012, 8 (1): 65-114.

[61] ALTIG D, CHRISTIANO L, EICHENBAUM M, et al. Firm-Specific Capital, Nominal Rigidities and the Business Cycle [J]. Review of Economic Dynamics, 2011, 14 (2): 225-247.

[62] AN S, SCHORFHEIDE F. Bayesian Analysis of DSGE Models [J]. Econometric Reviews, 2007, 26 (2): 113–172.

[63] BATINI N, LEVINEAND P, PEARLMAN J. Monetary Rules in Emerging Economies with Financial Market Imperfections [M]. Chicago: University of Chicago Press, 2010: 251–311.

[64] DE FIORE F, TELES P, TRISTANI O. Monetary Policy and the Financing of Firms [J]. American Economic Journal: Macroeconomics, 2011, 3 (4): 112–142.

[65] DE FIORE F, TRISTANI O. Optimal Monetary Policy in a Model of the Credit Channel [J]. Economic Journal, 2013, 123 (571): 906–931.

[66] CHRISTIANO L, MOTTO R, ROSTAGNO M. Shocks, Structures or Monetary Policies? The Euro Area and US after 2001 [J]. Journal of Economic Dynamics and Control, 2008, 32 (8): 2476–2506.

[67] CURDIA V, WOODFORD M. Credit Frictions and Optimal Monetary Policy [J]. BIS Working Papers, 2009: 278.

[68] GERTLER M, GILCHRIST S, NATALUCCI F. External Constraints on Monetary Policy and the Financial Accelerator [J]. Journal of Money, Credit and Banking, 2007, 39 (2): 295–330.

[69] MONACELLI T. Monetary Policy in a Low Pass–Through Environment [J]. Working Papers, 2003, 37 (6): 1047–1066.

[70] BERNANKE B S, BLINDER A S. Credit, Money, and Aggregate Demand [J]. American Economic, 1988, 78 (2): 435–439.

[71] BERNANKE B S, GERTLER M, GILCHRIST S. The Financial Accelerator and the Flight to Quality [J]. The Review of Economics and Statistics, 1996, 78 (1): 1–15.

[72] BIJAPUR M. Does Monetary Policy Lose Effectiveness During a Credit Crunch? [J]. Economics Letters, 2010, 106 (1): 42–44.

[73] FRANCO MODIGLIANI. Monetary Policy and Consumption [J]. Consumer Spending and Monetary Policy: The Linkage, 1971: 9–84.

[74] FAN L, YU Y, ZHANG C. An Empirical Evaluation of China's Monetary Policies [J]. Journal of Macroeconomics, 2011, 33 (2): 358–371.

[75] GREENWOOD R M, HANSON S G, STEIN J C. A Comparative–Advantage Approach to Government Debt Maturity [J]. Journal of Finance, 2012, 70

(4): 1683-1722.

[76] HSU J, MOROZ M. Shadow Banks and the Financial Crisis of 2007—2008 [EB/OL]. [2010-03-20]. http://ssrn.com/abstract=1574970.

[77] NERSISYAN Y, WRAY L R. The Global Financial Crisis and the Shift to Shadow Banking [J]. Europear Journal of Economics and Economic Policies: Intervention, 2010, 7 (2): 377-400.

[78] POZSAR Z, ADRIAN T, ASHCRAFT A B, et al. Shadow Banking [J]. Staff Reports, 2010, 105 (458): 447-457.

[79] POZSAR Z. Institutional Cash Pools and the Triffin Dilemma of the US Banking System [J]. Financial Markets, Institations and Instruments, 2013, 22 (5): 283-318.

[80] POZSAR Z, SINGH M. The Nonbank-Bank Nexus and the Shadow Banking System [J]. IMF Working Papers, 2011, 11 (289): 939-977.

[81] 巴曙松, 陳華良, 王超, 等. 2012年中國資產管理行業發展報告: 短兵相接中資產管理格局的重構 [M]. 北京: 中國人民大學出版社, 2012.

[82] 程方楠, 孟衛東. 宏觀審慎政策與貨幣政策的協調搭配——基於貝葉斯估計的DSGE模型 [J]. 中國管理科學, 2017, 25 (1): 11-20.

[83] 杜清源, 龔六堂. 帶「金融加速器」的RBC模型 [J]. 金融研究, 2005 (4): 16-30.

[84] 方先明, 謝雨菲, 權威. 影子銀行規模波動對金融穩定的溢出效應 [J]. 經濟學家, 2017 (1): 79-87.

[85] 方先明, 謝雨菲. 影子銀行及其交叉傳染風險 [J]. 經濟學家, 2016 (3): 58-65.

[86] 馮超, 王銀. 中國商業銀行系統性風險處置研究——基於銀行間市場網絡模型 [J]. 金融研究, 2015 (1): 166-176.

[87] 郭敏, 趙繼志. 信貸驅動型泡沫的貨幣政策與宏觀審慎監管 [J]. 國際經濟合作, 2011 (10): 89-91.

[88] 胡濱, 尹振濤, 鄭聯盛. 中國金融監管報告 (2014) [M]. 北京: 社會科學文獻出版社, 2014: 6-13.

[89] 滑冬玲. 雙向開放條件下的金融脆弱性及防範制度研究 [J]. 天津師範大學學報 (社會科學版), 2016 (3): 76-80.

[90] 季偉. 影子銀行對中國商業銀行體系穩定性影響實證研究 [D]. 南京: 南京大學, 2013.

[91] 荊中博, 方意. 中國宏觀審慎政策工具的有效性和靶向性研究 [J]. 財貿經濟, 2018, 39 (10): 75-90.

[92] 李建強, 張淑翠, 袁佳, 等. 影子銀行、剛性兌付與宏觀審慎政策 [J]. 財貿經濟, 2019, 40 (1): 83-97.

[93] 李娟. 基於供給側結構性改革的宏觀審慎政策與貨幣政策協調研究 [D]. 太原: 山西財經大學, 2018.

[94] 李拉亞. 通貨膨脹機理與預期 [M]. 北京: 中國人民大學出版社, 1991: 238.

[95] 李拉亞. 宏觀審慎管理的理論基礎研究 [M]. 北京: 經濟科學出版社, 2016.

[96] 李偉航, 許玲. 宏觀審慎監管政策工具有效性研究——基於DSGE模型的實證分析 [J]. 東南大學學報 (哲學社會科學版), 2018, 20 (6): 76-89.

[97] 李向前, 諸葛瑞英, 黃盼盼. 影子銀行系統對中國貨幣政策和金融穩定的影響 [J]. 經濟學動態, 2013 (5): 81-87.

[98] 李義舉, 馮乾. 宏觀審慎政策框架能否有效抑制金融風險?——基於宏觀審慎評估的視角 [J]. 金融論壇, 2018, 23 (9): 9-20.

[99] 劉波. 貨幣政策與宏觀審慎政策協調管理研究 [D]. 長沙: 湖南大學, 2018.

[100] 呂進中, 張燕, 張鵬輝, 等. 宏觀審慎政策工具的有效性研究——基於動態隨機一般均衡模型的分析 [J]. 金融監管研究, 2018 (10): 18-32.

[101] 呂思聰, 趙棟. 貨幣政策、影子銀行和銀行間市場利率 [J]. 國際金融研究, 2019 (2): 43-53.

[102] 馬勇, 陳雨露. 宏觀審慎政策的協調與搭配: 基於中國的模擬分析 [J]. 金融研究, 2013 (8): 57-69.

[103] 毛澤盛, 萬亞蘭. 中國影子銀行與銀行體系穩定性閾值效應研究 [J]. 國際金融研究, 2012 (11): 65-73.

[104] 裘翔, 周強龍. 影子銀行與貨幣政策傳導 [J]. 經濟研究, 2014, 49 (5): 91-105.

[105] 邵偉. 讓影子銀行成為金融創新主力 [N]. 上海金融報, 2012-04-27 (A13).

[106] 邵偉. 影子銀行是金融市場的重要組成 [N]. 上海金融報, 2012-04-06 (A13).

[107] 王愛儉, 王璟怡. 宏觀審慎政策效應及其與貨幣政策關係研究 [J]. 經濟研究, 2014, 49 (4): 17-31.

[108] 王彬. 財政政策、貨幣政策調控與宏觀經濟穩定——基於新凱恩斯主義壟斷競爭模型的分析 [J]. 數量經濟技術經濟研究, 2010, 27 (11): 3-18.

[109] 王君斌, 王文甫. 非完全競爭市場、技術衝擊和中國勞動就業——動態新凱恩斯主義視角 [J]. 管理世界, 2010 (1): 23-35.

[110] 王文甫, 王子成. 積極財政政策與淨出口: 擠入還是擠出?——基於中國的經驗與解釋 [J]. 管理世界, 2012 (10): 31-45.

[111] 王作文. 宏觀審慎監管理論與實證分析 [D]. 長春: 吉林大學, 2013.

[112] 魏偉, 陳驍, 張明. 中國金融系統性風險: 主要來源、防範路徑與潛在影響 [J]. 國際經濟評論, 2018 (3): 125-150.

[113] 許先普, 楚爾鳴. 房價波動、宏觀審慎及與貨幣政策的協調 [J]. 統計與信息論壇, 2017, 32 (3): 62-69.

[114] 閻慶民, 李建華. 中國影子銀行監管研究 [M]. 北京: 中國人民大學出版社, 2014.

[115] 閻慶民. 國內銀行理財業務與影子銀行關係研究 [J]. 新金融評論, 2013 (5): 5-19.

[116] 葉歡. 宏觀審慎政策工具的有效性——基於中國、中國香港和韓國數據的研究 [J]. 管理評論, 2018, 30 (2): 42-51.

[117] 易綱. 貨幣政策回顧與展望 [J]. 中國金融, 2018 (3): 9-11.

[118] 易憲容. 「雙支柱」宏觀調控新框架的理論研究 [J]. 浙江社會科學, 2018 (7): 37-45.

[119] 袁增霆. 中外影子銀行的本質與監管 [J]. 中國金融, 2011 (1): 81-82.

[120] 張敏鋒, 李拉亞. 宏觀審慎政策有效性研究最新進展 [J]. 經濟學動態, 2013 (6): 123-131.

[121] 張曉慧. 宏觀審慎政策在中國的探索 [J]. 中國金融, 2017 (11): 23-25.

[122] 張曉慧. 中國貨幣政策 [M]. 北京: 中國金融出版社, 2012.

[123] 張亦春, 胡曉. 非常規貨幣政策探討及金融危機下的實踐 [J]. 國際金融研究, 2010 (3): 27-33.

[124] 張元. 金融脆弱性的自增強效應分析 [J]. 技術經濟與管理研究, 2015 (10): 59-62.

[125] 趙勝民, 何玉潔. 影子銀行對貨幣政策傳導與房價的影響分析——兼論宏觀審慎政策與貨幣政策協調 [J]. 經濟科學, 2018 (1): 83-95.

[126] 鄭聯盛. 貨幣政策與宏觀審慎政策雙支柱調控框架：權衡與融合 [J]. 金融評論, 2018, 10 (4): 25-40.

[127] 中國人民銀行金融穩定分析小組. 中國金融穩定報告 (2010) [M]. 北京：中國金融出版社, 2010.

[128] 中國人民銀行金融穩定分析小組. 中國金融穩定報告 (2013) [M]. 北京：中國金融出版社, 2013.

[129] 中國人民銀行貨幣政策分析小組. 2016 年第四季度中國貨幣政策執行報告 [M]. 北京：中國金融出版社, 2017.

[130] 中國人民銀行貨幣政策分析小組. 2015 年第三季度中國貨幣政策執行報告 [M]. 北京：中國金融出版社, 2015.

[131] 鐘春平, 田敏. 預期、有偏性預期及其形成機制：宏觀經濟學的進展與爭議 [J]. 經濟研究, 2015, 50 (5): 162-177.

[132] 周莉萍. 貨幣政策與宏觀審慎政策研究：共識、分歧與展望 [J]. 經濟學動態, 2018 (10): 100-115.

[133] 祝繼高, 胡詩陽, 陸正飛. 商業銀行從事影子銀行業務的影響因素與經濟後果——基於影子銀行體系資金融出方的實證研究 [J]. 金融研究, 2016 (1): 66-82.

[134] 巴曙松. 應從金融結構演進角度客觀評估影子銀行 [J]. 經濟縱橫, 2013 (4): 27-30.

[135] 巴曙松. 中國貨幣政策有效性的經濟學分析 [M]. 北京：經濟科學出版社, 2000.

[136] 陳劍, 張曉龍. 影子銀行對中國經濟發展的影響——基於 2000—2011 年季度數據的實證分析 [J]. 財經問題研究, 2012 (8): 66-72.

[137] 龔明華, 張曉樸, 文竹. 影子銀行的風險與監管 [J]. 中國金融, 2011 (3): 41-44.

[138] 賀軍. 對「影子銀行」也要一分為二 [J]. 金融管理與研究, 2011 (11): 37-38.

[139] 黃益平, 常健, 楊靈修. 中國的影子銀行會成為另一個次債？ [J]. 國際經濟評論, 2012 (2): 42-51.

[140] 駱振心, 馮科. 影子銀行與中國貨幣政策傳導[J]. 武漢金融, 2012 (4): 19-22.

[141] 李波, 伍戈. 影子銀行的信用創造功能及其對貨幣政策的挑戰[J]. 金融研究, 2011 (12): 77-84.

[142] 劉煜輝. 中國式影子銀行[J]. 中國金融, 2013 (4): 57-59.

[143] 馬克思. 資本論: 第3卷[M]. 北京: 人民出版社, 2004: 485-486.

[144] 馬克思. 資本論: 第2卷[M]. 北京: 人民出版社, 2004: 551.

[145] 湯克明. 影子銀行體系發展及其對貨幣政策傳導機制的影響[J]. 武漢金融, 2013 (3): 26-28.

[146] 吳金友. 中國貨幣政策理論有效性的實證分析[J]. 浙江金融, 2011 (9): 16-20.

[147] 周莉萍. 論影子銀行體系國際監管的進展、不足、出路[J]. 國際金融研究, 2012 (1): 44-53.

[148] 張明. 中國影子銀行: 界定、成因、風險與對策[J]. 國際經濟評論, 2013 (3): 82-92.

[149] 張雪蘭, 楊丹. 中國貨幣政策的有效性問題: 基於1996—2009年季度數據的分析[J]. 財貿經濟, 2010 (6): 27-32.

[150] 廖岷, 林學冠, 寇宏. 中國宏觀審慎監管工具和政策協調的有效性研究[J]. 金融監管研究, 2014 (12): 1-23.

[151] 梁璐璐, 趙勝民, 田昕明, 等. 宏觀審慎政策及貨幣政策效果探討: 基於DSGE框架的分析[J]. 財經研究, 2014, 40 (3): 94-103.

[152] 王志強, 李青川. 資本流動、信貸增長與宏觀審慎監管政策——基於門限向量自迴歸的實證分析[J]. 財貿經濟, 2014 (4): 38-47.

[153] 梁琪, 李政, 卜林. 中國宏觀審慎政策工具有效性研究[J]. 經濟科學, 2015 (2): 5-17.

[154] 中國人民銀行. 2018年中國人民銀行工作會議[EB/OL]. [2018-02-06]. http://www.pbc.gov.cn/goutongjiaoliu/113456/113469/3477738/index.html.

[155] 王兆星. 王兆星在2017年陸家嘴論壇的講話[EB/OL]. [2017-06-20]. http://www.cbrc.gov.cn/chinese/home/docView/oB4c48c4A1FE486C9C550DB775DD2B10.html.

[156] 許志偉, 薛鶴翔, 羅大慶. 融資約束與中國經濟波動——新凱恩斯

主義框架內的動態分析 [J]. 經濟學（季刊），2011.

[157] 張偉進，方振瑞. 金融衝擊與中國經濟波動 [J]. 南開經濟研究，2013（5）：3-20.

[158] 康立，龔六堂，陳永偉. 金融摩擦、銀行淨資產與經濟波動的行業間傳導 [J]. 金融研究，2013，5：32-46.

[159] 王國靜，田國強. 金融衝擊和中國經濟波動 [J]. 經濟研究，2014，49（3）：20-34.

[160] 袁申國，陳平，劉蘭鳳. 匯率制度、金融加速器和經濟波動 [J]. 經濟研究，2011，46（1）：57-70.

[161] 金成曉，盧穎超. 對外開放進程中中國經濟波動的特徵：基於新凱恩斯 DSGE 模型的計量分析 [J]. 數量經濟研究，2013，4（2）：1-15.

[162] 許偉，陳斌開. 銀行信貸與中國經濟波動：1993—2005 [J]. 經濟學（季刊），2009，8（3）：969-994.

[163] 巴曙松，王璟怡，杜婧. 從微觀審慎到宏觀審慎：危機下的銀行監管啟示 [J]. 國際金融研究，2010（5）：83-89.

[164] 劉鵬，鄢莉莉. 銀行體系、技術衝擊與中國宏觀經濟波動 [J]. 國際金融研究，2012（3）：69-76.

[165] 餘雪飛. 銀行資本約束與中國宏觀經濟波動——順週期性下的金融加速器效應研究 [J]. 宏觀經濟研究，2013（2）：41-48.

[166] 康立，龔六堂. 金融摩擦、銀行淨資產與國際經濟危機傳導——基於多部門 DSGE 模型分析 [J]. 經濟研究，2014，49（5）：147-159.

[167] 唐齊鳴，熊潔敏. 中國資產價格與貨幣政策反應函數模擬 [J]. 數量經濟技術經濟研究，2009，26（11）：104-115.

[168] 趙進文，高輝. 資產價格波動對中國貨幣政策的影響——基於1994—2006年季度數據的實證分析 [J]. 中國社會科學，2009（2）：98-114.

[169] 張亦春，胡曉. 宏觀審慎視角下的最優貨幣政策框架 [J]. 金融研究，2010（5）：30-40.

[170] 李成，王彬，馬文濤. 資產價格、匯率波動與最優利率規則 [J]. 經濟研究，2010，45（3）：91-103.

[171] 馬勇. 植入金融因素的 DSGE 模型與宏觀審慎貨幣政策規則 [J]. 世界經濟，2013，36（7）：68-92.

[172] 陳師，鄭歡，郭麗麗. 中國貨幣政策規則、最優單一規則與宏觀效應 [J]. 統計研究，2015，32（1）：41-51.

[173] 陳師, 趙磊. 中國的實際經濟週期與投資專有技術變遷 [J]. 管理世界, 2009 (4): 5-16.

[174] 黃炎龍, 陳偉忠, 龔六堂. 匯率的穩定性與最優貨幣政策 [J]. 金融研究, 2011 (11): 1-17.

[175] 黃賾琳. 中國經濟週期特徵與財政政策效應——一個基於三部門 RBC 模型的實證分析 [J]. 經濟研究, 2005 (6): 27-39.

[176] 李浩, 胡永剛, 馬知遙. 國際貿易與中國的實際經濟週期——基於封閉與開放經濟的 RBC 模型比較分析 [J]. 經濟研究, 2007 (5): 17-26.

[177] 李浩, 鐘昌標. 貿易順差與中國的實際經濟週期分析: 基於開放的 RBC 模型的研究 [J]. 世界經濟, 2008 (9): 60-65.

[178] 劉堯成, 徐曉萍. 供求衝擊與中國經濟外部失衡——基於 DSGE 兩國模型的模擬分析 [J]. 財經研究, 2010, 36 (3): 102-112.

[179] 呂朝鳳, 黃梅波. 國際貿易、國際利率與中國實際經濟週期——基於封閉經濟和開放經濟三部門 RBC 模型的比較分析 [J]. 管理世界, 2012 (3): 34-49.

[180] 王勝, 郭汝飛. 不完全匯率傳遞與最優貨幣政策 [J]. 經濟研究, 2012, 47 (S2): 131-143.

[181] 王勝, 彭鑫瑤. 不對稱價格粘性下的貨幣政策和福利效應 [J]. 世界經濟, 2010, 33 (5), 101-117.

[182] 王勝, 鄒恒甫. 開放經濟中的貨幣政策 [J]. 管理世界, 2006 (2) 23-31.

[183] 王曉芳, 毛彥軍. 小型開放經濟環境下的最優貨幣政策設計 [J]. 財貿研究, 2011, 22 (3): 95-110.

[184] 吳錦順. 中國貨幣替代程度及其對福利的影響估計 [J]. 經濟評論, 2013 (3): 96-108.

[185] 王蓓, 崔治文. 有效稅率、投資與經濟增長: 來自中國數據的經驗實證 [J]. 管理評論, 2012, 24 (7): 3-23.

[186] 王文甫. 價格粘性、流動性約束與中國財政政策的宏觀效應——動態新凱恩斯主義視角 [J]. 管理世界, 2010 (9): 11-25.

[187] 王君斌. 通貨膨脹慣性、產出波動與貨幣政策衝擊: 基於剛性價格模型的通貨膨脹和產出的動態分析 [J]. 世界經濟, 2010, 33 (3): 71-94.

[188] 薛鶴翔. 中國的產出持續性——基於剛性價格和剛性工資模型的動態分析 [J]. 經濟學 (季刊), 2010, 9 (4): 1359-1384.

附錄 A 完整模型及條件

A.1 完整模型

A.1.1 耐心家庭

耐心家庭的預算約束是：

$$c_t^P + q_t^h(h_t^P - h_{t-1}^P) + d_t = w_t^P l_t^P + d_{t-1}\frac{1+r_{t-1}^d}{\pi_t} \quad (A-1)$$

耐心家庭的一階條件是：

$$\lambda_t^P = \frac{1-a^P}{c_t^P - a^P c_{t-1}^P} \quad (A-2)$$

$$\lambda_t^P q_t^h = \frac{\varepsilon^h}{h_t^P} + E_t \beta_P \lambda_{t+1}^P q_{t+1}^h \quad (A-3)$$

$$\lambda_t^P = E_t \beta_P \lambda_{t+1}^P \frac{1+r_t^d}{\pi_{t+1}} \quad (A-4)$$

其中，λ_t^P 是耐心家庭預算約束對應的影子價格。

A.1.2 不耐心家庭

不耐心家庭的預算約束是：

$$c_t^I + q_t^h(h_t^I - h_{t-1}^I) + b_{t-1}^I \frac{1+r_{t-1}^{bH}}{\pi_t} = w_t^I l_t^I + b_t^I \quad (A-5)$$

其借入約束是：

$$(1+r_t^{bH})b_t^I = m^I A_t^I E_t[q_{t+1}^h h_t^I \pi_{t+1}] \quad (A-6)$$

一階條件是：

$$\lambda_t^I = \frac{1-a^I}{c_t^I - a^I c_{t-1}^I} \quad (A-7)$$

$$\lambda_t^I q_t^h = \frac{\varepsilon^h}{h_t^I} + E_t \beta_I \lambda_{t+1}^I q_{t+1}^h + E_t s_t^I m^I A_t^I q_{t+1}^h \pi_{t+1} \quad (A-8)$$

$$\lambda_t^I = E_t \beta_I \lambda_{t+1}^I \frac{1 + r_t^{bH}}{\pi_{t+1}} + s_t^I (1 + r_t^{bH}) \quad (A-9)$$

其中，λ_t^I 是不耐心家庭預算約束對應的影子價格，s_t^I 表示借入約束（A-5）對應的影子價格。

A.1.3 企業家

企業家面對的預算約束是：

$$c_t^E + q_t^k k_t + \psi(u_t) k_{t-1} = u_t k_{t-1} r_t^k + b_t^E - b_{t-1}^E \frac{1 + r_{t-1}^{bE}}{\pi_t} + q_t^k (1-\delta) k_{t-1} \quad (A-10)$$

企業家的借入約束是：

$$(1 + r_t^{bE}) b_t^E = m^E A_t^E E_t [q_{t+1}^k k_t^E \pi_{t+1} (1-\delta)] \quad (A-11)$$

企業家問題的一階條件是：

$$\lambda_t^E = \frac{1 - a^E}{c_t^E - a^E c_{t-1}^E} \quad (A-12)$$

$$\lambda_t^E = E_t \beta_E \lambda_{t+1}^E \frac{1 + r_t^{bE}}{\pi_{t+1}} + s_t^E (1 + r_t^{bE}) \quad (A-13)$$

$$\lambda_t^E q_t^k = E_t \beta_E \lambda_{t+1}^E [u_{t+1} r_{t+1}^k + q_{t+1}^k (1-\delta) - \psi(u_{t+1})] + E_t s_t^E m^E A_t^E q_{t+1}^k \pi_{t+1} (1-\delta) \quad (A-14)$$

$$r_t^k = \psi'(u_t) \quad (A-15)$$

其中，λ_t^E 是企業家預算約束對應的影子價格，s_t^E 是其借入約束對應的影子價格。

A.1.4 中間產品廠商

中間產品廠商的最優化問題的拉格朗日式為：

$$L_t^P = w_t^P l_t^P(j) + w_t^I l_t^I(j) + r_t^k k_{t-1}(j) u_t(j) + mc_t [y_t - a_t^E (k_{t-1} u_t)^\alpha (l_t^P)^{(1-\alpha)\mu} (l_t^I)^{(1-\alpha)(1-\mu)}] \quad (A-16)$$

一階條件是：

$$w_t^P = (1-\alpha) mc_t \mu \frac{y_t}{l_t^P} \quad (A-17)$$

$$w_t^l = (1-\alpha)(1-\mu)mc_t \frac{y_t}{l_t^l} \qquad (A-18)$$

$$r_t^k = \alpha mc_t z_t (u_t k_{t-1})^{\alpha-1} [(l_t^P)^\mu (l_t^l)^{1-\mu}]^{1-\alpha} \qquad (A-19)$$

其中，mc_t 表示邊際成本函數。生產函數為：

$$y_t = z_t (u_t k_{t-1})^\alpha [(l_t^P)^\mu (l_t^l)^{1-\mu}]^{1-\alpha} \qquad (A-20)$$

A.1.5 資本生產廠商

資本存量的運動規則為：

$$k_t = (1-\delta)k_{t-1} + \varepsilon_t^i [1 - S(\frac{i_t}{i_{t-1}})]i_t \qquad (A-21)$$

資本生產廠商問題的一階條件是：

$$1 = q_t^k \varepsilon_t^i [1 - S(\frac{i_t}{i_{t-1}}) - S'(\frac{i_t}{i_{t-1}})\frac{i_t}{i_{t-1}}] + E_t \frac{\beta_E \lambda_{t+1}^E}{\lambda_t^E} q_{t+1}^k \varepsilon_{t+1}^i S'(\frac{i_{t+1}}{i_t})(\frac{i_{t+1}}{i_t})^2$$

$$(A-22)$$

A.1.6 價格設定 Calvo 問題

最終產品廠商 Calvo 問題的一階條件為：

$$\lambda_t^P y_t + E_t [\frac{\pi^\iota (\pi_t)^{1-\iota}}{\pi_{t+1}}]^{1/(1-\lambda_f)} \beta_p \xi_p F_{t+1}^P = F_t^P \qquad (A-23)$$

$$\lambda_f \lambda_t^P y_t mc_t + E_t \beta_P \xi_p [\frac{\pi^\iota (\pi_t)^{1-\iota}}{\pi_{t+1}}]^{\lambda_f/(1-\lambda_f)} K_{t+1}^P = K_t^P \qquad (A-24)$$

$$(\frac{K_t^P}{F_t^P})^{1/(1-\lambda_f)} = \frac{1 - \xi_p [\pi^\iota (\pi_{t-1})^{1-\iota} (\pi_t)^{-1}]^{1/(1-\lambda_f)}}{1 - \xi_p} \qquad (A-25)$$

A.1.7 工資設定問題

家庭交錯工資設定問題的一階條件是：

$$K_{w,t}^m = (l_t^m)^{1+\varphi} + E_t \beta_m \xi_w [\frac{\pi^{\iota_w}(\pi_t)^{1-\iota_w} w_t^m}{w_{t+1}^m \pi_{t+1}}]^{\frac{\lambda_w}{1-\lambda_w}(1+\varphi)} K_{w,t+1}^m \qquad (A-26)$$

$$F_{w,t}^m = \frac{\lambda_t}{\lambda_w} l_t^m + E_t \beta_m \xi_w (\frac{w_{t+1}^m}{w_t^m}) [\frac{\pi^{\iota_w}(\pi_t)^{1-\iota_w} w_t^m}{w_{t+1}^m \pi_{t+1}}]^{1+\frac{\lambda_w}{1-\lambda_w}} F_{w,t+1}^m \qquad (A-27)$$

$$\{[1 - \xi_w (\frac{\pi^{\iota_w}(\pi_{t-1})^{1-\iota_w} w_{t-1}^m}{w_t^m \pi_t})^{1/(1-\lambda_w)}] (1-\xi_w)^{-1}\}^{1-\lambda_w(1+\varphi)} w_t^m F_{w,t}^m = K_{w,t}^m$$

$$(A-28)$$

其中，$m \in \{P, I\}$。

A.1.8 零售分行

存款分行的一階條件是：

$$-1 + \varepsilon^d - \varepsilon^d \frac{R_t^d}{r_t^d} - \kappa_d(\frac{r_t^d}{r_{t-1}^d} - 1)\frac{r_t^d}{r_{t-1}^d} + E_t\beta_P\kappa_d \frac{\lambda_{t+1}^P}{\lambda_t^P}(\frac{r_{t+1}^d}{r_t^d} - 1)(\frac{r_{t+1}^d}{r_t^d})^2 \frac{d_{t+1}}{d_t} = 0$$

(A-29)

貸款分行的一階條件是：

$$1 - \varepsilon^{bs} + \varepsilon^{bs}\frac{R_t^b}{r_t^{bs}} - \kappa_{bs}(\frac{r_t^{bs}}{r_{t-1}^{bs}} - 1)\frac{r_t^{bs}}{r_{t-1}^{bs}} + E_t\beta_P\kappa_{bs}\frac{\lambda_{t+1}^P}{\lambda_t^P}(\frac{r_{t+1}^{bs}}{r_t^{bs}} - 1)(\frac{r_{t+1}^{bs}}{r_t^{bs}})^2 \frac{b_{t+1}^s}{b_t^s} = 0$$

(A-30)

其中，$s \in \{I, E\}$。

A.1.9 批發分行

批發分行如式（A-31）至式（A-36）所示：

$$R_t^b = R_t^{ib} + \frac{c_b}{y}B_t + \kappa(B_t - B_t^{CB}) \tag{A-31}$$

$$R_t^d = \eta_t\nu_t R_t^r + (1 - \eta_t\nu_t)R_t^{ib} - \frac{c_d}{y}\frac{d_t}{\nu_t} \tag{A-32}$$

$$R_t^e = R_t^{ib} + \frac{c_e}{y}E_t \tag{A-33}$$

$$\eta_t d_t + E_t + B_t = \frac{d_t}{\nu_t} \tag{A-34}$$

$$R_t^{ib} = R_t \tag{A-35}$$

$$R_t^r = \bar{R}^r \tag{A-36}$$

A.1.10 貨幣政策

貨幣政策滿足式（A-37）至（A-41）：

$$R_t = \rho_R R_{t-1} + (1 - \rho_R)[R + \varphi_\pi(\pi_t - \pi) + \varphi_y(y_t - y_{t-1})] + \varepsilon_t^R \tag{A-37}$$

$$B_t^{cb} = \rho_b^{cb} B_{t-1}^{cb} - (1 - \rho_b^{cb})[B + \varphi_b^b(B_t - B) + \varphi_b^\pi(\pi_t - \pi) + \varphi_b^y(y_t - y_{t-1})] + \varepsilon_t^{wg}$$

(A-38)

$$\eta_{t+1} = \rho_\eta \eta_t + (1 - \rho_\eta)\varphi_\eta^\pi(\pi_t - \pi) + \varepsilon_t^\eta \tag{A-39}$$

$$\nu_t = \rho_\nu \nu_{t-1} + (1 - \rho_\nu)\varphi_\nu^\eta \eta_t \tag{A-40}$$

$$\eta_t d_t + E_t + B_t = \frac{d_t}{\nu_t} \qquad (A-41)$$

A.1.11 資源約束

資源約束滿足式（A-42）至式（A-44）：
$$y_t = c_t^P + c_t^I + c_t^E + i_t + g_t + a(u_t)k_{t-1} \qquad (A-42)$$
$$\bar{h} = h_t^P + h_t^I \qquad (A-43)$$
$$B_t = b_t^I + b_t^E \qquad (A-44)$$

A.1.12 衝擊過程

模型中引入 8 個外生衝擊過程：生產率衝擊 z_t、投資專有技術衝擊 ε_t^i、貨幣政策衝擊 ε_t^R、窗口指導衝擊 ε_t^{wg}、法定準備金率衝擊 ε_t^η、政府支出衝擊 g_t、家庭借入衝擊 A_t^I 與企業家借入衝擊 A_t^E。以上衝擊服從一階自迴歸過程，且相互獨立。

A.2 對數線性化條件

A.2.1 家庭

家庭滿足式（A-45）至式（A-54）：
$$c^P \hat{c}_t^P + q^h h^P(\hat{h}_t^P - \hat{h}_{t-1}^P) + d\hat{d}_t = (1-\alpha)\mu ymc(\hat{w}_t^P + \hat{l}_t^P) + \frac{d}{\beta_P}(\hat{d}_{t-1} - \hat{\pi}_t + \frac{r^d}{1+r^d}\hat{r}_{t-1}^d) \qquad (A-45)$$

$$(1-a^P)\hat{\lambda}_t^P + \hat{c}_t^P - a^P \hat{c}_{t-1}^P = 0 \qquad (A-46)$$

$$\lambda^P q^h(\hat{\lambda}_t^P + \hat{q}_t^h) = -\frac{\varepsilon^h}{h^P}\hat{h}_t^P + \lambda^P \beta_P q^h(\hat{\lambda}_{t+1}^P + \hat{q}_{t+1}^h) \qquad (A-47)$$

$$\hat{\lambda}_t^P + \hat{\pi}_{t+1} = \hat{\lambda}_{t+1}^P + \frac{r^d}{1+r^d}\hat{r}_t^d \qquad (A-48)$$

$$c^I \hat{c}_t^I + q^h h^I(\hat{h}_t^I - \hat{h}_{t-1}^I) + \frac{1+r^{bH}}{\pi}b^I(\frac{1+r^{bH}}{r^{bH}}\hat{r}_{t-1}^{bH} - \hat{\pi}_t + \hat{b}_{t-1}^I) = (1-\alpha)(1-\mu)ymc(\hat{w}_t^I + \hat{l}_t^I) + b^I \hat{b}_t^I \qquad (A-49)$$

$$\frac{r^{bH}}{1+r^{bH}}\hat{r}_t^{bH} + \hat{b}_t^I = \hat{A}_t^I + \hat{q}_{t+1}^h + \hat{h}_t^I + \hat{\pi}_{t+1} \quad \text{(A-50)}$$

$$\hat{A}_t^I = \rho_{A^I}\hat{A}_{t-1}^I + \varepsilon_t^{A^I} \quad \text{(A-51)}$$

$$(1-a^I)\hat{\lambda}_t^I + \hat{c}_t^I - a^I\hat{c}_{t-1}^I = 0 \quad \text{(A-52)}$$

$$\lambda^I q^h(\hat{\lambda}_t^I + \hat{q}_t^h) = -\frac{\varepsilon^h}{h^I}\hat{h}_t^I + \lambda^I \beta_I q^h(\hat{\lambda}_{t+1}^I + \hat{q}_{t+1}^h) + s^I m^I q^h \pi(\hat{s}_t^I + \hat{A}_t^I + \hat{q}_{t+1}^h + \hat{\pi}_{t+1})$$

(A-53)

$$\lambda^I \hat{\lambda}_t^I = \frac{\lambda^I \beta_I(1+r^{bH})}{\pi}(\hat{\lambda}_{t+1}^I - \hat{\pi}_{t+1} + \frac{r^{bH}}{1+r^{bH}}\hat{r}_t^{bH}) + s^I(1+r^{bH})(\hat{s}_t^I + \frac{r^{bH}}{1+r^{bH}}\hat{r}_t^{bH})$$

(A-54)

A.2.2 企業家

企業家滿足式（A-55）至式（A-61）：

$$c^E\hat{c}_t^E + q^k k(\hat{q}_t^k + \hat{k}_t) = kr^k(\hat{k}_{t-1} + \hat{r}_t^k) + b^E\hat{b}_t^E - \frac{1+r^{bE}}{\pi}b^E(\hat{b}_{t-1}^E - \hat{\pi}_t + \frac{r^{bE}}{1+r^{bE}}\hat{r}_{t-1}^{bE}) + (1-\delta)q^k k(\hat{q}_t^k + \hat{k}_{t-1}) \quad \text{(A-55)}$$

$$\frac{r^{bE}}{1+r^{bE}}\hat{r}_t^{bE} + \hat{b}_t^E = \hat{A}_t^E + \hat{q}_{t+1}^k + \hat{k}_t + \hat{\pi}_{t+1} \quad \text{(A-56)}$$

$$\hat{A}_t^E = \rho_{A^E}\hat{A}_{t-1}^E + \varepsilon_t^{A^E} \quad \text{(A-57)}$$

$$(1-a^E)\hat{\lambda}_t^E + \hat{c}_t^E - a^E\hat{c}_{t-1}^E = 0 \quad \text{(A-58)}$$

$$\lambda^E\hat{\lambda}_t^E = \beta_E\lambda^E\frac{1+r^{bE}}{\pi}(\hat{\lambda}_{t+1}^E - \hat{\pi}_{t+1} + \frac{r^{bE}}{1+r^{bE}}\hat{r}_t^{bE}) + s^E(1+r^{bE})(\hat{s}_t^E + \frac{r^{bE}}{1+r^{bE}}\hat{r}_t^{bE})$$

(A-59)

$$q^k(\hat{\lambda}_t^E + \hat{q}_t^k - \hat{\lambda}_{t+1}^E) = \beta_E r^k\hat{r}_{t+1}^k + \beta_E(1-\delta)q^k\hat{q}_{t+1}^k + \frac{s^E}{\lambda^E}(1-\delta)m^E q^k\pi(\hat{s}_t^E + \hat{A}_t^E + \hat{q}_{t+1}^k + \hat{\pi}_{t+1} - \hat{\lambda}_{t+1}^E)$$

(A-60)

$$\hat{r}_t^k = \sigma_a \hat{u}_t \quad \text{(A-61)}$$

A.2.3 廠商

廠商滿足式（A-62）至式（A-69）：

$$\hat{w}_t^P = \hat{mc}_t + \hat{y}_t - \hat{l}_t^P \quad \text{(A-62)}$$

$$\hat{w}_t^I = \hat{mc}_t + \hat{y}_t - \hat{l}_t^I \quad \text{(A-63)}$$

$$\hat{r}_t^k = \hat{mc}_t + \hat{z}_t + (\alpha - 1)(\hat{u}_t + \hat{k}_{t-1}) + (1 - \alpha)[\mu\hat{I}_t^P + (1 - \mu)\hat{I}_t^I]$$
(A-64)

$$\hat{y}_t = \hat{z}_t + \alpha(\hat{u}_t + \hat{k}_{t-1}) + (1 - \alpha)[\mu\hat{I}_t^P + (1 - \mu)\hat{I}_t^I] \quad \text{(A-65)}$$

$$\hat{z}_t = \rho_z \hat{z}_{t-1} + \varepsilon_t^z \quad \text{(A-66)}$$

$$\hat{\varepsilon}_t^i + \hat{i}_t = \frac{1}{\delta}\hat{k}_t - \left(\frac{1}{\delta} - 1\right)\hat{k}_{t-1} \quad \text{(A-67)}$$

$$\hat{\varepsilon}_t^i = \rho_\varepsilon \hat{\varepsilon}_{t-1}^i + \varepsilon_t^\varepsilon \quad \text{(A-68)}$$

$$\hat{q}_t^k + \hat{\varepsilon}_t^i = S''(\hat{i}_t - \hat{i}_{t-1}) - \beta_E S''(\hat{i}_{t+1} - \hat{i}_t) \quad \text{(A-69)}$$

A.2.4 Calvo 定價問題

Calvo 定價問題滿足式（A-70）至式（A-72）：

$$\lambda^P y(\hat{\lambda}_t^P + \hat{y}_t) + \beta_P \xi_p F^P \left\{ \frac{1}{1 - \lambda_f}[(1 - \iota)\hat{\pi}_t - \hat{\pi}_{t+1}] + \hat{F}_{t+1}^P \right\} = F^P \hat{F}_t^P$$
(A-70)

$$\lambda^P \lambda_f ymc(\hat{\lambda}_t^P + \hat{y}_t + \hat{mc}_t) + \beta_P \xi_p K^P \left\{ \frac{\lambda_f}{1 - \lambda_f}[(1 - \iota)\hat{\pi}_t - \hat{\pi}_{t+1}] + \hat{K}_{t+1}^P \right\} = K^P \hat{K}_t^P$$
(A-71)

$$(1 - \xi_p)\left(\frac{K^P}{F^P}\right)^{1/(1-\lambda_f)}(\hat{K}_t^P - \hat{F}_t^P) = -\xi_p[(1 - \iota)\hat{\pi}_{t-1} - \hat{\pi}_t] \quad \text{(A-72)}$$

A.2.5 工資設定問題

工資設定問題滿足式（A-73）至式（A-79）：

$$K_W^P \hat{K}_{W,t}^P = (l^P) 1 + \varphi(1 + \varphi)\hat{I}_t^P + \beta_P \xi_w K_W^P \left\{ \frac{\lambda_w(1 + \varphi)}{1 - \lambda_w}[(1 - \iota_w)\hat{\pi}_t + \tilde{w}_t^P - \tilde{w}_{t+1}^P - \hat{\pi}_{t+1}] + \hat{K}_{W,t+1}^P \right\}$$
(A-73)

$$F_w^P \hat{F}_{w,t}^P = \frac{\lambda^P l^P}{\lambda_w}(\hat{\lambda}_t^P + \hat{I}_t^P) \quad \text{(A-74)}$$

$$+ \beta_P \xi_w F_w^P \left[\frac{1}{1 - \lambda_w}((1 - \iota_w)\hat{\pi}_t + \hat{w}_t^P - \hat{w}_{t+1}^P - \hat{\pi}_{t+1}) + (\hat{w}_{t+1}^P - \hat{w}_t^P) + \hat{F}_{w,t+1}^P \right]$$
(A-75)

$$-\frac{\xi_w}{1 - \lambda_w}[(1 - \iota_w)\hat{\pi}_{t-1} + \hat{w}_{t-1}^P - \hat{w}_t^P - \hat{\pi}_t] = \frac{1 - \xi_w}{1 - \lambda_w(1 + \varphi)}(\hat{K}_{w,t}^P - \hat{w}_t^P - \hat{F}_{w,t}^P)$$
(A-76)

$$K_W^l \hat{K}_{W,t}^l = (^{ll})1 + \varphi(1+\varphi)\hat{I}_t^l + \beta_I \xi_w K_W^l \left\{ \frac{\lambda_w(1+\varphi)}{1-\lambda_w} [(1-\iota_w)\hat{\pi}_t + \hat{w}_t^l - \hat{w}_{t+1}^l - \hat{\pi}_{t+1}] + \hat{K}_{W,t+1}^l \right\} \qquad (A-77)$$

$$F_w^l \hat{F}_{w,t}^l = \frac{\lambda^l l^l}{\lambda_w} (\hat{\lambda}_t^l + \hat{l}_t^l) + \beta_I \xi_w F_w^l \left\{ \frac{1}{1-\lambda_w} [(1-\iota_w)\hat{\pi}_t + \hat{w}_t^l - \hat{w}_{t+1}^l - \hat{\pi}_{t+1}] + (\hat{w}_{t+1}^l - \hat{w}_t^l) + \hat{F}_{w,t+1}^l \right\} \qquad (A-78)$$

$$-\frac{\xi_w}{1-\lambda_w}[(1-\iota_w)\hat{\pi}_{t-1} + \hat{w}_{t-1}^l - \hat{w}_t^l - \hat{\pi}_t] = \frac{1-\xi_w}{1-\lambda_w(1+\varphi)}(\hat{K}_{w,t}^l - \hat{w}_t^l - \hat{F}_{w,t}^l) \qquad (A-79)$$

A.2.6 銀行部門

銀行部門滿足式 (A-80) 至式 (A-87):

$$[\varepsilon^d - 1 - (1+\beta_P)\kappa_d]\hat{r}_t^d = -\kappa_d \hat{r}_{t-1}^d - \beta_P \kappa_d \hat{r}_{t+1}^d + (\varepsilon^d - 1)\hat{R}_t^d - \hat{\varepsilon}_t^d \qquad (A-80)$$

$$[\varepsilon^{bE} - 1 + (1+\beta_P)\kappa_{bE}]\hat{r}_t^{bE} = \kappa_{bE}\hat{r}_{t-1}^{bE} + \beta_P \kappa_{bE}\hat{r}_{t+1}^{bE} + (\varepsilon^{bE} - 1)\hat{R}_t^b - \hat{\varepsilon}_t^{bE} \qquad (A-81)$$

$$[\varepsilon^{bH} - 1 + (1+\beta_P)\kappa_{bH}]\hat{r}_t^{bH} = \kappa_{bH}\hat{r}_{t-1}^{bH} + \beta_P \kappa_{bH}\hat{r}_{t+1}^{bH} + (\varepsilon^{bH} - 1)\hat{R}_t^b - \hat{\varepsilon}_t^{bH} \qquad (A-82)$$

$$R^b \hat{R}_t^b = R^{ib}\hat{R}_t^{ib} + (c_b + \kappa)\frac{B}{y}\hat{B}_t - \kappa \frac{B^{CB}}{y}\hat{B}_t^{CB} \qquad (A-83)$$

$$R^d \hat{R}_t^d = \eta \nu R^r (\hat{\eta}_t + \hat{v}_t) + R^{ib}\hat{R}_t^{ib} - \eta \nu R^{ib}(\hat{\eta}_t + \hat{v}_t + \hat{R}_t^{ib}) - \frac{c_d}{y}\frac{d}{\nu}(\hat{d}_t - \hat{v}_t) \qquad (A-84)$$

$$R^e \hat{R}_t^e = R^{ib}\hat{R}_t^{ib} + c_e \frac{E}{y}\hat{E}_t \qquad (A-85)$$

$$\eta \frac{d}{y}(\hat{\eta}_t + \hat{d}_t) + \frac{E}{y}\hat{E}_t + \frac{B}{y}\hat{B}_t = \frac{1}{\nu}\frac{d}{y}(\hat{d}_t - \hat{v}_t) \qquad (A-86)$$

$$\hat{R}_t^{ib} = \hat{R}_t \qquad (A-87)$$

A.2.7 貨幣政策

貨幣政策滿足式 (A-88) 至 (A-91):

$$\hat{R}_t = \rho_R \hat{R}_{t-1} + (1-\rho_R)[\varphi_\pi \hat{\pi}_t + \varphi_y(\hat{y}_t - \hat{y}_{t-1})] + \varepsilon_t^R \qquad (A-88)$$

$$\hat{B}_t^{CB} = \rho_b^{cb}\hat{B}_{t-1}^{CB} - (1-\rho_b^{cb})[\varphi_b^b \hat{B}_t + \varphi_b^\pi \hat{\pi}_t + \varphi_b^y(\hat{y}_t - \hat{y}_{t-1})] + \varepsilon_t^{wg} \qquad (A-89)$$

$$\hat{\eta}_{t+1} = \rho_\eta \hat{\eta}_t + (1-\rho_\eta)\varphi_\eta^\pi \hat{\pi}_t + \varepsilon_t^\eta \tag{A-90}$$

$$\hat{v}_t = \rho_v \hat{v}_{t-1} + (1-\rho_v)\varphi_v^\eta \hat{\eta}_t \tag{A-91}$$

A.2.8 資源約束

資源約束滿足式（A-92）至（A-95）：

$$y\hat{y}_t = c^P \hat{c}_t^P + c^I \hat{c}_t^I + c^E \hat{c}_t^E + \hat{u}_t + g\hat{g}_t + r^k k\hat{u}_t \tag{A-92}$$

$$\hat{g}_t = \rho_g \hat{g}_{t-1} + \varepsilon_t^g \tag{A-93}$$

$$B\hat{B}_t = b^I \hat{b}_t^I + b^E \hat{b}_t^E \tag{A-94}$$

$$h^P \hat{h}_t^P + h^I \hat{h}_t^I = 0 \tag{A-95}$$

A.3 關鍵校準過程

由（A-1）至（A-3）以及（A-17）可得：

$$\frac{c^P}{y} = (1-\alpha)mc\mu + \left(\frac{1+r^d-\pi}{\pi}\right)\frac{d}{y} \tag{A-96}$$

由（A-5）至（A-9）可得：

$$\frac{c^I}{y} = (1-\alpha)(1-\mu)mc\frac{(1+r_t^{bH})(1-\beta_I+\beta_I m^I) - \pi m^I}{(1+r_t^{bH})(1-\beta_I+\beta_I m^I) - \pi m^I + \varepsilon^h m^I(1+r_t^{bH}-\pi)} \tag{A-97}$$

由（A-10）至（A-11）得到：

$$\frac{c^E}{y} = \left[r^k - \delta + (\pi-1-r^{bE})\frac{m^E(1-\delta)}{1+r^{bE}}\right]\alpha mc\frac{1}{r^k} \tag{A-98}$$

由（A-2）、（A-7）和（A-12）可得：

$$y\lambda^P = \frac{c^P}{y},\ y\lambda^I = \frac{c^I}{y},\ y\lambda^E = \frac{c^E}{y} \tag{A-99}$$

由（A-26）至（A-28）與（A-17）至（A-18），得知：

$$l^P = \left[\frac{(1-\alpha)mc\mu y\lambda^P}{\lambda_w}\right]^{1/(1+\varphi)},\ l^I = \left[\frac{(1-\alpha)mc\mu y\lambda^I}{\lambda_w}\right]^{1/(1+\varphi)} \tag{A-100}$$

注意到由（A-17）至（A-20）得到：

$$k = \left\{\frac{\alpha mc\left[(l_t^P)^\mu (l_t^I)^{1-\mu}\right]^{1-\alpha}}{r^k}\right\}^{\frac{1}{1-\alpha}} \tag{A-101}$$

$$\frac{k}{y} = \alpha mc \frac{1}{r^k} \tag{A-102}$$

依次可以得到 y、c^P、c^I、c^E、λ^P、λ^I 和 λ^E。由（A-3）可得到：

$$h^P = \frac{\varepsilon^h}{(1-\beta_P)q^h\lambda^P} \tag{A-103}$$

由（A-5）和（A-17）得到

$$b^I = \pi \frac{c^I - (1-\alpha)(1-\mu)ymc}{\pi - (1+r^{bH})} \tag{A-104}$$

由（A-8）和（A-9）得到：

$$h^I = \frac{(1+r^{bH})b^I}{m^I q^h \pi}, \quad s^I = (1 - \beta_I \frac{1+r^{bH}}{\pi})\frac{\lambda^I}{1+r^{bH}} \tag{A-105}$$

由（A-10）和（A-102）得到：

$$b^E = \pi \frac{c^E - \alpha ymc + \delta q^k k}{\pi - (1+r^{bE})} \tag{A-106}$$

由（A-13）得到：

$$s^E = (\frac{1}{1+r^{bE}} - \frac{\beta_E}{\pi})\lambda^E \tag{A-107}$$

其餘所需穩態值和參數的推導較為直觀，從略。

國家圖書館出版品預行編目（CIP）資料

銀行及銀行信貸在宏觀審慎政策中的作用研究：以中國銀行體系為例 / 陳師編著. -- 第一版. -- 臺北市：財經錢線文化, 2020.05
　　面；　公分
POD版

ISBN 978-957-680-439-7(平裝)

1.信用貸款 2.中國

562.332　　　　　　　　　　　　　　　　109006945

書　　名：銀行及銀行信貸在宏觀審慎政策中的作用研究：以中國銀行體系為例
作　　者：陳師 編著
發 行 人：黃振庭
出 版 者：財經錢線文化事業有限公司
發 行 者：財經錢線文化事業有限公司
E-mail：sonbookservice@gmail.com
粉 絲 頁：　　　　　網　址：
地　　址：台北市中正區重慶南路一段六十一號八樓 815 室
8F.-815, No.61, Sec. 1, Chongqing S. Rd., Zhongzheng Dist., Taipei City 100, Taiwan (R.O.C.)
電　　話：(02)2370-3310　傳　真：(02) 2388-1990
總 經 銷：紅螞蟻圖書有限公司
地　　址：台北市內湖區舊宗路二段 121 巷 19 號
電　　話：02-2795-3656　傳真：02-2795-4100　　網址：
印　　刷：京峯彩色印刷有限公司（京峰數位）

本書版權為西南財經大學出版社所有授權崧博出版事業股份有限公司獨家發行電子書及繁體書繁體字版。若有其他相關權利及授權需求請與本公司聯繫。

定　　價：400 元
發行日期：2020 年 05 月第一版

◎ 本書以 POD 印製發行